August Friedrich Cranz

Gallerie der Teufel

bestehend in einer auserlesenen Sammlung von Gemälden moralisch und

politischer Figuren

August Friedrich Cranz

Gallerie der Teufel

bestehend in einer auserlesenen Sammlung von Gemälden moralisch und politischer Figuren

ISBN/EAN: 9783742870537

Hergestellt in Europa, USA, Kanada, Australien, Japan

Cover: Foto ©Thomas Meinert / pixelio.de

Manufactured and distributed by brebook publishing software (www.brebook.com)

August Friedrich Cranz

Gallerie der Teufel

Gallerie

der

Teufel,

bestehend
in einer auserlesenen Sammlung

von

Gemählden

moralisch politischer Figuren,

deren

Originale

zwischen Himmel und Erden anzutreffen sind,

nebst

einigen bewährten

Recepten

gegen die Anfechtungen der bösen Geister

von

Pater Gaßnern dem Jüngern,

nach Art periodischer Schriften
Stückweise herausgegeben.

Zweytes Stück.

Berlin 1784.

Vorbericht
zum zweyten Stück.

Freundlicher Leser!

Um mich mit dir zu verstehen, und dir's zu expliciren, was ich bey dieser Gallerie für Absichten habe, wie ich dir den Teufel mahlen, ihn züchtigen und dich lehren wolle — mit ihm fertig zu werden; dazu hast du schon bey der Ausgabe des ersten Stücks meine vorläufige Erklärung empfangen. Bey diesem zweyten Stücke finde ich's dienlich, dich mit noch näher bestimmenden Nachrichten zu versehen — und dich mit der Ankündigung besonderer Erscheinungen, welche dir meine Gallerie mit jedem folgenden Stück interessanter machen werden, zu erfreuen.

Die Politik wirst du mir wohl zu gut halten, lieber Leser, nach welcher ich dir das Beste oder das Aergste, wie du's nehmen willst, was ich vom Teufel weiß — und was ihn in Effigie am beschauenswürdigsten machen dürfte, nicht zuerst gebe — du möchtest sonst, wenn du den herrlichsten Bissen voraus genossen hättest, aufstehn und meine folgende gemeinere Speisen stehen lassen, und — das wäre mir nicht gelegen. Nach wahren ökonomischen Finanzprincipien hab' ich's also eingerichtet, daß jedes folgende Stück etwas neues enthalten soll, was ich dir Anfangs nicht versprochen

A 2   chen

chen hatte, und meine schärfste Würze hab' ich dir bis zuletzt aufgehoben.

Das ganze erste Stück war nichts mehr, als etwas sehr Allgemeines — das Eintrittzimmer in meinen Bildersaal, und enthielt einige vorlaufende Zeichen der Dinge, die da kommen sollen, und die nichts geringers als den jüngsten Tag aller Teufel andeuten.

Dem, der die Apokalypse, nach Semlers Prüfungen, nun eben für kein Allerheiligstes hält, stehts frey, dieses zweyte Stück etwa für die erste Posaune anzusehn — mit dem nächstfolgenden dritten Stück wird sich der Vorsaal zu den hercinischen Geheimnissen öfnen, in welchen bis zum sechsten Stück das ganze vermischte liebe Publikum hineinschauen mag, als in einen Schauplatz, der auf Messen und in allen Buchläden offen steht — während dieser Zeit dürften wir mit unsern Herrn Abonnenten näher bekannt werden, und die Korrespondenz mit unsern Freunden in Ordnung gebracht haben, um im Stande zu seyn, unsere Auserwählten nachher ins geheime Kabinet zu führen, was dem vermischten profanen Haufen verschlossen bleibt, in welchem der Kern der Gemählde, und die Quintessenz unsrer Recepte anzutreffen seyn wird. Um durch die gehörigen Graduationen zu diesem Punkt aller Punkte zu führen, und es an denen nöthigen Vorbereitungen — um stärkere Speisen gewohnt zu werden, nicht ermangeln zu lassen, wird man mit dem dritten Stück anfangen, einen besondern Bogen auszugeben, unter der Rubrike:

Aus-

Auszug aus Depeschen.

Damit hat's folgende Beschaffenheit: während des grossen Kongresses auf dem Brocken, da die gesammten Herren Ministres seiner schwarzen, mit Hörnern gekrönten und zierlich geschwänzten Majestät, aus allen Gegenden der Welt, und aus allen Departements und Geschäftskreisen, im hercinischen Hoflager versammlet sind, um über das Wachsthum und Staatsinteresse des Reichs der Finsterniß zu rathschlagen; wird die Aufmerksamkeit auf die Angelegenheiten der Welt denen geheimen Emissairs und Chargés d'Affaires aufgetragen.

Jeder hat gemessene Instruktion, auf alle Bewegungen und Ereignisse in der Welt genau Acht zu haben, und sofort an seinen Ministre, dem er subordinirt ist, Bericht zu erstatten, damit selbiger im geheimen Conseil daraus Vortrag thun und untersuchen könne; ob die Vorgänge zum Vortheil, oder Nachtheil des Reichs der Finsterniß dienen, oder als gleichgültig anzusehn sind.

Diese Chargés d'Affaires sind scharfsichtige, voraussehende Teufel, welche durch die ihnen beywohnende starke Combinations = und Folgerungskraft auf ein Jahr vorherwissen, was geschehn und nicht geschehn wird. Was von einem Walpurgisfest zum andern vorgehn wird — merkwürdige Veränderungen in denen Reichen der Welt — sonderbare Erscheinungen am Staatshimmel, und in den politischen Verfassungen — in den innern Regierungs = und Staatsökonomiesystemen, welche das Interesse in dem Verhältniß der Unterthanen, und

A 3   ihrer

ihrer Oberhäupter betreffen — weise Neuerungen, und merkwürdige Narrheiten, in theologischen, philosophischen, und moralischen Lehrgebäuden — belletristische Phänomene, Erhebungen und Fälle und Wiederaufstehungen gefallener merkwürdiger Personen — natürliche und kunstmäßige, auch politische und moralische Todesfälle — vornehme Krankenlisten — kleine Historietten, die auch ausser den Grenzen ihres Geburtsorts ihr Interesse nicht verlieren, und wißige Anmerkungen oder bons mots, welche sich mit dem Dunstkreiß der Bastille nicht gut vertragen können — alles das müssen die Herrn Chargés d'Affaires von denen zur Beobachtung ihnen angewiesenen Orten pünktlich berichten, ohne Unterschied, ob's dem Satan zum Aergerniß, oder zur angenehmen Satisfaktion gereichen wird.

Während daß die erlauchte Familie dem Spektakel beywohnte, — kamen aus allen Enden der Erde die Couriere herbeygeflogen, und überlieferten die Depeschen an die geheime Sekretairs, welche sie erbrachen, deschiffrirten und Auszüge draus machten, um solche ihren Obern, denen Senatoren des geheimen Konseils zur Beherzigung, und weitern Vortrag, so viel Satan davon zu wissen nöthig hatte, zu übergeben. Es waren die Nachrichten derer Merkwürdigkeiten von 1776 bis 1777, welche ich vor diesmal zu erbeuten das Glück hatte.

Wie ichs anfieng? um mir Abschriften von diesen Depeschen zu verschaffen, daran ist aufrichtig zu reden, niemanden — der nicht selbst bey der einen

oder

oder andern Sache intereßirt ist, etwas gelegen — dergleichen sagt sich nicht, und es wird mir erlaubt seyn, über diesen Punkt eben so geheimnißvoll zu bleiben, als es manche zu seyn affektiren, die, dem Himmel sey Dank — nichts wissen, und sich doch so ein Air geben, als ob sie irgend an einer wichtigen Pulververschwörung Theil hätten — alle die gescheidte, brave Leute, welche so ihre kleine Korrespondenz vor sich haben, und ein kleines Privatarchiv und Magazin von politischer Kontrebande zum eigenen Gebrauch anlegen, werden von der Billigkeit meiner Diskretion in Absicht der Art und Weise, wie ich hinter den Inhalt der Depeschen kam, ohne mein Erinnern überzeugt seyn.

Auch das könnt ihr begreifen, daß dieser Auszug aus den Depeschen keine Materialien enthält, die ein jeder beschauen, betasten, und beriechen kann, wie eine Waare, die in öffentlichen Kramläden einem jeden feil geboten wird. — Es wird blos eine Beylage für die Leser Freymäurer seyn, welchen dieser Bogen besonders zugestellt wird, und die sich durch den Weg, durch welchen sie solchen erhalten, unmittelbar abonniren — Diese wird man mittelst des geheimen Bogens die nöthigen Grade der Prüfung durchgehen lassen, bis wir beym Schluß der ersten 6 Stücke dieser Gallerie an den Eingang des geheimen Kabinets — an das Sanctuarium des Blocksbergs kommen, wo man sich wegen der Bedingungen mit den Auserwählten näher verstehen wird.

A 4

Das

Das übrige Publikum, welches diese Gallerie stückweise, und jedes in denen Buchläden zu habende Bändchen einzeln vor 1 fl. holländisch kaufen kann, wird darum vor sein Geld nicht weniger zufrieden zu seyn Ursach haben. Alles dasjenige, was die geheime Beylage des Auszugs aus den Depeschen enthält, dürfte den meisten Lesern —— nicht intereßiren, und ich will sie anderweitig durch einen vermischten Artikel aus dem litterarischen Fach entschädigen, besonders sie in dem folgenden Stück mit den schiefen Urtheilen über meine Gallerie bekannt machen, als ein komisches Nachspiel lustig zu lesen, wenn sie sich allenfalls über vorhergegangene emblematische Vorstellungen den Kopf mit Rathen zerbrochen haben, was der Verfasser wohl mit diesem oder jenem gemeynt haben möchte?

Denn ihr müßt wissen, daß unter dem Haufen meiner Leser und Nichtleser, welche die Gabe haben, Schriften zu erklären, die sie nicht gesehen haben, oder nicht verstehen, Leute angetroffen werden, die Gespenster sehen, und einen Sinn oder Unsinn aus meinen Gemählden herauszwängen, der nicht drinn ist — Wie's die meiste Schriftgelehrte machen, die selbst in die Bibel Sätze hineintragen, und wieder herausexegesiren, woran weder Paulus noch Petrus jemals gedacht hat.

Als ein Originalmuster solcher Urtheile werd ich euch nächstens die Unterredung mittheilen, welche unter dem Vorsitz ihres Schultheiß die männiglich bekannten Bürger zu Schilde über die Erscheinung des ersten Stück's gehalten haben — wie sie sich einbildeten,

bildeten, daß in der weiten Welt Gottes niemand
anders, als sie die Originale zu meiner Gallerie herzugeben verdienten, um als der merkwürdigste Theil
aller Kongregationen im heiligen römischen Reich
denen Lesern durch solche ärgerliche Figuren mit
Schwänzen und Pferdefüssen bekannt gemacht zu
werden — wie sie als weltbekannte dumme Teufels
nichts davon begriffen, und folglich in Ueberlegung
zogen, ob's nicht gut wäre, das lästerliche Zeug zu
verbrennen, um sich eine Danksagungsrede von dem
Verfasser zu verdienen, und sich einen Namen zu
machen, da ihnen Gott und die Natur doch einmal
alle andere Mittel versagt hatte, berühmt zu werden,
und sie aus der Apostelgeschichte von ihrem Schul-
meister gelehrt waren, wie sie nach dem Beyspiel
des Herostratus dazu gelangen könnten, der in dieser
edlen Absicht ein Mordbrenner wurde, und den Tempel der Diana ansteckte, und sich dabey stellte, und
zusah, um die Stelle des Prangers zu vertreten —
und wie selbst der Nachtwächter und politische Aus-
rufer der wohlweisen Schildbürger sich herausnahm,
mit einer wichtigen Censormiene die Gallerie zu kre-
denzen, gräßlich davor zu schaudern, sie als eine
schädliche Seelenspeise, wodurch sein gnädiger Schultheiß nebst Beysassen das Bauchgrimmen bekommen
könnten, zu verdammen, und sie folglich nicht bekannt
machen wollte, als er die Ankunft heilsamerer Nah-
rungsmittel — neuer Heringe und frischer Austern
den Einwohnern im Kirchspiel verkündigte —

Mit dieser komischen Scene werde ich dich nächstens unterhalten, geneigter Leser, dabey aber hiermit
A 5

mit öffentlich deklariren, daß es ein unerträglicher Stolz ist, wenn da so ein Würmchen angekrochen kömmt, welches außer dem Zirkel seines Oheims, seiner Tante und Nichten des Mildengeschlechts keinem Menschen bekannt ist, und sich groß macht, und ausruft: „Diese Satire ist auf mich gemünzt. "

Ich hab's schon einmal gesagt, daß ich mich mit keinem kleinen und elenden Teufel abgeben will — darüber wird nun jeder Narr vornehm seyn wollen, und mancher Lump vor meine Gemählde treten, irgend auf einen ansehnlichen Teufel mit Fingern zeigen, und sagen; „Seht einmal, das soll ich seyn" Ich werde also dieser kleinen Kreaturen und ihrer rasenden Rangsucht wegen schon ein übriges thun müssen — —

Als Gott die Welt schuf, machte er Engel und Menschen, und erschuf auch die Schmeißfliege, die ihre Nase überall hat, und ihr Häufchen auf die Nase eines jeden ehrlichen Mannes setzt. — In der Folge wird sich ja hie und da ein Räumchen in meiner Gallerie finden, wo auch ein Insekt der Veränderung wegen hingemahlt werden kann, wenn gleich der Geschmack in der Komposition und Gruppirung dadurch etwas barok und bunt werden sollte — Man kann nicht wissen, wozu man die kleine Bestien, die schlechterdings gemeynt seyn wollen, einmal nöthig hat — —

Meine Teufel vom Stande, was ihr auch immer von ihrer Absonderungsliebe denken möget, haben zu viel Lebensart, um sich einzubilden, daß sie sich enkanailliren würden, wenn neben oder hinter ihnen

in

in einer Gallerie, die man für sein baares Geld
sieht, auch Geschöpfe erscheinen, die sie mit recht
oder unrecht weit unter sich halten.

Welcher König von Frankreich war's, ich besinne
mich nicht gleich, der sich vornahm, so viel Marquis
zu machen, daß es eine Schande seyn sollte, einer zu
seyn und keiner zu seyn. Recht so! ich will so viel
Teufel mahlen, und meine Gallerie damit vollpfro-
pfen; daß es Schimpf seyn soll, sein Portrait in Gesellschaft jeder Kanaille zu sehen — und ein Schimpf
unter das alles und unqualifizirt neben andere Teufel
zu gruppiren, gehalten zu werden.

Licht und Schatten müssen beysammen seyn, und
das Große, das Ruhmwürdige, das Edle und Rechtschaffene, was mit allem, was Teufel ist, so stark kon-
trastirt, muß in dieser Gallerie wie eine Fackel erscheinen, um den Unterschied des Guten und Bösen sicht-
bar zu machen. Wie kann der Satan nach seiner lieben Gewohnheit über das, was gut in der Welt ist,
die Zähne zusammenbeissen, ohne daß solches, in so
fern's ihm zum Aergerniß gereicht, vor ihm erscheint?
Wie soll ich euch erklären; wo die Anfälle von Epi-
lepsie, denen der Oberste der Teufel so oft mitten unter denen Festivitäten unterworfen ist, herrühren?
wenn ich euch die veranlassenden Ursachen verhehlte,
die ihm alle das Uebel zuziehen — und immer ihren
Grund in der Wohlfarth der Menschen haben, die
wider seinen Dank und Willen von den würdigsten
Erdengöttern durch weise Verfügungen befördert
wird — — Wenn ich euch zum Beyspiel erzähle,
daß Satan, nachdem er sich in der Komödie an den
lustigen

luſtigen Schwänken einiger Akteurs herzlich gelabt, und der Vortrag aus den Depeſchen den Anfang genommen hatte, einen Schlagfluß bekam, und ein Intermezzo vom Aderlaß die Berathſchlagung unterbrach; ſo müſt ihr wiſſen, daß dieſer Unfall von der Nachricht herrührte, daß nach dem Muſter einer **Thereſia,** einer **Catharina** und **Friedrichs,** auch der ruhmwürdige und menſchenliebende **Churfürſt** von der **Pfalz** die Glückſeligkeit ſeiner Lande — und die Ehre ſeiner Regierung durch einen Grad mehr erhöhet, und die von wildern Zeiten der Vorwelt hergebrachte Tortur aufgehoben hätte. — Ein Anblick, bey welchem menſchliche Richter bisher tief fühlten und ſeufzten — und Satan nur ſeine Wonne dran ſah', mit deren Ende in einem anſehnlichen Bezirk der alte Böſewicht das Ende ſeines Lebens im erſten Schröcken würde gefunden haben — wenn ſeine Natur ihm den Troſt, vor Verdruß zu ſterben, nicht ſchlechterdings verſagt hätte.

Dergleichen Vorfälle, wenn die erlauchte Herrſchaft auf dem Brocken oft in Angſt und Trauer ſitzen, veranlaſſen ſchon im erſten Stück und mehr noch in der Folge himmliſche Erſcheinungen großer Seelen im lichten Sonnenglanz gekleidet — welche nur auftreten, um die Schattenſeite deſto merkbarer zu machen.

$$\text{Der Verfaſſer.}$$

Dem

Hirtenknaben

zu Elberfeld,

der mit seiner Schleuder

dem

von ihm zum grossen Philister kreirten

Verfasser

des

Sebaldus Nothanker

das

Gehirn zerschmettern wollte,

aber

einen Fehlwurf that,

und

darüber mit dem Waffenträger des Letztern

handgemein wurde,

widmet

dieses zweite Stück

der

Gallerie der Teufel

Pater Gaßner Junior.

Mein guter Hirtenknabe!

Es war einem meiner Freunde aus dem politischen Fache zugedacht, den ich mit der Dedikation des zweyten Stücks meiner Gallerie regaliren wollte — einem Manne, der in der Welt
schon einen Namen hat, und in jedem Betracht
dedikationsfähig ist, und selbst meiner Gallerie ein
Lüster würde gegeben haben. Dieser Freund mag
noch ein wenig Gedult haben. Die für ihn bereitete
Zuschrift — als ich sie genau besah' — hatte noch
das völlige hohe Kolorit nicht, sie mag bis zu einem
der nächstfolgenden Stücke liegen, und von der scharfen Tinktur, in welcher sie aufbewahrt wird, erst
noch etwas Beize annehmen, um meines Freundes
würdiger zu werden. Es war mir also willkommen,
in dem rüstigen Schleuderer aus Elberfeld ein nicht
unschickliches Subjekt zu finden, dem ich dieses
zweyte Stück zueignen könnte —

„Der gute Mann hat mich aber nie beleidiget,
und es könnte lieblos scheinen, ihm so ohne besondern Beruf die Geissel des Satirs zu präsentiren —
und wird so eine Dedikation wohl irgend jemand
meiner deutschen Leser aus den Grenzen von Elberfeld und Crefeld interessant seyn?"

Dies waren ein paar Einwürfe, die man meiner
Zueignungswahl machen möchte — sie sind leicht
zu beantworten.

Der Verfasser des Sebaldus Nothanker hatte
dem Hirtenknaben auch nichts gethan, und dieser
fand

fand doch für gut, die Historia von David und Goliath mit ihm zu spielen, seine Schleuder mit Koth und ziemlich plumpen Steinen zu laden, mit Donquixotischer Schwärmerey einen Riesen vor sich zu sehn, und ihm so wenig ceremonienmäßig nach dem Gehirne zu zielen, als man's immer von einem Hirtenknaben erwarten kann.

Es kann also die Frage nicht mehr seyn, ob's unbillig wäre, wenn sich jemand über den Knaben erbarmte, und ihm vor den Augen des ehrbaren Publikums, vor welchem er mit seiner Schleuder öffentlich auftritt, einen gelinden Produkt gäbe — oder ihn wenigstens in die Schule schickte, um besser schleudern zu lernen.

Dies ist indessen meine Absicht nicht — ich spüre keinen Beruf, den Verfasser des Sebaldus zu vertheidigen, oder sein Champion zu werden. Ihm selbst dürft's nicht an Fähigkeit fehlen, die Zuchtruthe zu führen, und Knaben zu züchtigen, ohne dazu eben Riesenkräfte nöthig zu haben, und dann hat er schon einen treuen Waffenträger in Crefeld gefunden, der so boßhaft war, den Knaben zuerst abzufuchteln, und nachher einen manierlichen Reverenz zu machen, und wegen der verrichteten Erekution um Vergebung zu bitten.

Auch das ist die Absicht nicht, über einen Roman, der ganz artig zu lesen ist, und das besondere Verdienst eines deutschen Originals hat, mit irgend jemand eine gelehrte Balgerey anzufangen, und über den ächten Pietistendialekt kritische Speere zu brechen — zur Beförderung des Reichs der Wahrheit

heit dürfte dies einen eben so unbedeutenden Gegenstand der Untersuchung geben, als wenn so respect-
table Männer als Semler und Lavater über gaß-
nerische Possen im ganzen Ernste Korrespondenz
führen, und unser einem dadurch ins Gehege kommen, maßen die Teufelsbanner und Gespensterseher
schlechterdings nur vor's Forum der Satire gehören,
und nur|persifflirt werden müssen, wenn man sie
nicht etwa ganz unbemerkt laufen läßt, und sie blos
mit Verachtung ansieht. —

Aber der Hirtenknabe scheint's gegen alle diejenigen gefaßt zu haben, welche das Laster, die Narrheiten, oder Schwächen — selbst bis in's Allerheiligste verfolgen, und dem Bösewicht oder dem Narren die Zuchtruthe fühlen lassen, der die Hörner des
Altars gefaßt hat, und im Gewande der Kirche das
inviolabile noli me tangere seyn will.

Eben war mein zweytes Stück der Gallerie im
Begriff, öffentlich zu erscheinen — und in demselben ein Hofprediger, der eben nicht vortheilhafter
vorgestellet wird, obgleich nach seiner besondern Lage
in einem andern Geschmack, als Stauzius, mit
seinen orthodoxen Kollegen.

Daß es zu Ehren des Herrn Hofpredigers, dem
elberfeldischen Hirtenknaben nicht etwa auch einfällt, seine Schleuder noch einmal zur Hand zu nehmen, und auch mir nach dem Hirnschädel zu zielen, dacht' ich — es ist besser, ich gehe zu ihm,
und rede freundlich mit ihm — oder suche ihn zu
bestechen, und gebe mir die Ehre, ihm meine Gallerie zu dediciren, dies ist die Absicht meiner Zueig-

Zweytes Stück.   B   nungs-

nungsschrift, und wenn diese also der Welt auch
nicht interessant wäre; so ist's mir doch heilsam,
wenn ich aus einem furchtbaren Feind mir einen
Freund mache, und ihn gewinne, meine Gallerie
besser zu empfehlen, als den verderblichen Nothanker, wenn der Hirtenknabe, als Arzt, seinen elber-
feldschen Patienten Diät vorschreibt, und mit der
ihm eigenen Gründlichkeit ihnen erklärt, was Gift
oder gesunde Seelenspeise sey — —

So ganz unbedeutend kann indessen dieser Umstand, der meine Zuschrift veranlaßt, dem übrigen
deutschen Publikum nicht seyn — es gehört zur
Geschichte der Litteratur, zu beobachten, wie es nach
und nach in solchen Gegenden Deutschlands zu tagen
anfängt, in welchen es lange noch finster war, als es
schon in andern Theilen des H. Röm. Reichs lichten
Tag machte. Boileau hat die Gegenden Westphalens
nicht sehr vortheilhaft geschildert, und der Verfasser
des Candide verräth von dem Lande der Tunderns-
duntunks, worunter auch das bergische begriffen
wär, nicht die beste Meynung. Noch bis jetzt sucht
mancher in den Städten Elberfeld und Crefeld nur
Zeugfabriken — und wenn er zusieht oder hinkömmt,
so gehts ihm wie Saul, der auszog einen Esel zu
suchen, und ein Königreich fand — er kann Littera-
turliebe, aufdämmernde Wissenschaften, Schriftsteller finden, die über andere Schriftsteller aus lich-
tern Gegenden kontroversiren — und selbst einen
Hirtenknaben kennen lernen, der sich auch schon sein
Kunstauge ausreibt, der den Vorsatz faßt, mit dem
koketten Mädchen, der lustigen Laune, ein wenig

zu

zu buhlen, und aufgeweckt zu ſchreiben, ob's ihm
gleich damit das erſtemal nicht ſo recht gelungen iſt,
und er ſtatt Kinder des aufgeweckten Witzes zu erzielen, nur ein Windey zur Welt gebracht hat.

Doch dies beyläufig. Um weder den ſchleudernden Hirtenknaben, noch den übrigen guten Kindern zu Elberfeld, oder wo ſonſt die Söhne Weſt-
phalens wohnen, unſchuldiger Weiſe ein Aergerniß
zu geben, wenn ſie der Repräſentation eines Hofpredigers im Schattenſpiel an der Wand auf dem
Blocksberge zuſehn, will ich nur flüchtig und blos
in ſeiner Oberfläche die Frage erörtern: ob ein jeder zuverläßig ein Feind Gottes und der Religion
iſt, der einen Menſchen, welcher ein kirchliches Amt
bekleidet, demaskirt, ihn in Naturalibus beleuch-
tet, und das Lächerliche, was er an ſich hat, in ſein
eigenthümliches komiſches Licht ſetzt, das Boßhaf-
te haſſenswürdig vorſtellt, und die Thorheiten —
oder vermeidliche Schwächen an einem Geiſtlichen
nach Gebühr züchtiget? — ob Satiren auf ſatiren-
fähige Prediger — den Stand, oder die Religion,
deren Diener ſie ſind, verächtlich machen?

Wenn der Herr Doktor Jung, der wohl ein
guter Mann ſeyn mag, aber die Schwachheit oder
Uebereilung hatte, die Rolle eines ſchleudernden
Hirtenknaben zu ſpielen, ehe er zu zielen gelernt
hatte — und mit dem ich bey alledem ſäuberlich
verfahren will — die beyden obigen Fragen aus ihrem gehörigen Geſichtspunkte genommen, und ſich
beantwortet hätte, wie ich doch glaube, daß er wohl
wäre fähig geweſen, wenn ihn nicht ein kleiner Ei-

B 2   ſer

fer und Paßion, die ihn mehr übernahm als Muth-
willen und Laune, verblendet hatte, so wäre seine
ganze Schleuder gewiß nie in's Publikum erschienen.

Mantel und Kragen, eine gepuderte oder schwarze
Perüke — und alles äussere Karakteristische eines Dieners der Religion macht nur in so fern re-
spektable, als der rechte Mann drinn steckt. Der
Mann, der Mann, und wenn's ein gemeiner Bürger wäre, der den Unwissenden unterrichtet, den Ir-
renden zu rechte weiset, den Lasterhaften warnet, den
Traurigen tröstet — der, wenn nichts in der Welt
ist, wodurch er seine Mitgeschöpfe glücklich zu seyn
lehren kann — ihnen die Hofnung der Unsterblichkeit giebt in der Hofnung der Zukunst, Muth, Gedult, Liebe zum Guten einflößen kann, so ein Mann
ist der Segen seiner Zeitgenossen, er mag Priester
oder Levit, oder wie Sie, Medicinä Doktor seyn —
und der Thor mag Zeno's Bart und Mantel borgen, er ist immer ein Thor — der scheinheilige Bösewicht mag einen kleinen Kragen oder eine Hals-
krause mit hundert Pfeifen tragen, und ehrbar dabey aussehn, er bleibt immer ein scheinheiliger Bösewicht — der Dichter und Geschichtschreiber muß
einen jeden mahlen, wie er ihn findet — und kein
Stand in der Welt ist so inviolabel, daß die Fehler
einzelner Glieder — der Würde des Standes wegen
sollten ungerügt bleiben.

Die Klugheit mag's gut heißen, in gewisse
Wespennester nicht zu stören, um, wenn die darinn
befindliche Kreaturen gar zu giftig sind, nicht

Schwulst

Schwulſt und Beulen davon zu tragen — und in gewiſſen Gegenden wollte ich's ſelbſt niemand raͤthen, nicht einmal die Unwiſſenheit, Dummheit, Faulheit, Herrſchſucht, Aberglauben, und Unzucht zu genau zu karakteriſiren, um nicht als ein Heiligthumslaͤſterer gelegentlich geſteinigt zu werden — aber das Recht, und — in aufgeklaͤrten Gegenden wahrer Freyheit, ſelbſt in monarchiſchen Staaten — wo der Souverain ſelbſt Geiſt hat — nimmt das Laſter und die Thorheit und das Laͤcherliche unter keiner Maske im Schutz — —

Was der Hirtenknabe zur Behauptung ſeiner Theſe in ſeinem Gleichniß von Geſandten anfuͤhrt, denen wegen ihres Karakters, und weil ſie ihren Herrn repraͤſentiren, gehoͤrig begegnet werden muß, beweißt nichts. Das verſteht ſich, daß man ſo eine durch's Voͤlkerrecht inviolable Perſon nicht beleidigen, und nicht beſchimpfen muß — aber darum kann man das Portrait eines Geſandten mahlen — den Gott fuͤr die Verſuchung bewahrt, die Geheimniſſe des Hofs zu verrathen, an den er akkreditirt iſt —

Nehmen wir ein noch ſtaͤrker Gleichniß aus der Lehre der Subordination — Koͤnig Karl von Schweden wollte einſt ſeinen Stiefel denen Sachſen zum Statthalter ſenden — wenn er's gethan haͤtte, ſo waͤren die Sachſen ſchuldig geweſen, vor den Stiefel den Huth abzuziehn — — und wenn irgendwo ein Vorgeſetzter ein ausgemachter Stockfiſch waͤre, ſo iſt der Subordinirte verbunden, ihm eine Verbeugung zu machen — darum darf er aber doch in ſeinem Herzen denken: du biſt ein Stockfiſch — auch

B 3   ſteht's

steht's ihm frey, ein Kapitel von Stockfischen zu
schreiben — und zu sagen, wodurch sich so ein Geschöpf von andern Geschöpfen unterscheidet — kein
würdiger Mann, von welchem Stande er immer
seyn mag, wird beleidiget, wenn eine lächerliche
Kreatur — von gleichem äussern Range und Karakter, lächerlich gemacht wird — und der ehrwürdigste
Stand bleibt immer ehrwürdig, wenn einzelne Glieder mit ihren Fehlern so gezeichnet werden, daß jedermann siehet, wie wenig sie ihrem Stande Ehre
machen.   Höflicher kann überdies kein satirischer
Dichter oder Romanschreiber seyn, als daß er keine
würkliche Person, sondern eine erdichtete sich selbst
schaft — die zum Sündenbock macht — dem die
Fehler wirklicher Personen aufladet, und wohl ge-
geisselt, zum erbaulichen Beyspiel in die weite Welt
laufen läßt.   Stören Sie sich an nichts, mein lieber Herr Doktor! — legen Sie ihre Schleuder ab,
und seyn Sie kein Hirtenknabe mehr — die Religion wird ihre Würde behalten, und rechtschafne
Geistliche, die sich nicht selbst lächerlich und verächtlich machen, werden immer in Ehren gehalten werden, ohne daß Sie nöthig haben, ehrlichen Leuten
den Hirnschädel einzuschmeissen, und so sans façon zu
verdammen — Ich bin wie in allen meinen Dedi-
kationen mit Anwünschung guter Besserung
und gebührender Achtung.

des Herrn Doktors
nicht mehr
des Hirtenknaben
wohlmeinender Freund und Diener
Pater Gaßner Junior.

Beschluß

Beschluß

der Rede des intriguanten Teufels, den Zustand der Angelegenheiten in seinem Departement betreffend.

Im Ganzen genommen, mächtiger Fürst! er-
schlafen fast alle bisher gebrauchte Triebfedern in
dem Maschinenwesen meines Wirkungskreises, und
ich bedarf neue Ressorts, die unter neuen und an-
nehmlichen Titeln unmerklich spielen müssen — nachdem die bisherige alte zureichenden Gründe aus
der Mode gekommen sind. Ehedem durfte ich mich
den Großen in Naturalibus zeigen, und ich war
beliebt — es war Verdienst — unentbehrliches
Verdienst: intriguant zu seyn.

Aber unter diesem Namen ist mein Kredit
merklich gesunken. Die heutigen zum Theil durch
Macht und Staatsklugheit furchtbare Häupter suchen in den Dienern ihrer Staaten mehr Rechtschaffenheit, und das wahre Wohldenkende, was
den großen Mann über den Pöbel — selbst über den
Pöbel an Höfen erhebt, suchen mehr den ächten Geist
der Geschäfte, begleitet vom Genius des Fleißes,
und des gründlichen Scharfsinn's, als den Geist
der Kabale.

In gewissen kritischen Umständen kann mich der
Größte nicht entbehren — aber zu meinem Verdruß, ist's nicht wie sonst, Lieblingsneigung, die

B 4   mich

mich emploiirt, sondern ich werde wie ein noth-
wendiges Uebel angesehen, und der Werth meiner Dienste gleicht dem, welchen die Spione im
Kriege haben, die zur Zeit der Noth fleißig ge-
suwt und reichlich bezahlt — nachher aber verab-
scheuet oder vergessen werden, wenn sie so glücklich gewesen sind, in dieser Qualität nicht aufgehangen worden zu seyn. So überhäuft man nach
dem neuesten Stil meine fähigsten Köpfe mit Ge-
schenken, schickt sie in ein honettes Exilium, und
läßt sie reisen, um nicht denen, welchen sie die herrlichsten Dienste geleistet haben, selbst Streiche spielen zu können.

Ich sehe mich genöthiget den Ton und Livree
zu ändern, um mich in einer neuen modischen
Tracht wieder zu introduciren.

Die Sprache des Eifers für Religion hat wenig Einfluß mehr, und wird selbst nicht einmal
mehr zum Deckmantel des politischen Interesse für
brauchbar gefunden — die ehedem zum schnellen
Aufstand und zur allgemeinen Verwirrung rufende,
lauttönende Trompete der beleidigten Freyheit
beeinträchtigter Statuten und des untergra-
benen Herkommens, welches hie und da freylich
alt genug ist, um einmal einzustürzen und unter
dem Schutte der Vergänglichkeit begraben zu werden, schnarrt so schwach und dumpfig, daß fast
niemand mehr drauf achtet — so wenig als auf
halb vermoderte und unlesbar gewordene Perga-
mente, diese sonstige Heiligthümer, um derentwil-
len vorzeiten nicht weniger die Leute zu tausenden

das

das Schwerdt zogen, als um das Eigenthum ab-
göttisch verehrter Reliquien im gelobten Lande.
Selbst unter der blendenden Rubrique: zum Besten des Landes, finde ich wenig Glauben mehr,
nachdem zum Besten des Landes so manche schöne Einrichtung proponirt und durchgeschlichen ist,
wodurch Land und Leute fast an den Bettelstab gebracht worden sind, dergestalt, daß fast niemand
diesem Titel mehr trauen will.

Dieserhalb werde ich zuerst meine Brigaden
aus dem Korps der Rechtgläubigkeit, die in der
geweiheten Sprache des Heiligthums den Mord-
und Verfolgungsgeist in die Gewissen hauchten,
und dem frommen Blutdurst ihren Segen gaben,
in Gnaden dimittiren — ihrentwegen wird keine
Pflaumfeder mehr in Bewegung gerathen, und selbst
von der Seite als Vorwand'skrämer sind sie überflüßig — sie mögen auf den blossen Ton der Höflichkeit und Komplimente mit einem mäßigen Gehalt
reducirt seyn.

Die patriotische Schwärmerzunft und die unge-
stüme Vertheidiger heiliger Vorrechten und Volksfreyheit mögen nach Amerika überschiffen, wo sie
Dienste bekommen — und thun können. Selbst
die Titularpatrioten bedürfen ihres Wörterkram's
nicht mehr; der scheinbare Laut: allgemeines Beste, ist das Gepräge, was auf alle Projekte geschlagen ist. Aber heut zu Tage bringt man sie auf die
Kapelle — und des schönen Titels ungeachtet, gelten sie nicht über ihren innern Werth, und verlieren
im Cours, bey dem unverblendeten Publikum oft

B 5

bis

bis achtzig vom hundert. Es ist schwer vor unser einen, sich unter dieser lang autorisirten Maske mehr durchzustehlen.

Auch) die Kreaturen der Weichlichkeit und Wollust aus meinem Departement mögen vor der Hand den Laufpaß nehmen, und ihr Wesen vor sich haben.

In dem enervirten Zeitalter, wo die Kraft zu geniessen grosse Bankerotte gelitten hat, würden die Pompadours und Barrys mir wenig helfen. Erst muß das Vermögen, sich in solchen Süßigkeiten zu berauschen, wieder hergestellet werden — dann, in einem kommenden Zeitalter könnten sie wieder Dienste bekommen. Die jetzige Erziehungsmethode, da man anfängt, die Jungen nach Art der Scythen, mit blossen Kopf laufen zu lassen, die freye unverhüllte Brust der Luft und Kälte zum stählen darbietet, und den ganzen Körper durch öster'n Gebrauch kalter Bäder härtet — da der Leib durch heroische Spiele und Uebungen stark und dauerhaft gebildet, und der Geist beschäftiget wird, um den werdenden Jüngling länger von der Baggatelle und von den herabstimmenden Wirkungen des verzärtelten Müßiggangs abzuhalten — — da der weibische Ton der Verzärtelung und standesmäßigen Kränklichkeit zu niedern Klassen heruntergestiegen, und — vom reichen Kaufmann und Bürger, der gern vornehm seyn möchte, aufgenommen ist — diese Epoke in der Erziehung dürfte mit der Zeit wieder Herculesse aus der ersten Klasse hervorbringen, und denn — künftig einmal für solche nervigte Helden mit ungeschwächten reitzbaren Fibern,

eine

eine Deinaria! Und das wissen wir aus der Erfahrung, daß wenn die Alexanders erst an's Schwelgen kommen, dann geht's mit langen Zügen — die ganze große Seele koncentrirt sich im sinnlichen Genuß — und wenn's dann an Pompadours nicht fehlt, so kann's einwiegen und der süße Mohnsaft nicht ohne Effekt seyn, und ich mit meinen Kreaturen habe freyes Feld zu agiren.

Aber wie gesagt, eh's dahin kommt, muß ich andere Mittel anwenden, meine Truppen nach dem heutigen Fuß zu exerciren, und ihnen Manövres, die jetzt Mode sind, beybringen.

Der Nimbus von Eifer für Fürsteninteresse bey welchem Volk's Glückseligkeit nur eine Nebensache ist — Taktvestigkeit im geschäftigen Nichtsthun, und hundert unbedeutende Bewegungen um helle Wässer zu trüben — Geräusch und Tumult, ohne andere Realität, als die auf's Selbst Bezug nimmt — das ist etwas — und die vollkommene Miene der wohlwollenden Ehrlichkeit, unter dem nachgeahmten Schleier des aus der Modesprache entlehnten empfindsamen Edelmuths — mit einem Worte, der modernisirte Heuchler — pfui, was mir da für ein veralteter Titel entfuhr! — nein, der feine Weltmann, der Tugend und Menschenliebe im Munde führt, mit Thränen in den Augen würgen, und mit der mitleidigen Miene des herzlichsten Erbarmens aus unvermeidlicher Nothwendigkeit Hälse brechen, und weites ausgebreitetes Elend über seufzende Nationen rufen kann — dies ist so ungefähr das vollständige Ideal, was im Cours noch gilt.

Das

Das beste ist, daß sich alles vom Größten bis auf den Geringsten in dieser beliebten Sprache übt, und das Kleid des ehrwürdigen Menschenfreund's von vielen nachgeformt wird — ohne daß man, wenn Gelegenheit sich zu erproben da ist, eben mehr schöne und edele Handlungen zu Gesichte bekömmt.

Ich hoffe aus dieser Pflanzschule noch brauchbare geübte Leute ziehen zu können, die mit einem edeln treuherzigen Gesichte ein neues geschmeidiges System unbemerkter Intriguen aufführen können — was selbst in's Große geht, und dem die Fürsten anhangen, sich hinsetzen — und vielleicht selbst empfindsame Liederchen machen werden, um mit der an ihre Lieblinge überlassenen Regentengröße in den vom ganzen Dichterchor besungenen Abgrund von Milde und Gnade zu versinken, und sich den thatgewohnten Armen meiner dienstbaren Geister in Regierungssachen zu überlassen — und glänzende Trophäen meiner siegenden Macht und deines Reich's zu werden.

Ich könnte dir mehr von meinen Projekten und Spekulationen sagen, gnädigster Satan und Herr! aber ich halte es nicht klüglich und selbst inpraktikabel, den ganzen Riß zu meinen zunächst aufzuführenden Gebäuden im voraus zu zeichnen — es würde über die Hälfte vergebliche Arbeit werden. Ja wenn's ein Haus von Holz und Stein werden sollte, dann mögt's gehn, alles im voraus sagen zu können, wie's werden soll — und doch zerbricht so mancher Stein und so mancher Balken verwirft sich, und denn taugt der Boden nicht, wo's drauf gebaut

werden

werden soll, und müssen erst Pfähle eingeramt werden, und auch da wird durch unvorhergesehene Zufälle ein Strich durch Riß und Rechnung gemacht, daß es immer so nicht recht das wird, was es nach dem abgezirkelten Schema auf'm Papier werden sollte —

Noch mehr trift das ein, wenn man Gebäude und Systeme aus andern Materialien — aus Umständen und Gehirngeschöpfen, aus List und Ränken zusammen setzen will. Fast alles, was man davon im voraus detaillirt, ehe Hand an's Werk gelegt wird, ist und bleibt ein spanisches Schloß, in die Luft gebaut — sehr brauchbar in den Residenzien der ewigen Vergessenheit — in unsern Registraturen eine ruhige Stelle auszufüllen, wo nach dem Zeugnisse unsers vereideten Archivarien mehr unreife Hirngeburten sich eines gesunden Schlaf's und der ewigen Ruhe zu erfreuen haben.

So mancher General en Chef geht zu Felde, um mit seiner Armee nach einem gemessenen Operationsplan zu agiren, der im Kabinete gemacht war — wo hundert Fälle ausgerechnet waren, wie's kommen könnte, und eben so viel Vorschriften gegeben waren, wie verfahren werden müßte — und dann ereignete sich ein Fall, der nicht auf'm Papier stand, und Couriere flohen, um Verhaltungsbefehle einzuholen, und wenn die ankamen, war ein neuer Fall da, und die Campagne wurde mit Fragen und Antworten, Hin - und Hermarschiren und Schläge empfangen rühmlich geendigt, wenn der Gegentheil ohne Plane seinem jedesmaligen coup d'oeil und

Page 30

und seiner Nase folgte, Umstände und Gelegenheit nußte, wie der Himmel eins und das andere gab — und im kommen, sehn und siegen seine ganze Thätigkeit zeigte.

Ich schmeichle mir, daß deine Majestät mir zutrauet, daß ich meine Maaßregeln und mein Tempo werde zu nehmen wissen — auch ohne vorher bekannt gemachten und approbirten Plan — bey der nächsten feyerlichen Walpurgiskongregation; auf diesem deinem Reich geweihten Berge werde ich dir sagen, was ich gethan habe, ohne jetzt mehr Zeit zu verlieren, um dir vorzuerzählen, was ich thun will.

Es ist Zeit, dir den jährlichen Tribut zu überliefern und die invalide gewordene und ausgediente intriguante Seelen vorzuführen, die ich vor diesmal geholt habe.

Ich hab' sie in einen Raritätenkasten gesetzt, und eine neue Zauberlaterne verfertigen lassen, mittelst welcher sie vor der erlauchten Gesellschaft die Rolle ihres Lebens wiederholen sollen. Es sind nur die Vornehmsten, die ich zum Schauspiel in dieser geschmackvollen Versammlung ausgesondert habe; die übrigen kleinen Kabalisten hab ich meinen Unterteufeln überlassen, welche sich draußen in Gesellschaft einiger artigen pariser Affen und Murmelthieren von allen Nationen den Hexen vor Geld werden sehn lassen.

Nun ist's mir doch recht lieb, sagte Satan, daß du endlich drauf kömmst. Ich wuste nicht, was mir fehlte — so wunderlich ward's mir. Mir
däuchte,

däuchte, daß ich heute stärkere Anfälle vom Jäh-
nen hätte als gewöhnlich — freylich die Rede, die
ich euch vorher hielt, und das starke Denken auf meine Staatsangelegenheiten hatte mich etwas angegriffen — leider fühl ich's, daß ich alt werde —
aber doch war's das nicht ganz — recht, die Ko-
mödienstunde rückt heran — und dann meldet sich
immer so ein gewisses Leeres bey mir — wie der
Appetit sich einfindet, wenn's Mittag ist und unser
Koch so lange zaudert, daß der Magen mürrisch
wird — — nur nichts Tragisches, wenn ich bitten
darf! eine hübsche Farce seh' ich weit lieber — je
komischer je besser — wenn's auch ein wenig unge-
reimt 'raus kömmt — schad't nicht, ist doch kein
Teufel von Kritikus in der Gesellschaft. Wir große
Leute haben gern was zu lachen — müssen ohnedem
manche liebe Stunde eine ernsthafte Geschäftsmiene
und ein steifes Amtsgesicht annehmen, das einem
schwerer zu tragen ist, als dem Kavalleristen der
Küras, wenn er zu Fuß von Roßbach nach Pader-
born will, und aus großem Verlangen, die lieben Seinigen zu sehn, sich nicht zu säumen für gut findet.
Wird doch auch ein Hanswurst zum Vorschein kommen? — Ich möchte wissen, warum den die
Herrn Geschmacker von der Bühne weggeschaft
haben? — gehören doch nur in den Mittelstand
und unterstehn sich, über Große und Kleine zu
disponiren, die den schnackschen und buntschäckigten
Narren noch immer gern sehn würden, und damals,
als er noch im Flor war, sich seine drolligte Einfälle fleißig wiederholten und herzlich dran labten.

Ich

Ich denke noch manchmal an den lieben **Schuch,** der bey alledem, und sonderlich zu Berlin, recht beliebt war. Sagten wohl manchmal vornehme Leute und Damens, die nur französische Equivoken gerne hörten, daß Hanswurst ein bischen plat wäre, aber lachten doch von Grund des Herzens — und das war denn doch alles, was **Schuch** haben wollte, und was das feine Auditorium in den Logen und im Paradies am liebsten that.

Darfst auch immer ein wenig Sottisen mit unterlaufen lassen — unsere Damens hier sind heute Mittag schon vor der Toilette roth geworden, und haben sich also providirt, um nicht an Bienſeance zu maufiren, wenn sie's hier über's Lachen vergessen sollten — können auch noch all' eine kräftige Expreßion so ziemlich verdauen — —

Herr Hofmarschall! veranstalt' er doch vor der Komödie, daß etwas von Rafraischiſſements präsentirt werde — es dürfte heute spät mit dem Soupee werden, und er weiß, daß wenn man alt ist, so fäll's unbequem, so lange auszuhalten — besonders wenn man von der Reise fatigirt ist — —

Der Hofmarschall war ein aktiver Mann — immer hinten und vorn und überall — ein lebendiges Kochbuch und — ein Kenner von allem, was zur Gourmandie gehört. So eben war er aus der Küche gekommen, um Ordre zu stellen, daß an den Raguts die Trüffeln nicht gespart würden, worauf er mehr seinet . als seines gnädigen Herrn wegen viel Aufmerksamkeit wendete — hatte im Vorbeygehn einer kleinen Hexe von Küchenmädchen eine

Karesse

Kareſſe gemacht, in der Vorkammer die Kammerjungfer durch ein gnädiges Backenkneipen beehrt —
und war bey ſeinem Eintritt in den Saal eben im
Begriff, eine aus Zärtlichkeit und Reſpekt zuſam-
mengeſetzte Miene für die Prinzeßin Wolluſt zu
prepariren, als ihn Satan rief, daß er zuſammen-
fuhr, und über die Gedanken ſeines Herzens einen
Verweiß — oder eine beiſſende Spottrede befürch-
tete. Er hatte ſich indeſſen öfter in kritiſchern Lagen befunden — und war gewohnt durch eine geſchwinde Gegenwart des Geiſtes ſich aus einem An-
falle von kleiner Verlegenheit zu ziehen —

Ich werde, ſagt' er, euer Majeſtät ſogleich mit
einer vorläufigen Kollation aufwarten — und in
dem Augenblicke war vor die hohe Familie durch
unſichtbare Hände eine Tafel ſo artig beſetzt, als
man von dem Wink' eines Hofmarſchall's, der
ſeinem Poſten Ehre macht, immer erwarten
konnte —

Den Damens wurde Thee und Caffee ſervirt
und Konfituren in mancherley Geſtalten — das
trocken Gebackene war nicht geſpart, und ſüſſe
Pomeranzen wurden durch artige Finger im Form
eines Bechers geſchält und auf die angenehmſte Art
den Chapeaux präſentirt.

Satan indeſſen, der in allen Stücken für's
Solide war, erquickte ſich mit einer gewürzreichen
Schildkröte und einer erwärmenden Flaſche Burgunder, während die andern Teufel, wie's bey
ſolchen Kollationen Mode iſt, herumliefen, die Damen bedienten, und hinter den Stühlen aus freyer

Zweytes Stück.   C   Hand,

Hand, mit geſchäftigen Zähnen an der Keule eines
ziemlich zähen kalekutſchen Hahn's oder an einem
Stück italiäniſcher Servelatwurſt arbeiteten, und
ganze Bäche von mittelmäßigen Wein aus Bour.
deaux hinuntergoſſen, um die unwillige Kehlen
für ein aus wohl überlegter Oekonomie ziemlich
dürre gewordenes Stück hamburger Rindfleiſch,
offen zu halten.

Der Leſer wird ſich aus dem erſten Stück erin.
nern, daß der intriguante Teufel ſeinem Herrn
Deviſen verſprach, worinn er denſelben durch ei.
nige Anekdoten, die ſich in ſeine Relation nicht ſo
gut einweben ließen, amüſiren wollte. Ob Sa.
tans Appetit wirklich ſo groß war, um vor der
Komödie, oder vor dem Anfang des Schattenſpiels
an der Wand eine Kollation zu veranlaſſen —
oder ob's ein Kunſtgrif des Verfaſſers war, um
dem intriguanten Teufel Gelegenheit zu verſchaf-
ſen, ſich ſeines Verſprechens zu entledigen, und
die Deviſen mit guter Manier anzubringen; das
wär ſo eine Aufgabe, worüber eine gelehrte Kritik
ſich nicht übel ausnehmen würde. Um groſſen
Köpfen, die dafür bekannt ſind, daß ſie eine un-
gemeine Stärke beſitzen, dergleichen wichtige Streit-
fragen auszumachen und gründlich zu entſcheiden,
nicht vorzugreifen, wird ihnen dieſer würdige Ge-
genſtand der Unterſuchung zur nähern erleuchteten
Einſicht und Beurtheilung überlaſſen. Genug,
die Kollation war da, und der intriguante Teufel,
der auſſerordentlich hurtig war, wenn er ſein Tempo erſah, ſeinen Kram zu Markte zu bringen, ſetzte

zwey

zwey Fruchtkörbgens, eines von berliner und eines von dresdner Porzellain auf die Tafel. —— Wie die neugierige Blicke der Damens drauf fielen! — wie sie wechselsweise mit den witzigen jungen Herren in Erklamation und Anmerkungen ausströmten. ? ——

Allerliebst! scharmant! schön gemahlt! und das Matte der Vergoldung, wie sich das ausnimmt? — auf'm berliner Körbgen oben auf'm Deckel eine so natürlich hervorwachsende Pomeranze — auf'm dresdner — Voiez donc! eine so leibhafte Citrone! Mademoiselle Wollust hielt's mit der Citrone; nichts! erwiederte Schwester Kabale — die Pomeranze ist ein ganz anderes Gewächs — man sollte schwören, daß sie natürlich wäre, ich wollte wetten, daß im Treibhause zu Sanssouci keine schönere hervorgebracht wird —

Ich bitt' euch, seht die Seitengriffe 'mahl an? sagte der Favorit von Miß Wollust — hier am dresdner Körbchen — ein mit Grazie zur Seite gebogener Nimpfenkopf — ah la petite Coquine! die ganze Physionomie und das kleine Mündchen — als wenn's lebte! wenns spräche! so lose — so siegesgewiß und so zärtlich! du entgehst mir nicht, sagt's, versuch's einmal — lauf! — nun bist du schon wieder da? Das alles ließt sich im sächsischen Nimpfengesicht, und noch vielmehr in der wörterlosen Sprache, die ohne Laut, in der allergeistigsten unhörbaren Artikulation zu Herz und Sinnen spricht —

C 2   Am

Am berliner Körbchen — zwey freye muntere
Mädchensgesichter, in Dormeusen gehüllet, gebie-
tend in ihren Mienen — wir verlangten Atten-
tions, sprechen sie, mit erhabener Majestät — und
Saillien ströhmen auf ihre ergebene Diener herab
— — qu'elle est piquante! rief Satan, der Preiß
so einer muntern Begünstigung kann nicht zu hoch
gesetzt werden! Das berliner Porzellain, sagte der
Geist der Intrigue, ist auch etwas theurer, als das
aus Sachsen — und die Farben, der Purpur sonderlich, ist höher aufgetragen — —

Die Deckel wurden abgehoben, um zu sehn, was
brinnen war — Devisen! — schön! — o erst aus
dem berliner Körbchen!

Der Muthwille, in der Gestalt eines
Genius, kam auf einer Abendwolke gelagert in den
Saal gezogen, breitete seine Flügel über die aufleben-
de Tafelgesellschaft, und bethauete sie mit wäsrigtem
Witze — ein ganzes Heer kleiner Buben flatterte ihm
nach — die Kinder des lauten Gelächters — sie
machten die Pagen, stellten sich hinter die hohe
Familie, um einen jeden gelegentlich zu kitzeln, damit keiner ermangeln möchte, durch wohl oder übel
angebrachtes Lachen den Einflüssen des Muthwil-
lens und seinem schalen Witz Ehre zu machen.

Der intriguante Teufel, der nicht blos seiner
höllischen Majestät im Staatsfache bedient war —
sondern ausser den der Regierung gewiedmeten
Stunden auch die Angelegenheiten der Prinzeßin
Wollust wahrnahm, und in der zu ihrer Appana-
ge bestimmten Provinz, mit dem Karakter als Geheimer

heimer Rath bekleidet, und besonders das Finanz-
wesen ihrer Domanialien und zufälligen Intraden
besorgte — wie sich in der Folge, wenn die ciprischen
Gemählde werden aufgestellt werden, näher ergeben wird — dieser ihr Liebling langte zuerst nach
dem berliner Körbchen, nahm ein Hörnchen heraus — es war recht fein vergoldet — und drückt's
galament in die Hand seiner Gebieterin. — Argus, der Minister der **Eifersucht**, wollte zusehn,
was drinn war — das Gold war so stark polirt, daß
Argus durch den Glanz geblendet wurde — er rieb
sich die Augen, um noch einmal hinsehn zu können —
Mademoiselle List kam ihrer Schwester zu Hülfe,
die vorwitzige Neugier des Argus anderweitig zu
beschäftigen — sie ließ ihr Halstuch fallen — o lieber Freund! rief sie ihn, wenn ich bitten darf —
Argus hob's poliment auf, legts ihr wieder um —
machts so ungeschickt, eine Unordnung aus der andern — es verschob sich so oft — seine Distraktion
nahm zu, er kam der Schnürbrust zu nahe, ver-
wundete den Finger an der Nadel — das gilt einen
Kuß — flisperte er dem losen Mädchen in's Ohr —
eine Ohrfeige erwiderte lachend die lebhafte Miß
List — klap! da flog der Kammerdiener an die
Seite — — er hatte's wirklich versäumt, den Inhalt der Devise zu sehn, welche Mademoiselle **Wol-**
lust unterdessen eröfnet hatte, dies ist er:

Das Hornrecht bring't es mit, sich auswärts Troß
zu suchen,
So bleibt im Hause Ruh — wenn dümm're Hahn-
reih's fluchen.

C 3   Der

Der Mann ist komplaisant, sein liebes Weibchen
blind,

Wenn jedes, was es sucht — in fremden Armen
find't —

Die Wollust präsentirte ihrem Geheimenrath
ein Etuis, die Devise bestand in folgender Stanze:

Den freyen Seladon mir zu ersiegen,

Wär mir unsterbliches Vergnügen.

Doch dies erfodert mehr als schön zu seyn,

Denn Seladon liebt Pracht und Wein —

Dazu muß ich den alten Goldberg fangen,

Durch dessen Geld zu meinem Wunsch gelangen;

Doch Goldberg ist verteufelt schlau,

Und auf dem Gelde sitzt des alten Drachen
Frau — —

Hilf mir durch deinen Kopf das alte Weib
betriegen,

Mir Goldbergs Sinnlichkeit ersiegen,

Und einen Theil von seinem Schatz;

Dann will ich mir den Seladon verbinden,

Du intriguanter Geist sollst mich erkenntlich
finden —

In meinem Bette deinen Platz.

Mademoiselle List reichte dem Betrug die
zwey Gesetztafeln der zehn Gebote — er entrollte
das drinn versteckte Zettelchen, und las:

Verworfen bist du auf der Erden,

Des Himmels Fluch bezeichnet dich,

Der Sohn der Sünde spricht aus Mienen und
Gebehrden

Und Satan selbst verläugnet dich — —

Was

Was thuts, dafür bist du auch eines jeden
Feind,
Doch einer bleibt dir hold — der Galgen ist dein
Freund.
Auf den hast du ein Recht — den hoffe einst
zu erben,
Du must nach dem Gesetz ja doch des Todes
sterben.

Der Betrug reichte der Infantin List eine
falsche nachgeahmte Münze — Dich zu bezahlen,
Mademoiselle für die schöne Gesetztafeln, sagt' er —
— Sie nahm sie an — mit eklen, in dänischen
Handschuhen versteckten Fingern, und warf sie vorläufig in viginaire de quatre voleurs, denn sie fürchtete den Ausfatz und konnte den angeerbten Geruch
von Lauch nicht vertragen. Nach geendigter Operation, welche derjenigen vollkommen glich, mit
welcher man die Briefe aus Konstantinopel zu kau-
schern pflegt, las sie folgende Zeilen:

Ha! deine Untreu' ist mein Tod,
Durch dich Miß List gewinn' ich's Brod
Und Schätze — gleich der Fürsten,
Wenn and're hungern und dürsten.
Blieb'st du mir treu; so hätt's nicht Noth,
Wenn mir gleich Strick und Galgen droht.

Die Weichlichkeit winkte mit süßlockender Anmuth einem geharnischten Geist, der die Miene
des werdenden Helden an sich hatte, und zu Göt-
terthaten berufen zu seyn schien — er that den verderblichen Schritt und näherte sich der Atmosphäre
— in welcher ihr Hauch ihn berührte — empfieng
C 4   aus

aus ihren Händen eine Erdbeere, zerknickte sie
und las:

Sohn des Krieg's! genieß der Seligkeiten,
Die sich dir in meinem Schoos bereiten.
Laß dich nicht vergeblich von der Wollust winken,
Hier zu ihren Füssen hinzusinken,
Ist auch Sieg — schön'rer Sieg als in Gefahren,
Den erträumten Heldenruhm bewahren.

Der ungeschaffene Krieg'sgott umarmte die
Weichlichkeit, und küßte mit trunkner Galanterie
der Wollust die Hand, in welcher er einen Huth
zerdrückte. Mit triumphirender Miene ließ die Wollust ihrer Schwester die schönste Huldigung lesen:

Ich opf're euch den Ruhm und meine Kräfte auf;
In diesem Schoos der Seligkeiten,
Will ich ein schöner's Glück erstreiten,
Als Lorbern — den angefang'nen Lauf,
Der Heldenthaten will ich enden —
Ganz wie der würd'ge Sohn, aus meines Vaters
Lenden.

Ein Sänger aus Satan's Kapelle nahm ein
Hähnchen von Kraftmehl und gab's der Verläumdung, welche auf den Ruf unwandelbarer vesta-
lischer Eigenschaften Anspruch machte — um mit
desto bessern Nachdruck die Schwäche der Natur
an andern zu verunglimpfen — Sie nahm's mit
jungfräulichem Anstand, und fand folgenden Antrag:

Ganz unschädlich und von guten Mienen
Ist dies Hähnchen, so wie ich;
Niemand kann dir besser dienen —
Und dein Ruhm bewahret sich,

Du

Du darfst kühnlich andre tablen,
Sicher dich nicht zu entadeln.

Die Verläumdung antwortete sehr ehrbar
durch Ueberreichung einer kleinen Geige:
Ich bin den welschen Künsten hold. — —
Sie sind mir werther als Gold.
Komm' in mein stilles Zimmer,
Bey'm blassen Mondesschimmer,
Mit mir Serenaden zu singen —
Dianen der keuschen — ein Opfer zu bringen.

Madame Sünde konnte es nicht abwarten,
bis die Devisen aus dem ersten Körbchen heraus
waren — die besten liegen noch drinn, sagte der
Geist der Intrigue — noch historisch wahre
Geschöpfgens meiner Hand — recht machiavel-
listisch en Miniature geformt — — die wollen
wir aufheben, antwortete die alte Mutter Sünde,
beym Supee woll'n wir's nachholen — jetzt aus'm
dresdner Körbchen — Ein kleiner Damenpantof-
fel fiel ihr zuerst in die Hand, sie reichte ihn ihrem Herrn Gemahl — der Alte setzte die Brille auf
und las:

Platz für Damen! in dem Kabinette
Herrsch' ihr Geist — wie ihr Leib im Bette,
Männer sind geschaffen uns zu dienen;
Die Natur lehrt's — seht das Reich der Bienen,
Honigsüß nah'n sie der Königin,
Was sie bringen, ist Gewinn.
Reichthum kleidet die Wände,
Alle geschäftigen Hände
Bringen ihr den Zoll,

C 5   Alle

Alle Zellen voll,

Und dem ganzen Reiche geht's wohl.

Satan lächelte, jähnte, und gab ihr einen
Bienenkorb — etwas für dich mein Schatz! sprach
er. Er war ausgeleert — doch fand sich, wie
zum ewigen Andenken folgendes Klaglied brinn ge-
klebt:

Ich war voll von oben bis unten,

Da kam ein Halbgott mit brennenden Lunten,

Mit schwefelgetränktem Gezeug,

Trieb alles mit Dampf in die Höh',

Da schwitzten die Bienen — o Weh'!

Nichts war ihrem Elende gleich —

Er ließ die Löcher verkleiben,

Beschnitt' die fettesten Scheiben

Und trug den Honig davon —

Zwar stieß in ihre Trompete,

Die Kön'gin aus ihrem Bidete,

Von ihrem Weiberthron —

Doch niemand Hülfe ihr brachte,

Der Halbgott stand draußen und lachte,

Die Bienen streckten's Gewehr,

Drauf hat er sie wieder gespeiset,

Sonst wär'n sie wahrlich gereiset,

Denn ihre Zellen war'n leer.

Der Geist der Intrigue nahm ein paar Tur-
teltäubchen, die sich schnäbelten und überreichte
sie der Wollust — inwendig die Zeilen

Zärtlich girrt man hier im Reich' der Tauben,

Lockend sträubt das Weibchen sich;

Warm am Ende, und auf Glauben

Schnäbeln

Schnäbeln die Verliebten sich —
Geist und Seele und Manieren
Flechten sich in's Liebes Band,
Wollust, Freuden, Scherz regieren
Hier nur — in Zitherens Land,

Die Wollust reichte dem Geitz eine Visiten-
karte pour prendre congé — sie enthielt folgende
Verabschiedung:

Hier brauch' ich dich wenig,
Der geitzigen König!
Auch ohne dich
Verehrt man mich.
Der wärm're Hauch der Liebe,
Schwellt unsre süssesten Triebe,
Das Mädchen verläugnet sich nicht,
Wenn sie von Zärtlichkeit spricht.
Geh' hin zu wäß'rigern Seelen,
Wo mir Verehrer noch fehlen.
Wo man die Schätze erst zählt,
Bevor sich das Mädchen vermählt,
Dort woll'n wir beyde vereiniget seyn;
Hier, lieber Bruder, herrsch' ich allein.

Die Prinzeßin Kabale überreichte ihrem ersten
Staatsbedienten einen Handschuh — er entwickel-
te das drinn verborg'ne Papierchen und las:

Wie ist's, mein Freund! schläfst du hier ein?

Er gab ihr eine Degenscheide — Stahl war
nicht drinn — blos die Zeilen:

Was gelt ich ohne Macht allein?
Doch dien' ich Priestern noch,
Und stehe unter'm Joch

Galanter

Galanter Schönen,
Wenn sie die Männer krönen.

Satan unterbrach diesen Zeitvertreib — der
so gemeinhin an den Tafeln die geistreichste Unterhaltung ausmacht, und nach Abschaffung der
Hofnarren die Stelle des Witzes vertritt, wenn
man sich in der langen Epoke von der Suppe angerechnet alle Schüsseln durch, bis dem Dessert
Platz gemacht wird, am Geist in dem Grade erschöpft fühlt, als die Magazine der körperlichen
Bedürfnisse angefüllt sind — Nun diese Pösgens,
fieng' unser alte Bavard an, sind recht hübsch —
es ist so eine Resource, wenn mit den Flaschen die
Unterredungen leer werden — das beste ist, man
zerbricht sich den Kopf nicht, wenn man solche
Dingerchen ließt, und auch nicht, wenn man sie
macht — und es paßt so artig — ein's auf's andere, man sollte schwören, daß es ohne Hexerey
nicht zugienge — aber so mußt's seyn, wenn's der
Walpurgisfeyer angemessen seyn sollte. Ganz ohn'
ein wenig Hexen darf's da nicht abgehn — obgleich der Poet kein Hexenmeister ist, wie ich
sehe — aber zu Devisen braucht's auch nicht —
der Blocksberg ist kein Helikon und denn höre ich
solche Versgen auch lieber — sie rasseln nicht so
sehr mit Sturm und Donner gemischt, als wenn
der leidige Klopstock, der mir viel Herzenleid an-
gethan hat, in seinem Cherubbespanten Wagen gen
Himmel fährt, daß einem die Ohren gellen. Unterdessen muß die ganze Nacht nicht damit zugebracht werden — alles hat seine Zeit, sagt Salomo,

lomo, der mir ein rechter Mann nach der Uhr war, und seine Zeit so weißlich zwischen seinen Geschäften — und die gewaltige Menge seiner Brünetten und Blondinen einzutheilen wußte, daß die Reihe an jede kam, so nach der Mensur gieng alles. Aus der taktmäßigen Eintheilung seiner kostbaren Stunden hab' ich recht gelernt, was Ordnung ist, und ich wollte, daß ihr alle sein ruhmwürdiges Beyspiel beständig vor Augen hättet — ich kann's nicht gnug anrühmen.

Seine Jugend brachte er zu, die Lektionen seiner lieben Mutter zu lernen, die ein verschmitztes Weib war, in den Jahren der Eroberung, durch ein paar blendend weiße Hüften, welche sie vor den Augen eines wollüstigen Königs aus dem Bade hob, sein Blut in Aktivität setzte, wie die Pompadour ihrem guten leicht zu besiegenden Ludwig auf der Jagd — nach einem wohl überdachten Plan, ganz von ungefähr in den Wurf kam) und im Alter — durch ihre intriguante Rede ihren schwachsinnig gewordenen Gemahl zu disponiren wußte, ihren Sohn zum Nachfolger zu ernennen. — Ausserdem ließ er sich von dem Fenelon seiner Zeit, von einem Priester und derzeitigen Pabst, der sich mit Staatssachen, mit Könige machen und sie in den Bann zu thun, sein ganzes Leben durch beschäftigte, in allen Kunstgriffen der Priester fleißig unterrichten, um dem Volk durch einen äussern Eklat Staub in die Augen zu streuen, und einen sonderbaren Geruch von Heiligkeit umher zu verbreiten. Als König war mein Held ein würdiges

Vor-

Vorbild Pabſt's Sixtus des fünften, und ließ ta-
pfer aufhangen, als er zur Regierung kam — als
Mann betrachtet that er Wunder der Tapferkeit
unter den Weibern — ſein Nachfolger Mahomed,
der Reſtaurator der Harems, war gegen ihn nur
ein Kind, denn dieſer überſpannte ſich — bis er
die Konvulſionen bekam, wie's noch vorm Jahr etwa im Monat May meinem alten Freunde Voltaire gieng, als er ſich die Marſeillerin kommen
ließ, um zur Ehre ſeiner hohen Jahren ein ſalo-
moniſch Experiment zu machen, den ſchwachen Sub-
ſon ſeiner Kräfte aber ſo erſchöpfte, daß er in Ohnmacht fiel, und die erſchreckte Madame Denis ihn
faſt in Eau de la Reine erſäufte, ehe ſie ihn wieder
zu ſich ſelbſt brachte — und das Mädchen, die an
dieſem Unfall Schuld war, ſo geſchwind, wie möglich, und ohne ihr zum Ankleiden Zeit zu geben,
zuſammen packte, und mit einer Diskretion von
zehn louisd'or nach Marſeille zurückſchickte, wie
euch alle Genever erzählen können. Beym Salomo fand's die Königinn von Saba anders — ſeine
gute Renomme führte ſie ſelbſt zu ihm, ohne gerufen zu werden — er übertraf alle ihre Erwartung, ſie mochte ihn noch ſo oft auf die Probe ſtellen, und noch ſo viel Räthſel vorlegen, woran ſie,
wie alle Weiber aus dem Morgenlande, ſehr reich
war, er löſte ſie alle auf — daher ſie auch ſehr vergnügt zurück reiſte, und ihm auſſerdem die beyläufige Anfertigung des abißiniſchen Erbprinzen
durch reichliche Geſchenke bezahlte. — — Herr
Sekretair Uriel, unterbrach ſich Satan — führ' er
doch's

doch's Protokoll und schreib' er mir die Tischreden
auf — ich weiß, daß der große Schriftausleger
Quintus nicht witziger war, wenn er demonstrirte,
daß der große Partisan Simson einen Obristen in
seiner Armee hatte, welcher Eselskinbacken hieß,
und ein Korps Ulanen kommandirte, mit welchem
er tausend Philister in die Pfanne hauen ließ —
dergleichen Tafeldiskurse bey einem Glase Wein
hätten seit der Erscheinung von D. Luthers Tischreden immer aufgeschrieben werden sollen — wenn
das alles bey den Tafeln der großen Herren —
und mancher fleischichten Geistlichen — oder auch
der jungen Musketairs und anderer Witzlingen aus
allen Klassen, die vom Baile und Voltaire haben
sprechen hören, immer fein aufnotirt worden wäre,
was da meistentheils vor schöne Sachen vorkommen; so könnte unsere Bibliothek um einige tausend Folianten grösser seyn und ich könnte mir draus
vorlesen lassen, wenn ich vor Verdruß zu Zeiten
nicht schlafen kann — und davor bin ich euch gut,
daß die Tischreden dieses Augustiner's, der mir
schlechterdings zu Leibe wollte, und mir's Dinten-
faß an den Kopf warf, als ich mich einmal ruhig
auf seinem Ofen wärmte, durch die kräftigere Ta-
felunterhaltung der neuer'n witzigen Geister längst
verdunkelt seyn würden. Wenn gleich, was unsere Person angeht, der größte Theil der heutigen
galanten Welt nicht viel nach mir frägt; so werde
ich doch auch nicht so schimpflich behandelt, als von
dem unbelebten wittenberg'schen Doktor, der sich
nicht entblödete, seiner Tischgesellschaft zu erzählen,

len, daß ich ihm sein ungeziemendes Beten auf'm
Nachtstuhl verwiesen hätte, wogegen ich von demselben mit einer ganz unsäuberlichen Invitation beehrt worden wäre —

Aber wieder auf den König Salomon zu kommen! der liebe Mann! er hat mich manchmal
fetirt — sonderlich waren die Karbonaden vortreflich, die er mir vorsetzte, wann er die schönsten Jungens aus Israel in dem neumodischen
Bratofen rösten ließ, den mein geschickter Mecha-
nikus und Leibkoch Moloch erfunden hatte —
und eine herrliche Tafelmusik war mir's, wenn das
Getöne der Hörner, der Klarinetten und Posau-
nen den Todtengesang der schwitzenden Knaben aus der glühenden Bratmaschine akkompag-
nirte.

Auch war's ein feiner Dichter, wie zu ersehn
aus seinem Liede, worinn er seine Pucelle Sula-
mith mit allem Feuer einer durchglüheten Einbildungskraft und nach den Regeln der Ordnung durch
alle Graduation besang — und, um nichts zu
vergessen, von oben den schwarz gelockten Wirbel,
und von unten den Zehen, zum Terminus a quo
annahm, und stufenweiß herab und herauf versifi-
cirte, bis er den Terminus ad quem erreichte —
und unter schattigten Gebüschen — hinsank', und
aus dem vollen Becher dichterischer Freuden sich,
und sein warmes sonnegebranntes Mädchen zu
berauschen.

Im Alter hingegen wurde er nach dem ordentlichen Lauf der Natur so spruchreich — daß er in

eben

eben so langen Tiraden predigte, als unser einer —
dessen Vermögen kaum etwas weiteres verstattet —
als predigen — so hatte alles bey diesem grossen
Regenten seine Zeit, und so will ich's auf meinem
hercynischen Fürstenberge auch gehalten wissen —
alles fein ordentlich und nach der Uhr. Jetzt laß't
uns die Tafel aufheben und das Maledicite sprechen —
daß mir die übrigen noch uneröfneten Devisen aufgehoben werden! — laßt die Zauberlaterne hereinkommen, und die Schatten sprechen, wenn sie
die Rollen ihres geschäftigen Lebens — hier vor
unsern Augen wiederholen.

Die Prinzeßin Kabale fieng an, die Geschenke
in Bereitschaft zu setzen, womit sie jedem ihrer Anhänger, der in ihrem Reich anlangte — und jetzt
von dem Zunftmeister vorgeführt werden sollte —
begnadigen wollte — und Satan setzte die Brille
auf die Nase, schlug das Buch der Gesetze auf und
suchte das Kapitel vom Lohn der Intriguen.

Gaßnerisches Medicinalraisonnement
die
Epidemie der Intrigue betreffend.

Während der Geist der Intrigue seinen Raritätenkasten holt — mögt' ich euch um eine kleine Audienz bitten, ihr — wer ihr auch seyn mögt; ihr

Zweytes Stück. D Ans

Angefochtene, oder Befeffene, oder Geplagte
vom intriguanten Teufel — und wenn's felbft die
Häupter von Nationen wären, und die künftigen
Regenten ihres Volk's, die meine Rede — ihrer
Größe unbefchadet — bezielte. Was wär's auf-
ferordentliches, wenn der Weltbürger — Gaßner,
oder wie er fonft heiffen mag, von Dingen fpricht,
die in und um diejenige find, auf welche wegen
ihres höher'n Standpunkt's — aller Augen mehr
fehn, als auf Gefchöpfe von geringern Kalibre?
Soll die Krankheit, die auch Fürften nicht verfchont,
oder — ganz befonders Fürftenkrankheit wäre, über
oder unter, oder auffer der Sphäre der Unterfu-
chung und der Heilungskunft der Aerzte liegen?
Das wollte ich mir verbeten haben — lieber gleich
meine Feder liegen laffen — und kein Medicinal-
raifonnement und kein Recept niederfchreiben —
wenn irgend eine Anfechtung eine über andere
hervorragenden Menfchenforte zu kuriren mir ver-
werth feyn follte, falls ich fie anders kuriren könnte? Gefetzt daß mein Teufel, mit dem ich eben zu
thun habe, gerade einer der fürnehmften Teufel
an Höfen wäre — wie's Podagra, die Gicht, der
Steckfluß und die Wafferfucht die größten Herrn
fleißiger heimfuchen, als — den geringern Erden-
fohn, der im Schweiß feines Angeficht's fein Brod
ißt — follt' ich mich darum weniger gegen ihn wagen, vor ihm — nur mit eiuer Verbeugung vorbeygehn? — Ohne Umftände und ohne Weitläuf-
tigkeit! gerade die verderblichen Einflüffe des Gei-
ftes der Intrigue an den Höfen der Fürften — noch
nicht

nicht den meändrischen Gang der Kabale in geringern Ständen, im geschäftig gemeinen Leben —
trift mein Medicinalraisonnement und mein Recept — ist dermalen noch nicht für den Pöbel — —
„Die etwannige angefochtene Grosse werdens aber
nicht hören und sich der Recepte nicht bedienen? "
das könnte wohl seyn — es bedarf also auch keiner
pompeusen standesmäßigen Zurichtung — nicht der
precieusen Sprache des Staatsmann's der mit dem
ganzen Gewicht — was Stern und Orden giebt —
sich ewig bückt — und ja sagt — — oder in pflicht-
schul iger Unterthänigkeit mit dem ganzen Flitter-
staat des Kanzleystils referirt — was der gnädige
Herr gern hört, mag wahr oder falsch seyn — es
kann also bey einer natürlichen Sprache bleiben,
die weder spanischen Gang noch Tracht nachahmt,
und nicht auf Stelzen geht — wahr und simpel —
so wie sie vor Fürstenohren nicht oft zu kommen
pflegt. Denen bey aller ihrer Macht und Reichthum armen Fürsten, die nach Diogenes Ausspruch keinen Freund haben können—viel Wahrheit nicht hören, die ihnen zu hören doch ganz heilsam wäre — und auch selten hören wollen, was
nicht gerade nach ihrem Sinn ist, selten so viel Resignation haben, um mit Schwedens grossen Karl
zu ihrem Diener zu sagen: veni! maledicamus de
Rege — diesen also wird in weiter Ferne von ihren
Thronen hier ein stilles Opfer von Wahrheiten gebracht — so frey, so ungekünstelt und uneingeschlei-
ert als sich's bey der Voraussetzung, daß es nie
ihre Blicke auf sich ziehen wird, erwarten läßt.

D 2   Und

Und ihr, die ihr eure Aufmerksamkeit drauf richtet, freye Weltbürger und Leser! seht's an wie eine frugale Mahlzeit, die ich öffentlich hinsetze — kein fürstlicher Koch hat durch haut gout und Zwiebeln dem natürlichen Geschmack einen fremden angekünstelt — es ist ein einfach gesunder Bissen, und eine mäßige Prise Salz sein ganzes Gewürz, um einen heilsamen Durst nach Vorsicht und Klugheit zu erregen, und so genieße es, wer Lust hat!

Wessen Recht nur durch Geburt und Verträge der Vorfahren, oder Zeitgenossen — oder durch Zufall den Regentenstuhl behauptet, nicht durch souveraine Geistesgrösse — durch eigenes überwiegendes Verdienst seinem Erbrecht den Stempel der Erhabenheit über andre aufdrückt, der ist bey allem zufälligen Glanz und Vorzügen nur der Diener der Intriguen, oder der unaufhörlich gemißleitete und subordinirte der intriguanten Geister, die in mancherley Gestalten ihn belagern — ihn beherrschen, ohne daß er's selbst weiß. Er befiehlt — die Befehle seiner Diener und ist der unterthänigste seiner unterthänigen Knechte, und sein verehrter Nahme — den er ein vor allemal — oder durch tägliche Unterschriften hingiebt, autorisirt die Befehle deren, die alle — durch Kabale und Ränke mehr Fürst sind — als er, der blos den Titel führt.

Jammer, ist's und nach eines alten Propheten Ausspruch — Fluch für's Land, wenn so gekrönte Kinder am Ruder sitzen, welches von andern regiert wird. Die Hauptzierden und mit künstlichen Steinen besetzte

beſetzte Diademen werden, um minder brückeng
zu ſeyn, weich gnug gefüttert — und unter dem
Schwerpunkt der ganzen Regentenmaſchine, Pol-
ſter und Kiſſen gelegt, damit die unthätige Ruße
nicht läſtig werde. Nun ſtellt mir auf der einen
Seite ein Weib, die das durch Kleinigkeiten ſich
glücklich findende Geſchöpf bisweilen in die Bak-
ken kneipt, und ihm Zuckerplätzchen reicht — und
auf der ander'n — ſo einen aus eigner Kraft gebohrnen Fürſten, zu deſſen perſönlicher Exiſtenz
kein erbgerechter Prinz den Homunculum geliefert
hat — ein unbekannter Avantürier vielleicht, der
um alles — alles wagt und Seelenvermögen hat,
um alles aus ſich zu formen, was er ſeyn will,
und die rechte Hand iſt, worauf der Titularregent
ſich lehnt — oder vielmehr deſſen allein wollender
Hofmeiſter iſt, der ihm vorſpricht, was er reden,
ihn leitet und trägt, wo er hin ſoll — bis er von
Geſchäften unterbrochen das mindere Geſchäft, ſeinen ſo genannten Herrn zu gängeln, einem ſeiner
Vertrauten überläßt — ihn irgend einem Spaß-
macher übergiebt, um ihm die Zeit zu vertreiben—
für dieſer Art Fürſten iſt kein Heilungsmittel — es
ſind todte Weſen und Schöpferkräfte würden erfodert, um ihnen erſt einen lebendigen Odem in die
Naſe zu hauchen, bevor ſie fähig ſeyn könnten, dem
Geiſt der Intrigue entgegen zu arbeiten — —aber
auch wirklich thätige Regenten ſind oft die Betrogene ihrer intriguanten Diener, deren, die ihrem
Herrn lieber erzählen, was hinter der Gardine vorgeht,
als daß ſie ihn ſelbſt ſollten dahinter ſehen laſſen.

Güte

Güte und Vertrauen abseiten des Fürsten — und
sichere Dreistigkeit von seiten der Beglaubten sind
die Schutzwehre, hinter welchen die verborgene Intrigue so lange ruhig herrschen kann, als Wolken
und Dunkel um die geheime Werkstatt schweben,
und der Rauch des Weihrauchs in gefälligen und
schmeichelhaften Vorstellungen — zwischen dem
Auge des Landesherrn und dem wahren Zustande
seines Reich's eine undurchdringliche Scheidewand
und ewige Nacht unterhält —

In diesem Fall ist das Recept in der Hand
des Souverains — der iovialische Wurf eines
Blitzstrahl's, der mit rollendem Donner leuchtend
durch solche künstliche Finsternisse fährt, ziemlich
wirksam, um Licht in's Dunkle zu senden, und —
dann und wann eine heilsame Erschütterung, daß
die Vorhänge zerreißen, welche nur gar zu oft die
Aussicht der Fürsten begränzen, und seine Blicke
auf eine gemahlte Wand auffangen, statt solche in's
innere verschlossene Heiligthum der Angelegenheiten,
und deren Verwaltung fallen zu lassen.

Auch das Wegwerfen und Verwechseln der
Brillen, durch die der Fürst sieht, ist zu Zeiten ein
schlimmer Streich, der den Anlagen der Intrigue
gespielt werden kann. *) Oft ist der Favorit eine
solche

*) Nur zu Zeiten — nicht immer. In Frankreich
sind seit einiger Zeit die Brillen so oft verwechselt
und — es wird nicht besser. Nichts von Mad.
Barry zu gedenken — die ward von selbst unbrauch-
bar, als sich zwey Augen schlossen — und war ohne-
hin

solche Brille und ein jeder, dessen Augen der Herr sich
bedient, um seine Angelegenheiten zu sehn. Freylich
entrathen kann er diese Werkzeuge nicht ganz —
sie müssen, als so viel Brennspiegel die Lichtstrahlen
aus vielfachen Flächen sammlen und in einen Punkt
konzentriren — aber wenn das Licht der Wahrheit erst durch viel prißmatische Gläser kreuzen muß,
eh' es den Sehepunkt des Fürsten berührt, so
nimmt's hundert Farben an, die nicht eigenthümlich sein sind. Es wäre doch gut, wenn der Souverain zu Zeiten unerwartet in jedem Fach seiner
Regierungsgeschäfte hie und da einen eigenen Blick

D 4

thäte,

hin nie recht gebraucht, Staatsangelegenheiten zu
sehn. Aber welche Fermentation im Ministerium!
Herr von Choiseul würde gern wieder vorgeschoben,
und es fehlt nicht an Vorschieber mit dem
besten Willen von der Welt, und — nicht an Versuchen. Und der gute St. Germain! es wäre ein
Wunderwerk, wenn ein so ehrlicher Mann lange an
seinen Posten bliebe! davor wird Maurepas sorgen — ein gescheidter Mentor weiß seine Zeit und
Stunde zu wählen, seinem Zögling, wenn er aus
der Laufbahn des Instruktor's weicht, die gute Laune abzugewinnen und ihn wieder einlenken zu machen. Vor's Abwechseln hat's, dem Himmel sey Dank!
in Frankreich nicht Noth — so wenig als bey jungen
Pferden für's Wechseln der Milchzähne — wie's
aber am Ende mit den Systemen in allen Fächern
gehn wird — so lange sich die, so dran arbeiten sollten, immer noch einander verdrängen — das mag
der H. Ignatius wissen — oder sich den Kopf drüber zerbrechen, wenn er dem Schicksal seiner Söhne — und dem Ende aller Dinge bey seiner jetzigen
Muße nachzudenken für gut findet.

thäte, und den Rapport der Verweser nach unmittelbar examinirter Sache in eine Verantwor-
tung verwandelte — wie da oft der Referent mit
der geläufigsten Zunge in's Stottern gerathen würz
de! dafür stehe ich euch, daß der intriguanteste
Teufel in solcher Krisis kein kräftiger's Purgirmit-
tel nöthig haben würde.

Martialische Könige sehn jährlich selbst ihre eigene Truppen und ihre Manövres. Der Zustand
ihrer Armee kann ihnen nicht anders vorgestellt
werden als er ist — Wenn's Ernst gilt, und der
Feldzug sich unter'm Auge des Prinzen eröfnet,
der Fürst und Feldherr zugleich ist — da ist er sicher,
daß wie's auch gehn mag, er wenigstens weiß, wie's
gegangen war, und warum's so gieng?

Die Intrigue hat weniger in einer solchen Armee zu thun, als wo der Fürst in den Armen seiner Sultanen Favoritte alles — nur durch wohl-
unterrichtete Couriers erfährt, die vor ihrer Ab-
sendung das Mährchen auswendig lernen, was sie
erzählen sollten — wo der Monarch durch die Brille seiner Maitresse das kriegerische Verdienst sieht —
in dem verschuldeten Kammerherrn die Talente eines General en Chef sieht — und in einem andern
Marschall de Saxe oder Conde, den gefährlichen
oder überflüßigen Mann, den man hundert Stunden vom Schauplaß der Geschäfte und Thätigkeit
auf sein Landgut verbannen muß — —

Wer hat jemals in Preussens Armee einen
grossen Officier und Heerführer bey gesunden Tagen auf sein Landgut gefunden? und wie lange
hat

hat man den minder herzhaften — oder der sich
durch eine unwürdige That — etwa durch einen preuſ-
ſiſchen Helden unanſtändige Kapitulation, ent-
ehrte, an der Spitze ſeines Korps geſehn? Da
ſetzt euch hin, alte brave Krieger! die ihr zwey
groſſe Feldzüge bis 1741 zurückdenken könnt,
bey einem freundlichen Glaſe Wein in der kühlen
Sommerlaube, oder am einladenden Kaminfeuer
im Winter, und berechnet die Aufgaben und
Verhältniſſe von dem Schickſal derer Helden, die
unter dem ſelbſt urtheilenden Auge ihres Monarchen fochten, und jener Anführer, welche — der
Geiſt der Intrigue an der Spitze aufzuopfernder
Armeen geſtellt hatte — der Name der erſten verewigte ſich in den Jahrbüchern, in Marmor, Sta-
tüen und im Andenken des König's der Helden,
wie in dem Gedächtniß aller Thatenbewunderer —
wenn dagegen die andere nur geſandt zu ſeyn ſchienen, um ſich ſehn und handeln zu laſſen — ſich zu
kleiden, zu nähren, und zu ſpeiſen — übrigens
aber als wahre Hofleute, ungewohnt des Sturms
und rauher Witterung, davon reißten, wenn Ue-
berfall kam, dergeſtalt, daß Kleiſt mit ſeinem
Korps oft nichts fand, als warme verlaſſene Pa-
ſteten, von franzöſiſchen Köchen für franzöſiſche
Gaumen appretirt, im Rath der Götter aber zum
Genuß für preußiſche Huſaren beſtimmt.

So verliehrt der, welcher durch anderer Augen
ſieht, für den der ſelbſt ſieht — aber iſt's anders
in Geſchäftskreiſen auſſer dem Militair? — Was
gab Peter dem Groſſen ſo richtige Begriffe von

D 5

Din-

Dingen — die ihm gewiß anders wären vorgetragen worden, wenn's seine Sache gewesen wäre, sich was erzählen zu lassen — als daß er selbst und mit eigenen Augen — oft unerkannt unter fremder Verkleidung sahe? Wo das nicht geschieht — wo nicht zum merkbar'n Beyspiel bisweilen Sachen zur unmittelbaren Prüfung des Souverains gelangen — wo vor seinen Ohren nicht freye Stimmen über das Wohl des Landes von mehr als einer Seite sprechen — da mahlt sich Recht und Unrecht durch die dritte und vierte Hand, in willführlich dran gekünstelten Farben — da wird Wahrheit — was die Bibel wird, wenn sie durch viele theologische Hände geht — eine wächserne Nase — da erscheint der Wohlstand, der Reichthum, die Aufnahme, das Wachsthum des Landes grösser als es ist — zum Preiß deren, die es zu befördern sich die Miene geben — und auch das Elend und die vorgegebne Ohnmacht der Unterthanen wird thränenwerther geschildert — — da ist der Landesherr nimmer die Düpe, und nicht er herrscht, sondern die unsichtbare Intrigue, welche im Besiz der prämissen Lieferung sich befindet — und wegen der Conclusion folglich nicht verlegen zu seyn nöthig hat.

Augensalbe braucht man euch nicht zu empfehlen, ihr zum Selbstherrschen fähige Grosse — nur den natürlichen Gebrauch eurer Augen und — deren Richtung nicht auf's Gemählde, sondern auf die Sache selbst. Kein Mensch sollte sich was vormahlen lassen, aber am wenigsten der Fürst und Vater seines Landes — und dann gute Nacht, Intrigue

trigue — die ohne fremde, erborgte, untergescho-
bene, oder erkaufte Farben — nichts mehr gilt und
eben so wohl thut sich zu empfehlen.

Wer mehr Fürstenfreund ist — als Anhänger
sich windender Sklavenseelen, kann ohne Unmuth
nicht zusehn, wenn thronenwürdige Thronenbesitzer
mit aller ihrer Größe von niedrigen Geistern der
Intrigue beherrscht werden — es mag dieser Geist
nun hinter Weiberschönheit und Weiberthränen,
oder hinter Vorspiegelungen männlicher Ränke-
schmieder mit platten Amtsgesichtern sich verstecken — Aber wer wollte nicht auch wünschen,
den Monarchen zu sehn, der selbst zur Intrigue
nicht seine Zuflucht nimmt, um seine Absichten zu
erreichen, der nicht die Kabale in's System seiner
politischen Grundsätze verwebt? Wahre Politik
hat Größe — ist das ordnungs - absichtsvolle Gebäude von der Hand der Klugheit und Vorsicht
erbauet, dessen Verbindungstheile, geheime Kräfte und Absichten nur dem Baumeister bekannt, und
dem Auge — eines jeden andern unerforschlich
seyn müssen. —

Der Privatmann als Privatmann hat so ein
Gebäude nicht nöthig — seine Handlungen haben
nur auf Moralität und auf allgemeine Menschen-
pflichten Bezug — alle Welt kann sie wissen, und
sein System braucht kein Geheimniß zu seyn, selbst
Offenheit bey allen ihm eigenen Bisarrerien und
Mängeln ist ein Werth für ihn. Der Mann in
Verbindung und öffentlichen Verhältnissen würde
in seiner Stärke verlieren, und seine Wirkungs-
kraft

kraft schwächen, wenn die Konstruktion seines
Systems nicht nach Gesetzen der Klugheit geordnet,
und seine Art zu kombiniren und zu handeln nicht
unerforschlich wäre. Seine wahre Stärke bleibt
unentwickeltes Räthsel.

Dem Feldherrn gleich ist seine sichtbare
Stärke nur scheinbar, und seine sichtbare
Schwäche ist es auch. So entzieht mancher große
General in verzweifelten Umständen der Bagage
die Bedeckung, und giebt sie der Plünderungssucht
preiß, und mit dem Kern seiner Truppen bricht er
aus verborgenen Verschanzungen hervor, bringt
in's Herz der Feinde, und verkehrt plötzlich ver-
meynte Siege in Niederlagen. Alcibiades war kein
Kind, als er für einen großen Mann sich mit Kleinigkeiten abgab, und seine Sorgfalt und zärtliche
Achtsamkeit auf einen Lieblingshund wandte —
und auch das war kein Spiel, als er diesen dem
atheniensischen Pöbel merkwürdig gemachten Hund
seiner schönsten Zierde beraubte, und ihm den
Schwanz abhieb' — er gab der öffentlichen Neugier und den politischen Kannengiessern seiner Zeit
— was Kinder haben müssen — ein Spielzeug, eine histoire du jour, um sie nicht anderweitig hinsehn zu lassen, wo er eine Operation infognito vor-
bereitete. Dergleichen Maximen gehören besonders
zu den Aussenwerken grosser politischer Systeme, die
in sich selbst das Allerheiligste seyn müssen — unzu-
gänglich für profane Augen. Was, und wie's werden soll, muß dem souverainen Geist am Ruder allein bekannt seyn — Gotte gleich muß man ihm
nur von hinten nachsehn können. In-

Intrigue dagegen iſt in jedem Betracht klein,
unwerth und verächtlich — nur das Eigenthum
kleiner Seelen. Ihre Grundlage iſt — Falſch-
heit, ungereimte Verſicherung — treuloſe Bund-
brüchigkeit. Dem Weibe gleich, das Salomon — der's verſucht hatte, beſchreibt, dern Aug'
und Mund den Himmel lügt, und dann mit un-
zähligen Spinnefäden die arme Fliege verſtrickt,
ſie bis aufs Mark ausſaugt, und ihr ein Grab in
ihren Armen bereitet — ſo zaudert die Intrigue
ein Gemählde freundlicher Bündniſſe, gemeinſchaft-
licher Vortheile abzuwendender Gefahren durch
Schutz- und Trutzbunde — und opfert Freund und
Bundesgenoſſen auf, gewinnt ſich Zeit — durch
kategoriſches fürſtliches Wort nicht den Frieden
brechen zu wollen, um Vorbereitungen zur Voll-
ſtändigkeit zu bringen, welche Bekriegung und Ue-
berwältigung im Schilde führen. Doch dies iſt
die Art verbrauchter Intriguen, aus dem Ganzen
gehauen — zu welchen nun eben Meiſter in der
Kunſt nicht nöthig ſind — — Uebergehen wir immer die feiner'n Fäden unſichtbarer Netze, welchen
zu entgehen menſchlicher Scharfſinn kaum hinreicht — ſie gelten alle nur einmal, und dann fangen
ſie nicht mehr — dann ſieht ſie das erregte Mißtrauen — auch wo ſie nicht ſind, vermeidet das
ganze Territorium und — das Reich der Intrigue
nimmt ein Ende. Unter der Maske politiſcher
Gleißnerey läßt ſich's bisweilen geſchwinde Schritte
thun — aber die Kromwels ſind ſelten bis an's
Ende glücklich, überleben meiſt ihre zuſammen-
ſtür-

stürzende Maschinen, in deren Zusammensetzung
zu wenig Simplicität, und so viel von Taschenspie-
lerkunst herrscht, die eben kurz oder lang entdeckt
wird, und eben dadurch ihre Wirkung verliehrt —
Cäsar Borgias wollte Machiavel's Lehren reali-
siren — was richtete er aus? — Ehe glaub' ich
Platon's Republik tausend Jahr ohne Alteration
möglich, als das Reich, dessen stärkste Stütze der
Geist der Kabale ist, hundert Jahre.

Für gordianische Verwickelungen erfand Alexander das souveraine Mittel — ein Schwerdt, und
einen Arm, der's zu führen weiß — nehmt den
Geist der weisen Staatsökonomie dazu, und ein
bereites Vermögen um zweymal hundert tausend
Mann bey Muth und Kräften, so lange es nöthig
ist, zu erhalten — und dann laßt die Intrigue gegen über maschiniren, bis sie sich in ihre eigene
Fäden verwickelt, und in unthätiger Ohnmacht
hinsinkt — —

Es ist immer Beweiß von sich selbst bewußter
Schwäche und Kleinheit, zu den elenden Kunstgriffen der Kabale seine Zuflucht zu nehmen, noch
einen Grad tiefer herabgestimmt — so greift
man zum Gebet um Wunderwerke, und läuft zur
Hexe von Endor — um zu erfahren, wie man aus
dem Gewirre herauskommen soll.

Das ist höchste und wahre Fürstengrösse, nur
mit geradem Schritt vorwärts zu gehen, um ein sich
vorgesetztes Ziel zu erreichen. Stärke und Klugheit führt eben so richtige als würdige Wege —
die Kabale leitet durch labirinthische Gänge, aus
welchen

welchen selten am Ende herauszufinden ist — —
Noch sollte vielleicht ein zweyter Satz behauptet
werden, irgend eine regelmäßige Diät — die Regel: nicht nach alles zu streben, wozu man Lust
hat — gewisse Einschränkungen, um auch durch
gerade Wege nicht nach einem Ziel — ausser dem
Zirkel angeerbter Gränzen gehn zu wollen.

So weit möchte ich mein Medicinalraisonnement nicht gerne ausdehnen, nicht eine so strenge
Diät annehmen — lieber nach dem Beyspiel der Aerzten eine kleine Debausche zu seiner Zeit statuiren,
als der zur Extension fähigen Macht zu enge Gränzen bestimmen.

Wenn der Gang des Großen gerade vor sich
gerichtet ist, und sein kühner, mit Würde bezeich-
neter Schritt das fernste Ziel erreichen kann —
wer kann etwas dagegen einzuwenden haben? —
das Recht? — welches? — Nach dem großen
ewigen Gesetze der Natur ist das Maaß der Kraft
die sicherste Bestimmung des Gebiet's, worüber jemand, ohne mit andern Gesetzen eine Kollision zu
veranlassen, disponiren kann. Der Starke ist verschuldet, nach dem Maaße seiner Stärke thätig zu
seyn — und zur allgemeinen politischen Glückseligkeit beyzutragen — und der Schwächere ist zur
Resignation alles dessen gebohren, was er nicht
fassen kann.

Ich denke, ihr sollt mich durch eine Gleichniß
besser verstehn.

Wenn der starke Trinker zwölf Bouteillen Wein
ohne Unbequemlichkeit vertragen kann, und für so
viel

viel Raum und Durst hat, so kommen ihm zwölf Bouteillen von rechtswegen zu — und wenn sein Nachbar klein und schwächlich ist, und nicht mehr wie eine Bouteille nöthig hat, so ist's seine Pflicht, um sein elendes Gehirn nicht zu überladen — oder den Ueberfluß nicht ungenossen verderben zu lassen, solchen dem stärkern Trinker zu gönnen.

Nun stellet den Fall, daß dreyzehn Bouteillen auf dem Tische stehn — die wenn sie nicht verderben sollen, oder irgend aus einem andern Grund von Nothwendigkeit nicht nach und nach, sondern ohne Zeitverlust, ihrer Bestimmung gemäß, expedirt werden sollen — der Mann mit dem großen weiten Geleite soll seine gerechten Ansprüche gegen den geltend machen, der nur wenig oder gar keinen Kopf, und so ein klein wenig Gehirn hat, daß es in mehr als einer Flasche wie in einem Ozean herum schimmen müste, so laßt mir alle Rechtsgelehrte auftreten und nach der goldenen Regel: suum cuique eine vernünftige Theilung machen.

Der Wein kömmt alle von unserer gemeinschaftlichen Mutter, der Erde. Die beyden Trinker sind ihre Kinder, die sich in ihr Mütterliches theilen sollen — beyde haben gleiches Recht an der Erbschaft — — nach Proportion, das versteht sich) — der große Trinker empfange also nach dem Maaß seines weiten Gehirns zwölf Bouteillen, und der kleine sey ruhig, wenn ihm für sein bißchen Hirn noch eine zu seinem hinlänglichen Bedürfniß gelassen wird. Frankreichs Familiengesetze beweisen, daß dergleichen Rechte nicht so auf-

ser-

ferordentlich und so neu sind. Zur Unterhaltung
des Stamm's erhält der Erstgebohrne bey der Erb-
theilung das Ganze und der Cadet empfängt eine
mäßige Börse, und verkauft übrigens seine Haut
an's Militair oder seine Kehle — — für's tägliche
Brodt, dem hohen Chor. Ist's bey allen Reichen
der Welt nicht eben dasselbe? nur der älteste bekömmt
die Herrschaft, und die übrigen — zu leben. In
Zeiten geschah's auch, daß der würdigste — der
fähigste zum Thron gelangte, durch Wahl und Testament, oder — durch den innern Beruf seines
Gefühls, daß er der fähigste sey — welcher Beruf,
wenn die Geschichte nicht triegt, durch den Erfolg
mehr als einmal wahr befunden ist — die beste diä-
tetische Regel also: ein jeder esse nach seinem Appetit, und nach dem Maaße seines Verdauungsver-
mögens — und jeder — der zum Regenten bestimmt
ist, und den Beruf zu der großen Pflicht in sich
fühlt, die allgemeine politische Glückseligkeit zu befördern, so weit seine Kraft geht, fasse vom Erdboden, was er reichen und regieren kann — — —

Ein Sultan hätte, dächt' ich, an dem Bezirk
seines Serails schon mehr, als ein ehrlicher Mann
bestreiten kann — Ein anderer ohne starke Gehirns-
nerven, aber mit körperlicher Schnellkraft versehn,
hätte schon an einem Sopha mit Zubehör genug —
gebt dem dritten ein Pferd, einen Hirsch, und eine
Hetzpeitsche, um den harmlosen Waldbewohner nach
den Dörfern zu jagen, bis er keuchend niederstürzt
— und mit eigener hoher Hand zwischen zusammen-
laufende Bauern zu hauen, die ihn umringten, um

das erstemal die Freude zu haben, ihren gnädigen
Herrn von Angesicht zu Angesicht zu sehn — —
und so dürftet ihr ziemlich die Materialien zum
Glücksystem für einem jeden angeschaft und nach
der Regel: suum cuique, repartirt haben.

Karl der Zwölfte schien sich wirklich kein Ziel
gesetzt zu haben, bey welchem dieser über alle Intrigue erhabene Monarch seine gerade Schritte
würde aufgehalten, und sich ein non plus ultra gedacht haben. Ihm gieng's, wie dem Wanderer,
der sich den Ruhepunkt bestimmt — da, wo der
Horizont vor ihm auf dem Erdboden zu liegen scheint,
und wenn er dort hinkommt, eine gleiche weite Aussicht, und die vorige illusorische Grenze, die ohne
Aufhören vor ihn hinschwebt, vor sich findet. Seinem Eroberungsdurst war der Erdkreiß zu wenig,
denn Alexanders Plan war die bezauberte Prinzes-
sin, die der nordische sonderbare Held suchte, und
erringen wollte. Das widerwärtige Schicksal, welches sich immer in die größten der menschlichen Handlungen mischt, gestattete nicht, daß sich das Maaß
seiner Fassungs = und Regierungskräfte entwickelt
hätte — dem ungeachtet, und gegen alles, was
Voltaire der Dichter, der immer Dichter bleibt,
er mag nun Henriaden, Pücelles oder Geschichten
schreiben, auch sagen mag, Karls Regentengrösse
zu verkleinern — er war zum Regieren gebohren,
und fähig zu seinen Gesetzen — das erste Beyspiel
zu geben — Der erste in der Tapferkeit und im Angrif — der ruhigste, kaltblütigste Mann in Geschäften mitten unter den Gefahren, die er ver-
achtete

achtete — und fähig, seinem Sekretair fortzubikti-
ren, als ihm die Bomben durch's Zimmer flogen
— der härteste in Ertragung der Fatiguen, und
der Mäßigste im Gebrauch der Lebensmittel. Das
große Bild hätte ich sehn mögen, als der Soldat
ihm ein elendes Stück Brodt zeigte, und sich beklagte, daß es gar zu schlecht sey, und Karl es aus
den Händen des Soldaten nahm — es ganz aufaß,
und ruhig sagte: Es schmeckt nicht gut, aber
es läßt sich doch essen.

Wenn Karl der Monarch der Welt geworden
wäre; so hätte er ein Reich des Lykurg's errichtet
— strenge Sitten — schwarze Suppe — ernsthafte, Leib und Geist stärkende Spiele — Weiber,
blos zum unmittelbaren Kinderzeugen, ohne Zärtlichkeit und Tändeley — die süße Liederdichter würden aus seinen Staaten verbannt — oder wenn
der ganze Erdkreiß drunter wäre begriffen gewesen,
mit allen mißgeschaffenen Geburten erdrosselt worden seyn. Einen Theil seiner Unterthanen hätte er
den Acker bauen, und wie die Gibeoniten, Wasser
und Holz tragen lassen — der andere wäre Soldat gewesen — Karl hätte ihn exercirt, und in Ermangelung von Feinden — Felsen und Berge ge-
stürmt, und vielleicht die Alpen und Pireneen ab-
tragen lassen.

Auch Ludwig der Vierzehnte hatte diesen edeln,
ziemlich unumschränkten Eroberungsdurst, der nicht
wie Attila, Verwüstungen eines Wüterichs, sondern Ausbreitung allgemeiner Glückseligkeit, und
seinen Ruhm in dergleichen Ausführungen bezielte.

E 2   — Aber

— Aber zur Erreichung dieſer Abſicht hätte er wirklich das Ganze erſt haben müſſen — ſo lange noch
ein Theil, den er nicht beſaß, übrig blieb, ſo lange
konnte das, was er beſaß, bey allem äuſſern glücklichen Blendwerk nicht ganz glücklich werden, wie's
unter der Regierung des gleich tapfern und mehr
mäßigen Heinrichs des Vierten nach des weiſen Sülli
Maaßregeln in engern Grenzen würde geworden
ſeyn.

Wenn indeſſen Ludwig der Vierzehnte die bey
alledem einem groſſen Geiſt ſchmeichelhafte und
herrliche Idee einer allgemeinen Monarchie, wie
noch keine geweſen iſt, ausgeführt hätte, fals er ſie
anders je auszuführen den weiten Gedanken wirklich
gehabt hat, ſo würde er etwas dem Reich Auguſt's
des Römers ähnliches hervorgebracht haben. Die
Welt würde unter einerley Polizey den höchſten Grad
politiſcher Glückſeligkeit erreicht haben — Handlung
und Betriebſamkeit nach gleichen begünſtigenden
Geſetzen hätten die Ebbe und Fluth der Reichthümer in ihre gemeſſene Ordnung geſetzt — Akademien der Wiſſenſchaften und Künſte würden überall
gleiche Höhen des Helikons erreicht haben — die
neueren Horaze und Ovide hätten unter den Einflüſſen ſeiner Regierung ihren Flug erhöhet, nicht
den römiſchen Dichtern nachzuſteigen, ſondern ſich
über ſie weg zu ſchwingen — und der Geſchmack
des Herrlichen und des Schönen, den die feinſte
Kultur giebt, würde ein halbes Jahrhundert früher
allgemein geworden ſeyn — und der Reichsſtyl wäre
längſt aus der Mode — der Holländer führte nicht
mehr

mehr der Matrosen Godomi im Munde — und
in freyen Reichsstädten würden die Zünfte der In-
dustrie der Handwerker nicht mehr den Zugang ver-
sperren, und der freye Bürger nicht mehr nöthig
haben, die Justizpflege seinen Mitbürgern abzukau-
fen. Und was hätte Alexander, oder Karl, oder
Ludwig — oder welchen erhabenen grossen Regenten
ihr euch denken wollt — unrechts gethan, wenn er
so einen Plan allgemeiner Glückseligkeit ausgeführt
hätte, gesetzt daß je ein solcher Plan in einem grossen
Kopf gebohren worden ist?

„Er hatte keine Prätension an das Territorium,
was sein Vater Philipp, oder wie er heissen mochte,
nicht besessen hatte?“ Nicht? — wenn er aber
wirklich fähig war, die andern zu regieren — und
ihre Staaten besser zu regieren, als sie bisher regiert
wurden? — war das nicht ein gegebenes Talent,
womit er wuchern durfte — und muste? Sagt mir
doch, was der gepriesene Gustav Adolph aus Schweden in Teutschland zu thun hatte? — Was gieng's
ihm an, daß eine Parthey von der andern über Prie-
stergezänke und Meynungen sollte unterdrückt werden? — seine königliche Pflicht, und — das Gefühl seiner Stärke, seiner Macht, Gutes zu stiften,
war sein einziger Beruf — er kam denen schwächern
zu Hülfe — warb der Vormund derer, die ihre
Zeit mit Berathschlagungen zubrachten — bot der
überlegenen Macht die Spitze — und der zu zeitigen
Hemmung seines rühmlichen Laufs ungeachtet, legte
er den Grundstein zu dem herrlichen Gebäude der
Gewissenfreyheit in Teutschland, die durch den west-

E 3 phälischen

phälischen Frieden besiegelt wurde — mit dem's auf
die Art nie würde geendigt haben, wenn der unsterbliche Gustav seine Macht nicht ausser Schwedens
Grenzen getragen hätte.

„Aber der behielt nichts von denen Ländern, denen er zu Hülfe kam!“ Nein! Er starb, wie ihr
wißt, bey Lützen — wer weiß, wenn er gelebt hätte, ob er nicht hie und da ein Lieblingsfleckchen unter
seiner besondern Protektion würde behalten haben?

„Wenn das gelten sollte, so würde alles Recht
des Eigenthums — alle Familienansprüche würden aufhören.“

Ja das ist leider wahr! Also wenn der größte
regierungsfähige Herr auch ohne Intrigue — denn
die ist unanständig — mit Würde und Kraft seine
Herrschaft erweiterte und sich den Weg bahnete,
Paroli zu machen, au grand coup zu gehen, und
die banque von Europa zu sprengen, so ist das doch
nicht recht, weils seine Vorfahren nicht gehabt haben — weil das suum cuique auch so erklärt werden kann, daß ein jeder sein durch Erbschaft und
Geburt ihm zugefallenes Theil bestreiten, geniessen
und dirigiren muß, nicht weil er kann, sondern
weil's einmal löbliches Herkommen ist, daß der
Schwache auf den Starken, der Verschwender auf
den wirthschaftlichen — der träge auf den geschäftigen Fürsten folgen muß — weil unter einer Regierung alles wieder zu Grunde gehn soll, was unter
einer andern erbauet war — wenn's nun aber so
geht, und in einem Staat alles in Verwirrung geräth — ist's dann nicht Wohlthat, wenn ein grosser
unter-

unternehmender Geiſt ſich der armen Nachbaren annimmt, ihnen mehr Ordnung, beſſere Geſetze, und
kräftigern Schutz verleiht? Zu lange hatten die
Dißidenten in Pohlen unter Zurückſetzung von den
Anſprüchen an die Vorrechten ihrer Nation geſeufzt
und die Geringern den Hals unter den Säbel ihrer
trunkenen Tyrannen hinhalten müſſen — Jetzt erſt
iſt ein Theil frey geworden, im edelſten Verſtande
des Wort's — iſt nur den Geſetzen unterworfen,
und dem Despotismus der wilden Unordnung, und
einer wahren Anarchie entriſſen — der größte Theil
ſeufzet noch mit andern, unter gleichen Joch gebeug-
ten Sklaven und Tyrannen in andern Gegenden,
die einzeln, oder in corpore wahre Despoten ſind,
denen man nicht weniger einen Erlöſer wünſchen
möchte, wenn ſie fähig wären, zu erkennen, was zu
ihrem Frieden dienet, und den Vorzug zu empfin-
den, nur wirklich groſſen Beherrſchern in geordneten Staaten unterworfen zu ſeyn.

„Auf die Art wäre aber der Schwächere nie im
Beſitz eines auf ihn hergebrachten Regiments
ſicher?"

Das braucht's auch nicht — iſt auch von An-
beginn der Welt nicht Mode geweſen. Wenn die
Ciruſſe und weiſe Völkerbezwinger ſich Ruf und
Pflicht fühlen, irgend einem wilden Acker Kultur
zu geben, ſo kann's den Herzensguten, zum folgen gebohrnen Menſchen auf Regentenſtühlen ja
gleich viel ſeyn, ob ſie von Halbgöttern oder von
einem aktiven Premierminiſter, ihrem Liebling, regiert werden.

„Und

„Und wo blieben alsdann alte Verträge, Bünd-
„niſſe und Garantien?“

Nun — die verſchleiſſen — dergleichen Waare
wird ſo wenig auf die Ewigkeit gemacht, als ein
Kleid oder ein paar Stiefeln, die ſo lange getragen
werden, als ſie halten, und bis ſie neue verdient haben — und das weiß der Himmel, daß manche ab-
geſetzte Stiefeln mehr verdienten, noch länger bey-
behalten zu werden, als hier und da alte Statuten,
Grundgeſetze und Staatsverhältniſſe, die der Repa-
ration und des Flickens nicht mehr werth ſind, ſondern eine ganz neue Umgießung erfoderten.

Uebrigens nach einem halben Jahrhundert,
wann wir leben — dann ſprechen wir wieder von
alt und graugewordenen Gerechtſamen, Verträgen,
Garantien und Grundverfaſſungen — die jetzt zum
Theil an auszehrenden Fiebern darnieder liegen, und
davon manche noch vor der Zeit am Schlagfluſſe
dahin fahren dürften — wo ſo manche von ihren
Vätern längſt in Frieden geſchlafen haben.

Ich nöthige niemand zum eſſen, mein Herr! —
wenn’s Ihnen nicht ſchmeckt, oder ſie’s nicht verdauen können, ſo bitte ich, vor meine mediciniſche
Präparata vorüber zu gehen, das rezeptmäßige ge-
fälligſt zu überhüpfen, und nach freyem Belieben
ſich einen eigenen Leibarzt, wo ſie wollen, zu ſuchen
— Ob übrigens aus der prima materia dieſes Rai-
ſonnement’s, das ich mit allen terreſtriſchen Krudi-
täten ganz unpräparirt den politiſchen Chimikern
vermache, nicht eine heilſame volatiliſche Eſſenz
fönne deſtillirt werden, dienſam in Letargien, Ohn-
machten

machten und rheumatischen Zufällen — zur Stärkung der Nerven und Wiederherstellung des verlor-
nen Geruchs — das wird sich bey einem sorgfältigen
Prozeß und nähern Operationen ausweisen — belieben Sie für mein noch nicht vollendetes Wandſtück
zu treten, das sie vielleicht mehr amüſiren wird —
der intriguante Teufel iſt mit seinem Käſtchen ange-
kommen, und im Begriff, seine ausgediente Knechte auszupacken und zu produciren — wird sogleich
ein Schattenspiel an der Wand zu sehn seyn!

Der erlauchten Familie Satans gegen über, ward
ein groſſes und ebenes weiſſes Tuch auf einen Rah-
men gespannt — die Lichter wurden im ganzen
Saal ausgelöscht — die Teufel ordneten ſich von
beyden Seiten hinter dem Thron ihres Beherr-
ſchers — und formirten einen halben Zirkel, daß
ein jeder der Vorſtellung deſto beſſer zuſehn konnte.
Der Geiſt der Intrigue, ein vortreflicher Komö-
diant, dirigirte das Spektakel, seine Zauberlaterne
warf einen weiten Lichtkreiß auf die ausgespannte
Fläche, er öfnete den Kaſten, und ließ die Seele eines Plusmachers, der zum höchſten Range, nicht
durch wahre Verdienſte, sondern durch die Schlangen-
wendungen der Intrigue herankletterte, erscheinen.

Denkt's euch selbſt, ihr Freunde — des Geſchmacks — der Schatten und — Marionetten-
spielen, wie im Burlesken Savoiarden Ton der
Teufel die Geschichte absang — oder seine Schatten
deklamiren ließ — ich begnüge mich, euch — was
ich sah und hörte, blos erzählend zu liefern, und

E 5   euch

euch die Freude zu gönnen, den Stoff, in welche
Form ihr wollt, umzugiessen —

Jugendlich anfangs präsentirte sich die erste
Figur, eine ernsthafte Bescheidenheit herrschte in
ihrer Physionomie, die ausserdem sich durch gemeine starke Züge unterschied — das blasse Gesicht
war aufgedunsen — eine erzwungene Freundlichkeit
schien zu arbeiten, das angebohrne Finstere zu zer-
theilen, und eine scheinbare fromme Miene schwebte
für dem durchscheinenden Blick von Hartherzigkeit.
Etwas schwerathmendes hob die gepreßte Brust,
und unter dem ungefälligen Aufschlag der Augen
lag laurende Tücke, die ohne Aufhören zurückgetrie-
ben wurde, und immer wieder hervorsah.

Der junge Mensch schien's zu begreifen, daß
alles Mißfällige in einer so unvortheilhaften Physionomie durch einen vorgezogenen Nebel von Andacht am meisten gewinnt, wie ein durch Runzeln
entstelltes Gesicht unter der Maske am leichtesten
Glück macht — und ehe er zu Bette gieng, und
wenn er aufstund, studirte er den Kubach, sang
Bußlieder, und legte sein Gesicht in fromme Fal-
ten. Dies war die Grundfarbe, mit der er sich
deckte, um anständig in den Augen der Welt zu
erscheinen — die übrige Kolorirung richtete sich nach
Zeit, Umständen und Personen, mit denen er zu
thun hatte. In Gegenwart von Grössern, als er
selbst war — denen er einst zu befehlen, und ihnen
über'n Kopf zu wachsen hofte, nahm er viel Schat-
tirung und Ehrerbietigkeit an, und empfahl sich
durch Verbeugungen und strenge Befolgung ihrer
Vor-

Vorschriften — bey dem unaufhörlichen Bestreben, seinen von Natur etwas schwerfälligen Gang
vorwärts zu arbeiten, bewunderte er die Leichtigkeit
und Geschwindigkeit anderer, und ward über die
Demuth, mit welcher er andern Weihrauch streute,
wieder bewundert — nichts war billiger, als den
Lobredner zu komplimentiren, voran zu gehn, ohne
ihm den Vorschritt zu beneiden.

Güte und Mitleid gegen die Unterdrückten —
die er wenigstens beklagte und sich's leid seyn ließ,
daß er noch nicht helfen könnte — angenommene
Gestalt und Versicherung, daß er mit Wohlthun
geschwängert sey — und das Kreissen, welches
ihn der Stunde näher brachte, wo er die Glückseligkeit des Landes — einen kleinen politischen Meßias
zur Welt gebähren wollte, eroberte ihm die Wünsche
und das Gebet seiner Zeitgenossen — — und die
Stunde des Gebährens kam heran, und er gebahr
Zwillinge und abermals Zwillinge von Projekten,
und stellte sie seinem Oberhaupte vor und sprach: die
Erndte ist groß und der Arbeiter wenig, und hier
meine Knaben sind starke Schnitter, und schneiden,
wo sie nicht gesäet, und erndten, wo sie nicht geackert
haben, und ich habe sie zu deinem Dienst gebohren,
deine Scheuern zu füllen, siehe! es sind deine Knechte, thue mit ihnen was dir wohl gefällt — und die
Knaben fanden Gnade vor den Augen des Herrn,
dem sie vorgestellt wurden, und er sprach: gehet hin
und sammlet, und füllet meine Kornhäuser, und
leget neue an, bestellet den Acker durch Fleiß und
Dünger, daß er zweyfach trage, und ein jeder dop-
pelte

pelte Frucht davon gewinne, und nehmet den Zehnten zweyfach für mich, damit's einem jeden wohl
gehe, und ich mich auch) besser befinde, und der Herr
gab denen Knaben seinen Segen, und sie giengen
hin und plagten das Volk, und halfen ihm nicht
düngen, noch säen, und nahmen den Zehnten zweyfach — und trugen ihn in die neue Kornhäuser,
und sie wurden alle voll. Das Volk aber schrie'
und wehklagte, und niemand hörte darauf, und ihre Seufzer stiegen empor von der Erde, und kamen
vor den Vater derer Knaben der Projekte, die das
Volk plagten und drückten, und der Vater macht's
wie Eli der hohe Priester, als er vernahm, wie seine
Buben mit den opfernden Israeliten umgiengen,
und ihnen immer mehr und mehr Opfer abzwackten,
und sahe nicht einmal sauer dazu, und er hörte seuf-
zend ihre Seufzer und nahm sie ad acta.

Der Herr aber sahe seine Scheuern, wie sie voll
wurden, und freuete sich, daß sein Volk nach dem
Rapport des Projektengebährers sich herrlich befän-
de, und er machte ihn zu seinem heimlichen Rath,
und ließ ihn auf einem neuen Wagen fahren, und
vor ihm herrufen: der ist des Landes Vater.
Und das Volks sah's und weinte bitterlich, und es
schwieg, weil er den Schmuck an sich hatte, wie die
Königskinder ihn zu tragen pflegen, und mit dem
Malzeichen der Gnade und des Verdienstes gezieret
war —

Und siehe! da er's mit dem mäßigen vom Geist
der Intrigue ihm verliehenen Talente weit genug
gebracht hatte, und höher an nicht weiter klettern
konnte;

konnte; da umarmte ihn sein Schußpatron, der in=
triguante Teufel, und führte ihn mit sich fort———

Hier, mein Sohn! rief Satan, indem er ein
Gnadenzeichen, welches die Prinzeßin Kabale mit
eigenen Händen brodirt hatte, zu sich nahm — hier
in dieser Herzenszierde ist das Andenken — das
unauslöschliche Andenken deiner Arbeiten mit ewig
lesbaren Zügen aufbewahrt — statt der Juwelen ist
es mit Seufzern des durch dich geplagten Volks
garnirt — und er drückte's ihm tief in die Brust,
in's unsterbliche Gewissen — gehe damit hin, sprach
Satan, sey der Beneidete aller Verdammten, und
fühle dein ganzes Leben in jeder kleinsten Handlung,
die zum Druck anderer und zu deiner Erhebung auf
fremde Kosten abzweckte. Fahre hin und nimm
meine ganze hohe Zufriedenheit mit in die tiefe
Wohnungen, die zu deiner künftigen Residenz be=
stimmt sind.

Die intriguante Seele krümmte sich unter dem
brennenden Schmerze der hohen Gnade, deren
Zeichen ihr mit eisernem glühenden Griffel in die
Brust gegraben wurde — sie versuchte auf die
höchste Zierde der Hölle, die sie empfieng, und auf
die schön eingefaßte Seufzer, die in ihrem stärksten
Feuer spielten, herab zu lächeln — aber ihre Hand=
lungen brannten, und die bethränte Seufzer ver=
wandelten sich in Schlangenköpfe, und nagten bis
in's Leben der Seele, und der Versuch des Lächelns
verlohr sich in einen Versuch zum Knirschen; und
über den Unfall, daß dies ohne Zähne nicht angieng,
wurde sie von wütender Verzweiflung ergriffen und

stürzte

stürzte in die sich plötzlich öfnende Untiefe, wo sie in
gerader Linie so ohne Aufhören fiel, als sie weiland
im Leben, durch krumme Gänge schiefer Projekte,
bis zum Range eines heimlichen Raths heran zu
klettern bemüht gewesen war.

Der intriguante Teufel — jetzt unter dem
Karakter eines Directeur des Spectacles, ließ eine
andere Seele von kleinerm Kaliber durch verschiedene erleuchtete Zirkel nach ihren mannigfaltigen
Situationen ihres Lebens laufen — die arme Seele muste hier öffentlich alles wiederholen, was sie in
der Welt so zur Hälfte incognito getrieben hatte —
meines Erachtens verdiente sie's kaum, sich hier vor
einer so vornehmen Gesellschaft zu präsentiren, und
hätte eben so gut draussen von einem Teufel geringerer Extraktion, der mit seinen Charlatanerien den
Pöbel auf dem Blocksberge amüsirte, neben einer
Meerkatze mögen aufgeführt werden — unterdessen
war sie einmal da — und gab ein Beyspiel — daß
die kleinste wohl angelegten Talente zu was führen.

Lerne schreiben und rechnen, mein Sohn! sagte sein Vater, ein alter verschmitzter Bauer, zum
Buben, das ist eine Saat, die hundertfältige Frucht
trägt, und viel einbringt — must dich dabey schmie-
gen und biegen, und dir Freunde machen —
Freunde, mein Sohn! Freunde und Gönner, die
für Geld oder Geldeswerth zu haben sind — helfen
durch die Welt — und die goldne Regel: mit
Verstand eine Bratwurst nach der Speckseite zu
werfen — diese Regel gehörig auszuüben, über-
geht den Verstand der Verständigen, führt in aller

Bequem-

Bequemlichkeit zu Reichthum und Ehrenstellen —
und bringt einen dahin, wo man auf Stühlen sitzt,
und vom Fette der schwitzenden Arbeiter lebt —
fahre wohl, mein Sohn! dein guter Stern leite
dich — —

Seinen Bündel auf den Rücken, kam der
Junge in's Haus eines Prokurators, bot seine treue
Dienste an, und versprach — alles zu thun. Er
vertauschte bald seinen Kittel mit einer vornehmern
Tracht, denn er führte sich wohl auf, säuberte das
Haus und — die Stiefeln des Prokurators, und
brachte, wenn's regnete und er die Akten ihm ab-
holete, aus eigener Bewegung den alten schützenden
Mantel, seinen Herrn mit treuer Sorgfalt für
Wind und Wetter zu decken. Dafür erhielt er nun
ein schönes braunes Gewand, mit braunen Auf-
schlägen und zinnernen Knöpfen. Das ist ein
Schritt, dachte der Junge, und er fing an zu den
Füssen seines Gamaliels zu sitzen, und seine rabu-
listische Kunstgriffe zu lernen und zu bewundern, und
uneigennützig, ohne Belohnung für ihn die einträgliche Feder zu führen. Blos der Abfall der Prat-
tiken war für ihn — für eine Kleinigkeit diente er
beyden Partheyen mit nöthigen Abschriften — und
bediente seine Tochter umsonst. Der Alte starb,
und der schlaue Bursche, der seine Talente jetzt ziemlich kultivirt hatte, erbte von seinem verblichenen
Gönner die Produkte seiner Finger und Ränke —
und auch das süsse Produkt seiner ehelichen Zärtlichkeit, die sich einem so geprüften braven Menschen
mit ihrem Vermögen in die Armen warf, um eine

ihr

ihr ähnliche Nachkommenschaft gebührlich fortzu-
pflanzen.

Jetzt fand's der verwandelte Bauer am bequem-
sten, den letzten Schritt zu gehn, und die goldne
Regel seines Vaters in Ausübung zu bringen —
sich Freunde zu machen und sich auf höhere Staffeln
heben zu lassen — er fand Beförderer und Gönner,
die ihn selbst auf den Stuhl der Gönnerschaft erhu-
ben — da errichtete er sein dankbares Ebenezer und
sprach in seinem Herzen, nicht weiter! hier laßt uns
Hütten bauen — mir eine, und dem Mammon eine, und eine für Kinder und Kindeskinder, bis
in's dritte und vierte Glied!

Jetzt machte er eine weise Repartition der Güter, die ihm gehörten, und nicht gehörten — gebt
Gotte, sagt' er, was Gottes ist — und dem opfer-
te er, was ihm nichts kostete — und präsentirte
ihm alle Feyertage einen fetten Wanst und das
erbaulichste Gesicht — zum guten Geruch aller,
die sich durch bloße Grimassen betriegen lassen —
dem Kaiser — nun nicht eben alles, was ihm gehörte, aber doch etwas, und den Ueberrest theilte er
zwischen sich und die, welche mit ihm theilten —
und so befand er sich wohl bey seinem Kalkul, den
er weißlich gemacht hatte — und bey seinem Wein-
schlauche — ward alt und betaget, und zeugte Kinder, die seinem Bilde ähnlich waren.

Platz! rief der intriguante Teufel — du bist
nur ein gemeiner Kerl, und hast mit meinem dir
verliehenen Talente armselig — nur zu deinem
Vortheil, nicht zur Ausbreitung meines Ruhms
gewu-

gewuchert — von solchen elenden Schurken, die
meiner Livree wenig Ehre machen, wimmelt's in der
Welt — du kannst abkommen, und damit schob er
ihn in den Kasten, und nahm ihn ad colligendum
— jetzt aus dem Lichtkreiß, worinn er sein rühmliches Leben wiederholt hatte, zu Satans Füßen — —

Der Fürst des Blocksberg's nahm einen lebi-
gen Geldbeutel aus den Händen der Prinzeßin Kabale — — du hast ein gutes Metier gehabt, sprach
er, gehe jetzt hin, und laß dir von den Verdammten die Börse füllen, und bestich die, welche du
brauchen kannst, dir weiter zu helfen — wenn du
wirklich zur Intrigue geschaffen bist; so wird's dir
selbst in der Hölle nicht fehlen — — unter deinem
Beystand, gnädigste Prinzeßin, sagte er, indem er
sich beugte, um seiner Göttinn Kabale, welcher
er in seinem Leben mit wenig glänzendem Verstande, aber mit desto treuern Herzen gedient hatte —
den Pantoffel zu küssen — denn ihm klebte aus seiner Jugend noch immer so eine kleine Fertigkeit an,
nach den Schuhen oder Pantoffeln zu greifen —
und von denen äussersten Extremitäten, sich höher
aufwärts zu empfehlen — — unter deinem Beystand — o du mein Leitstern! sprach er, und sah
recht verzückt nach ihren Augen herauf, um Gnade
für sich draus zu buchstabiren, und — indem er das
zweymal geküßte Pfötchen noch zwischen seinen Händen drückte, fuhr er fort: durch deine Begünstigung
werde ich den erhaltenen Beutel — den die Lieblich-
keit deiner Finger durch lauter Liebesknoten zusam-
mengestrickt hat — nicht lange leer sehen — pfui!

Zweytes Stück.   F   rief

rief Dame Kabale, und stieß ihm mit dem Fuß
unter die Nase — meynst du die Tochter eines Prokurators vor dir zu haben? die Tentieme von dem
Reich meines Herrn Vaters, die nach dem Erbreceß
unserer Familie auf mich fällt, ist zu groß für dich
— er fuhr zurück und rieb sich die Nase, die sonst
so gut was vertragen konnte, als man's von einer
durch Strapatzen abgehärteten Nase fordern mochte,
denn eigentlich war seine angebohrne Nase durch so
viele in seinem Leben erhaltene fremde Nasen so ver-
pallisadirt, daß die Pantoffelbegünstigung ihr nur
durch die fünfte und sechste Hand fühlbar wurde.
Nach einem phisikalischen Kalkul hätte man nun
schliessen sollen, daß die Kraft des Stosses sich in
dem Grade von Nase zu Nase vermindert hätte, als
sie immer weiter kommunicirt wurde — weil aber
die Vornasen verdrießlich wurden; so warfen sie
sich mit voller Kraft auf die Hinternasen, dergestalt,
daß wie's an die letzte kam, so war der Chok so ver-
stärkt, daß Monsieur schwindlicht wurde, und da,
wie's nun so der Gebrauch ist, denen Herren Teufeln das eine herzliche Freude machte, so halfen sie
— öfneten die Fallthüre, und liessen ihn ganz gemächlich in den Schlund herabfallen — —*)

Die

*) Ich besinne mich's, daß Tristram Shandy ein lan-
ges Kapital von Nasen abgehandelt hat, aber nicht
ihm zu gefallen, und nicht seinen Weg, auf welchem
ich ihm schlechterdings ein Monopolium zugestehe,
nachzuwandeln — sondern zum Preise ächter und ge-
nuiner Nationalnasenfabriken hab' ich diese wahrhaf-
te Nasentheorie gelegentlich hier mit genommen, und
ein

Die Prinzeßin Kabale lächelte der Seele ent=
gegen, die der intriguante Teufel aus dem Raritä=
tenkasten hervorgehn und im Lichtkreiß erscheinen
ließ — um die Rolle ihres Lebens, vor dem ver=
sammleten Hofstatt des Satans theatralisch zu wie=
derholen — durch bezauberte Spiegel erschienen
mit ihr die Schatten aller Personen, die zur Hand=
lung gehörten — kamen und giengen, wie auf'm
Theater, oder vielmehr, man sah' alles so eigentlich,
wie's wirklich in der Welt hergegangen war — es
war eine komplette Aktion.

Da präsentirt sich zuerst ein schöner Junge mit
einer guten einnehmenden Miene — ungezwungen,
frey, voller Komplaisanzen — bereit, ehe er wuſte,
was es geben sollte, Beyfall zu lächeln, und eines
jeden noch ungebohrne Thaten im voraus zu bewun=
dern. — Eben empfieng er geheime Befehle —
man sah's aus dem Empressement, mit welchem
dem betrauten Pagen der Auftrag geschah, daß es
eine Angelegenheit betraf, die seinem Gebieter am
Herzen lag — er verschlang den Unterricht, der ihm
gegeben wurde, mit einem so aufmerksamen Eifer —
und nun versicherte er, sein bestes zu thun, mit ei=
ner expreßiven Verbeugung, und floh — als ob er

F 2 fürch=

ein jeder, der mit dem Kostume bekannt ist, wird
leicht begreifen, daß von den Nasen deutscher Nati=
on, nicht von englischen die Rede ist, als weshalb
ich mich ein vor allemal von dem Vorwurf der Nach=
ahmung gebührend gereinigt haben will. Ich lasse
gern dem ehrlichen Tristram, und einem jedem seine
Nase, nur will ich bitten, mir mein Original zu lassen.

fürchtete, den glücklichen Moment zu verlieren, sich seines Auftrags — mit Erfolg zu entladen.

Im Grunde war das rühmliche Geschäfte, wo- zu das unbeschränkte Vertrauen seines Herrn ihn ausersehn hatte, von der Wichtigkeit, daß es — in Frankreich zum Exempel die ersten Ministers nicht unter ihrer Würde halten — was Choiseul bey Gelegenheit dem geübten Richelieu beneidete — und durch welches mancher schlaue Hofmann den sichern Kanal zum Herzen seines gnädigen Herrn, zu seiner Schatzkammer, und zu Ehrenstellen weit besser gefunden hat, als durch den mühsamen Weg der Verdienste, welcher, genau erwogen, nicht im- mer der richtige ist, und weit öfter zum Fall als zum Aufstehen führt.

— Ein Geschäft, wofür die teutsche für Höfe noch nicht brauchbare Sprache keine anständige Ex- preßion kennt — wofür Leute vom Range die Ta- lente, und — der Pöbel den niedrigen Namen hat — — er sollte mit der ihm eigenen Dexterität, die zu diesem feinen Geschäfte erfodert wird, seinen Fürsten einer liebenswürdigen Dame empfehlen, auf ihre Tugend, hinter welcher sie sich gegen An- griffe, die sonst selten zweymal wiederholt werden dürfen, verschanzt hatte, einen vorläufigen Sturm wagen, und die Dame vorbereiten, den gnädigen Herrn bey dem nächsten Besuch nicht so grausam- lich zu behandlen, und ihn nicht in den Abgrund seiner Trostlosigkeit, falls er ungeliebt bliebe, ver- sinken zu lassen.

Es

Es war eine verwegene Unternehmung, zu der
sich der kühne Jüngling so willig finden ließ — so
der Gefahr entgegen flog, sich an unübersteigbare
Auſſenwerke der Tugend — vielleicht den Kopf zu
zerſtoſſen — aber was that nicht der Eifer für einen
so guten Herrn.

Jetzt trat er in's Vorgemach der Dame — ſah
die Zoffe — eine Jungfer von 20 Jahren — ein
Alter, wo ein Mädchen Spekulationen für die
Zukunft ganz ernſthaft zu machen anfängt. Tief-
ſinnig ſaß ſie da, den Kopf in die Hand geworfen,
und nach den Regeln der Phiſionomiſtik ſprach aus ihrem glühenden Geſichte die ihr ſelbſt noch unverſtänd-
liche Sehnſucht — nach einer baldigen Erlöſung. —

Der Page — gewohnt in den Augen zu leſen,
wie's an Höfen beſonders nöthig iſt — und wo's
auch leichter gelernt wird, als aus den Merkmalen,
die Lavater angiebt — verſtand die Sprache, er ſah
die Zoffe an — mit einem ſo betroffenen — ſo bele-
benden Blicke that er das — und ſie las Troſt in
ſeinen Augen für ihr ſeufzendes Verlangen.

So blickt die Morgenſonne auf die bethaute
Blume herab — ihr erwärmender Einfluß ſchwellt
mit neuer Lebenskraft die geſenkte Frühlingsſchön-
heit, und ſie hebt das matte Haupt in die Höhe,
und lacht mit ſteigenden Farben den frühen Strahlen, welche die Freuden eines heitern Tages hervor-
rufen, entgegen.

Unſer Held faßte die duldende Hand des Mädchens, welches mit verſchämter Freundlichkeit ſeinen
ſiegenden Blick erwiederte — Er beugte ſich über

F 3 daſſelb.

daſſelbe, und berührte's mit heiſſen Lippen, daß die
Glut durch das ganze Mädchen hinſtrömte.

Schönſter Engel! ſprach er, ich komme von
meinem Fürſten — wollen Sie mich ihrer Dame
melden — ich ſoll ſie ſelbſt ſprechen — aber ich bitte
ſie, verziehen ſie noch einen Augenblick — Himmel!
Ihr Anblick hat mich aus der Faſſung gebracht —
ich vergeſſe, was ich Ihrer Dame ſagen ſoll — ich
erwartete nicht ſo viel Reiz in dieſer Vorkammer
zu finden — ſo ein liebes bezauberndes Geſchöpf! — —

Das Mädchen war noch ganz neu erſt aus der
Provinz gekommen — und hier ſtrömte, wie ein
Abendregen auf ein lechzendes Erdreich — die erſte
ſchmeichelnde Hofſprache durch's Gehör tief ihr in's
Herz, floß wie Zauber durch ihre Adern — der
Puls jagte — ſie wollte antworten — und die
Zunge ſtarrte. Der Junge ſah's, wie der ganze
weibliche Zunder Feuer gefangen hatte — — er
ſchoß zwey, drey Blicke tiefer durch die ſchmach-
tende Augen in die Seele — drückte ihre Hand heftiger an ſeine Lippen — nutzte den Moment der be-
täubten Sinne, wo das Beſinnen entfernt war,
und umfaßte ſie mit beyden Armen ſchnell und feſt —
wie Flammen einen ſchwefelgetränkten Körper er-
greifen — loßwinden war hier vergeblich, die Zoffe
ſank zurück im ſchwanengefiederten Lehnſtuhl, und
ſchnapte nach Athem.

Der Page irrte mit verwegenen Lippen von
Mund auf Hals, und auf die wahre unverwelkte
Provinzialbruſt, deren elaſtiſcher Gegendruck keine
andere Spuren zurückließ, als wie ſie am Gewölbe
des

des Himmels erscheinen, wenn der Morgenröthe
erste Strahlen in's Silbergewölke fallen.

Der scharfe Agat, vom Stahl berührt, wirft
zündende Flammen in weichen Zunder — und bleibt
selbst kalt — und der Hofmann weiß zu rühren, ohne selbst mehr — als gerührt zu scheinen.

Der Sieg war leicht, dachte der Junge, und
lachte im Herzen. Freylich, wie's bey solchem
Anlaß nicht anders seyn kann, kochte das Blut —
aber mit weiter aussehenden Entwürfen siegte sein
Geist über die Aufwallung des sinnlichen Gefühls,
ob's gleich bis in die Fingerspitzen ihm schlug —
ehrerbietig hob er sich von den Sphären der Ueppig-
keit, und bat um Verzeihung für seine Kühnheit —
— Eine erfahrenere Schöne würde ihm dieses Ceremoniel einer so unzeitigen Bitte um Vergebung —
bevor das Maaß der Sünde voll war — sehr übel
genommen haben. Das Dorfmädchen las wahre
Liebe in dem Schleyer seines scheinbaren Respekts
und vergab ihm gern den halb vollendeten Sturm.

Ich zittere für Sie, sprach er, wenn ihre Dame die Thür öfnete. — —

Was für eine liebenswürdige Diskretion!

Melden Sie mich, bat' er, ich will mir Gewalt
anthun — will die Vernunft über meinen süßen
Taumel rufen, und ihrer Dame das Kompliment
von meinem Fürsten ausrichten, aber ich ersuche
sie um ihre Vorsprache, daß ich eine geneigte
Audienz erhalte — —

Ein neuer Zirkel öfnete sich — das Kabinet der
Gebieterin, und — die Zofe stand vor ihr —

F 4 Ein

Ein Page des Fürſten, gnädige Frau, ſagte das Kammermädchen, will die Ehre haben, eur Gnaden ſelbſt etwas zu beſtellen. Die Dame ruhe- te im Sopha, und las in einer hiſtoire ſecrete des femmes parvennes par leurs ruſes & par les folies amoureuſes de grands Princes *) — Sie er- hob ſich mit einem unwilligen Blicke — was will der Läſtige, ſprach ſie, warum ſagt er's nicht dir? ich will ihn nicht ſprechen, ſo wenig als ſeinen Herrn. Es wär mir eben recht, mich dem alten verliebten Narren für ſein armſelig Sentiment hinzugeben — Sentiment! und ſie ſah' recht ſpöttiſch aus, das wär' auch eine Waare, worauf eine Frau von Sinn was geben ſollte! nein! ſo wohlfeil ſind wir nicht — legt er ſeinen Fürſtenhut zu meinen Füßen, will er meine Komplaiſanzen mit ſeinem Reich erkaufen? ma foi! unter keinen gringern Bedingungen — — Geh'! ſag', ich wäre nicht wohl — hätte Kopf- weh', — Vapeurs — er ſoll dir ſagen, was er ha- ben will — —

Madame,

*) Ob ſo ein Buch in der Welt iſt? — Ja, mein Herr! im Manuſcript, und Madame laß im Ma- nuſcript. Wer begierig iſt, es zu leſen, ſammle hundert Intereſſenten, deren jeder ſich mit einem Schildlouisd'or abonnirt, und ich verſprech's drucken, und ehe ſechs Monate vergehn, insgeheim einhändi- gen zu laſſen — und davor ſtehe ich, es iſt ſein Geld werth, nur möcht's öffentlich der Teufel debitiren — ich nicht! Dieſes zur freundlichen Nachricht vom Pater Gaßner junior, der's aus dem geheimen Ar- chiv auf'm Blocksberge ehrlicher Weiſe, und vor klei- ne Gegengefälligkeiten an ſich gebracht hat.

Madame, sagte die Zoffe, ich glaube, daß an
dem Fürsten nicht viel gelegen ist — — er mag
wohl recht grämlich seyn, aber der arme Page!
wenn er Euer Gnaden nicht spricht, wird er gewiß
Verdruß haben — er sieht so bescheiden, so ange.
nehm aus, und — so viel Geist! noch ist er das
einzige Gute, was ich an diesem Hof gesehn habe —
Es ist wohl Schade, daß er so einem verdrießlichen
Herrn dienen muß — ich hab' in meinem Leben
keine schönere Mannsperson gesehn.   Eh' ich Prinzen sah', und noch glaubte, daß das eine höhere
Gattung von Menschengeschöpfen wäre — hätte ich
diesen für einen Erbprinzen gehalten, und — den
traurigen alten Fürsten mit seinem Amts — Akten.
gesicht, etwa — für seinen Geheimden Rath.

Nun das geht ja wie eine Windmühle, sagte
die Dame, so beredt bist du ja sonst nicht.   Der
Page hat gewiß deine Eroberung gemacht.   Ich
will'n denn doch sprechen, deinen Adonis — pour
la rarité du fait — laß ihn hereinkommen. —

Dem erröthenden Mädchen fiel die Clairvoiance
ihrer gebietenden Frau wie Feuer auf's Gewissen —
sie schlug die Augen nieder, und gieng — Die Dame sank im Sopha zurück, und schwebte über die
Springfedern im seidenen Hauptkissen — —

Der Page trat herein — mit einer so respektuen.
sen Verbeugung richtete er sein Kompliment aus, das
er so vortheilhaft im Ausdruck und Wohlklang des
Tons geordnet hatte, daß er sich durch die ganze
Art, wie er das that, mehr zu empfehlen suchte,
als seinen Fürsten.   Voll Aufmerksamkeit auf ihre

F 5   Antwort

Antwort saß er mit einnehmender Bescheidenheit
vor sich nieder, aus seiner Miene sprach mehr lie-
benswürdiger Anstand, als Blödigkeit und Einfalt
— sie hatte Zeit, ihn zu betrachten — und sie that
das mit ihrem ganzen scharfsichtigen Blicke und in
der vollen gesammleten Kraft zu kombiniren, um
beurtheilen zu können, zu was der junge Mensch
mit seinem interessanten Wesen — und der dem
Herzen seines Herrn so nahe — so stark sein Vertrauter war, wohl zu gebrauchen wäre?

Nun war's in der That eine durch Grazien
gemilderte frisch aufblühende herkulische Figur —
ein Junge in den Jahren der ersten Kraft, schlank
wie ein Zeder, ein bräunlich Gesicht, schwarze lebhafte Augen voll unternehmenden Feuers; aber die
Miene der zärtlichen Ehrerbietigkeit vermochte den
kühnen Geist in sanften Schleyer zu hüllen —
nicht ganz verstecken. Seine Manieren waren das
Werk der feinsten Kunst ohne Zwang — seine Stellung war einnehmend, und jede seiner kleinsten Bewegungen war Interesse und Beredsamkeit.

Kombinaisons und Schluß bey unserer Dame
war so nahe beysammen, wie Blitz und Donner,
und für die Unfehlbarkeit ihrer Anlagen lassen wir
sie sorgen.

Mit der aufsteigenden Idee, daß so ein junger
Mensch, und in seiner Disposition und Verhältniß,
wenn Liebe ihm das Gehirn verrückt, zu allem gut
ist, zum Morden, und in's Feuer zu laufen gebraucht
werden kann — daß er sich nicht bedenkt, wenn's
auf's wagen ankömmt, die Märtirer für eine ihn
beglü-

beglückende schöne Frau zu werden — beschloß sie,
ihn geschwind zu fangen, wie solche junge Leute gefangen werden müssen — ohne einen langen mühsamen Romanenweg — in der ersten besten Aufwallung — und dann, wann das Feuer der Leidenschaft
loh brennte — ein rüstiges Werkzeug ihrer Absichten aus ihm zu machen.

Schon spielten ihre funkelnde Augen auf ihn,
und ihre Blicke wurden immer gefälliger, immer
einladender — er sah mit einem schüchtern scheinen-
den Blick in der vertraulich lächelnden Miene der
Dame den Eindruck, den seine Person machte, um
so geschwinder, da es ihm nicht an einer zuversicht-
lichen Meynung von der Wirkung seiner Gestalt
fehlte — aber er war nicht das erstemal in der
Schule — nicht fremd mit der Manege, Damen
von höherm Range in denen Aufmunterungen, die
sie der verschämten Unschuld von einem etwas min-
dern Stande nun schon einmal geben, und die ersten
Schritte thun müssen, auf's äußerste zu treiben,
wollt' er nichts merken — und sie wollte nicht alle
weibliche Delikatesse, und — bey ihrem politischen
System auch das Vergnügen nicht aufgeben, besiegt
zu werden, und sich nur mit Widerstand, der wohl
angebracht, Oel in's Feuer der Leidenschaft gießt—
ergeben.

Da spielte nun Intrigue gegen Intrigue.

Ihr Fürst, sagte sie, ist mir verhaßt — und
um seiner Zudringlichkeit und Komplimenten ent-
übrigt zu seyn, will ich noch heute seinen Hof verlassen — der Page seufzte, und schien über den ent-
flohenen

flohenen Seufzer zu erschrecken — Madame! sagte
er, ich bin ein unglücklicher Bote — ich will mich
empfehlen — mein gnädiger Herr wird selbst um
die Ehre bitten, ihnen aufwarten zu dürfen, und
ihren Entschluß zu ändern bemüht seyn. Vielleicht
hab' ich eur Gnaden seine Wünsche, ihm gefällig zu
seyn, und ein gütiges Acceuil sich zu versprechen,
ungeschickt vorgetragen — —

Sie irren sich, antwortete die Dame, ich will
den Fürsten nicht sehn — sein Kompliment hat in
ihrem Munde gewonnen — bleiben Sie — ich will
mehr mit ihnen reden — ich finde eine gewisse Fa-
milienähnlichkeit in ihren Gesichtszügen, ein gewisses — je ne sais quoi was — ihnen vortheilhaft
ist — Ihr Name?

Von Senkberg, gnädige Frau! — ists
möglich? erwiederte sie, o ich hab' ihre Frau Mutter sehr wohl, sehr genau gekannt — sie wie eine
Mutter geliebt — sie waren bereits am Hofe —
mon Dieu, wie oft hat sie mich von Ihnen unterhalten — die liebe Frau! ihr Tod war mir recht
sensible — nun das freut mich, hier ihren Sohn
wieder zu finden! Wir können einander nicht fremde ansehen — hieher lieber Senkberg! — sie reichte ihm die Hand und ließ ihn neben sich auf den
Sopha sitzen.

— — „Mein Fürst, gnädige Frau — —
kein Wort jetzt vom Fürsten, wissen Sie, daß Liebe
sich nicht an Rang bindet? Nicht wahr, Senkberg,
sie begreifen, daß die Liebe ein kleines unbändiges
Ding

Ding ist? — es läßt sich nicht so leicht hin- und ab-
lenken, wie man's haben will — —

„Ich bin nicht fähig davon zu urtheilen, gnädige Frau!" — —

Und sie wollen's auch nicht lernen, Senkberg?
loser kleiner Schelm! Sie sollten nie geliebt haben?
„Nie Madame!"

Und indem Sie ihm vertraulich in's Gesicht
sah' — sie haben auch nie etwas gesehn, was sie
liebenswürdig fanden?

„Gnädige Frau! sie sind höchst liebenswürdig,
„mein Fürst betet sie an."

— Und Sie, Senkberg, finden, daß der Fürst
von schlechtem Geschmack ist, nicht wahr? Ganz
gewiß sagt's ihnen ihr kleines besser unterscheiden-
des Herz, wie unrecht der Fürst hat, mich liebenswürdig zu finden — ich wette, sie würden ganz anders wählen — —

„Euer Gnaden spotten meiner Verehrung ihrer
Reizungen. — Es ist mir, als ob sie in der
Seele läsen — ich bitte um Vergebung, gnädige Frau — aber jedermann muß sie bewundern — ich hoffe, meine künftige Fürstin verehren zu dürfen." — —

Kleiner angenehmer Schmeichler! glauben
sie, daß der Fürst die Intention hat, mein Gemahl
zu werden? und — indem sie ihn bey der Hand
ergriff, und noch süßer ihn anlächelte — dann woll-
test du seine Gemahlin verehren? so wenig fürchtest
du deinen Herrn? — —

„Ich

„Ich konnte nur ihren Zorn fürchten, gnädigste Frau! aber ich werde nie aus den Grenzen der
Ehrerbietigkeit weichen — die Gnade meiner Gebieterin — um alles in der Welt wollte ich sie nicht
verscherzen" — —

„Komm, kleines Närrchen! — über die Unehr-
erbietigkeiten solcher Figuren erzürnet man sich nicht
leicht — ich habe einen Freund nöthig, lieber
Senkberg — du hast Verstand und — ich traue
dir eine große Seele zu, um dich Fürsten gleich zu
setzen — meine Absichten für mich und dich sind
gleich groß — aber kann ich auf dein Attaschement
rechnen, Senkberg? hast du Muth für mich —
für dich selbst etwas zu wagen? — —

„Heissen sie mich in Tod gehen, gnädige Frau —
für Sie — für eine so reizende Frau wage ich
alles — alles meine Gnädigste" — — —

Und was denn zum Exempel, Senkberg? —
dein Muth — deine Wärme gefällt mir — sieh',
wie ich schon auf dein Attaschement, auf deine Diskretion rechne — — und indem drückte sie einen Kuß
voll Feuer ihm gerade auf den Mund — ihre aus-
gebreitete, ihn umschlingende Arme liessen eine
Mantille von Moußelin zurückfallen, und Senkberg lag an einem Busen, welcher mit allem Respekt für Phrynens Busen, an welchen sich einstwei-
len griechische Weisen närrisch gafften, nicht weniger
geschaffen war, die klügsten Leute in ihrer Moral,
nach welcher man so einen Anblick weißlich vermeiden und gar nicht hinsehn soll, irre zu machen.

So

So eine warme Lage, in der sich Senkberg befand, veranlaßte nun, wie ihr leicht denken könnt, wenn ihr euch anders ehrlich in eine solche Situation hineindenkt, eine kleine Distraktion, aber bey unsern Leuten nur mit einem guten Theil des erborgten Entzückens begleitet, womit einer den andern betriegt, der bey der Baggatelle aus andern Absichten, als blos aus Liebe zur Baggatelle sich aufhält.

Bravo! rief die Prinzeßin Kabale, die spielen da beyde ihre Rolle so gut, daß man schwören sollte, es sey Ernst — —

Tant pis! sagte Fräulein Wollust, ich sehe wohl, daß ich bis zur Hälfte die Düve bey dieser Scene bin — ich bekomme da ziemlich cavalierement ein Kompliment und — dir, ma soeur! wird im Ernste geopfert.

Wie angezündetes Papier, so loderte die Flamme heftig — geschwind verbrannt, und gleich wieder Kälte — — Jetzt, lieber Junge — es ist Zeit — eile zu deinem Herrn, sag' ihm, nie würd' ich seinen Wünschen Gehör geben — um kein Königreich der Tugend entsagen, um mich zur Maitresse, selbst des liebenswürdigsten Fürsten, zu erniedrigen — sag', daß mein Stamm so edel sey, wie einer im Lande, und daß ich, ohne von fürstlichem Geblüte zu seyn, in untadelicher Größe mich höher achte, als einen lasterhaften Fürsten — sag' ihm, daß ich ihn nicht wieder sehn wollte — auch der Versuchung, mich seiner gefährlichen Liebe zu exponiren, wollt' ich ausweichen — er muß mich zu seiner Gemahlinn machen, Senkberg! — du bist
mein

mein Geliebter, und wir beyde — — du verstehſt
mich beſſer! fühle deine künftige Größe, und —
ſpiele deine Rolle — — Aber nicht wahr? lieber!
dein Fürſt klebt noch an der Bigotterie, krümmt
ſich noch) unter den Gewiſſensrath ſeines Beichtva-
ters — — ſchick' ihn mir her, den Pfaffen, den
will ich eine Lektion lehren — er ſoll ſeinem fürſtlichen Mündel die Hölle heiß machen, daß er eine
fromme Frau verführen will — laß mich machen —
und du geh' und nähre ſeine Flammen — rath' ihm
als deine Meynung — daß er mich dieſen Abend
überfällt — pünktlich um ſechs Uhr — ich will heimlich fort, ohne Abſchied zu nehmen — will in
Mannskleidern abreiſen — er überraſcht mich beym
Umkleiden — verſteht's Mährchen? Erzähl's gut
— da noch dieſen Kuß — Beſter! und nun geh' — —

Der Page flog durch die Vorkammer — die
Zoffe ſchlug die Augen nieder, blickte verſchämt auf
ihren großmüthigen Sieger, der ſeinen Sieg nicht
genützt hatte — Er reichte ihr vertraulich die Hand
— ſtill, mein Leben! daß deine Gebieterin mein
Verweilen bey dir nicht merkt! jetzt muß ich eilen,
dem Fürſten Antwort zu bringen — aber ſag' mir,
wenn ſprech' ich dich einmal unbemerkt, lieber
Engel? Ich habe dir recht viel zu ſagen — —
horch! wenn deine Dame fragt, was ich geſagt habe, ſo ſprich von Lobeserhebungen — ich hätte ſie
göttlich geprieſen — werth die Gemahlinn des
Fürſten zu ſeyn — — auch du — ich kann jetzt
nichts ſagen — noch muß es niemand wiſſen, wie
ich dich liebe — und nun umarmte er ſie auf der
Flucht,

Flucht, eben da sie im Begriff war, eine kleine
Weigerung zu studiren, noch warf er ihr im Herumdrehen zierlich mit dem Zeigefinger einen Kuß
zu — und verschwand — Mit leichter Naturfähig-
keit lernt ein Mädchen geschwind seine Rolle, und
versteht à demi mot, und die kleine Zoffe, durch
solche schöne Influenzien umgeschaffen, gab Hofnung, eine schöne Aktrice zu werden, setzte sich, griff
ganz ehrbar nach den Arbeitsbeutel, sang sich ganz
gleichgültig ein Liedchen, und dachte drauf, ihrer
Dame die Fabel gelegentlich zu erzählen, wozu ihr
der Page das Thema gegeben hatte, um den wahren Vorfall, der sich en passant zugetragen hatte,
zu verkleistern.

— Ich will zu ihr gehen, antwortete der Hofprediger zu dem Pagen, auch wenn sie mich nicht
hätte rufen lassen, würde ich mich bey ihr haben melden lassen — will ihr ins Gewissen reden — auf
solche Einladungen, wovon sie die Absicht wissen
konnte, so bereitwillig an Hof zu kommen, um sich
feil zu bieten, und ihren frühen Witwenstand durch
sündliche Lüste zu beflecken — und wie schwach ist
doch der beste Fürst bey aller Frömmigkeit und sonstigen Neigungen, meinen züchtigenden Lehren zu einem unsträflichen Wandel Gehör zu geben, ich
glaube, er war fähig, aus unordentlicher Fleisches-
lust sich sein hochfürstliches Haus und sein Land zu
entehren, und gegen alle Statuten sie zur Gemahlin
zu nehmen — aber sie wird's leichtern Kauf's geben,
wird gerne seine Maitresse und die Tyranninn des
Volks seyn wollen — Aber weder aus dem einen

Zweytes Stück.　　　G　　　　noch

noch aus dem andern soll etwas werden, wenn ichs
ändern kann. Ich will ihm in Zeiten ein zweyter
Johannes seyn, damit er nicht weiter auf diesem
Wege des Verderbens gehe, und nicht ein zweyter
Herodes werde — will ihn von Amtswegen sprechen
— ihm von der einen Seite das Unanständige, und
von der andern das Gottlose vorstellen — —

Ich fürchte, sagte der Page, die Neigung des
Fürsten ist unüberwindlich, und ich zittere für die
Epoke, die dieser Umstand machen wird. Wie Eur
Hochwürden oft gesagt haben, daß solche Laster den
Fluch über's Land brächten — — ach! es ist schon
Fluch genug, wenn man einer Maitresse unterwor-
fen ist — der beste Fürst wird durch sie in der Sorg-
falt für seine Regierungsgeschäfte distrahirt, und die
Unterthanen ausgesogen — Wenn ja unter zwey Ue-
beln das geringste müste gewählt werden, so wär's
besser, daß er sich ordentlich mit ihr vermählte — —

Ihre Meynung ist gut, Herr von Senkberg! —
ich habe immer viel christliche Gesinnung bey ihnen
verspürt, aber eine Vermählung muß hier nicht statt
finden — Sie will einen starken Geist vorstellen,
und ist eine Anhängerinn der verderblichen Philosophie, eine wahre Verächterinn der Göttlichkeit des
geistlichen Standes, wie mir unter der Hand versichert worden ist, denken sie nur, daß sie auf ihrem
Gute nicht einmal des Jahrs in die Kirche geht, und
ihren Pfarrer niemals an ihrer Tafel sieht — Sie
würde den Fürsten durch ihre Grundsätze anstecken
— die Pestilenz der Freygeisterey, die jetzt nur noch
bey uns im Finstern schleichet, würde unsern Hof
und

und ſänd bald am hellen Mittage verderben — ich
würde bald nichts mehr bey ſeiner Durchlaucht gelten, und bisher iſt's noch immer ſo gegangen, daß
Höchſtdieſelben ſich durch meine wohlgemeynten Rathſchläge leiten laſſen, wenn ich zeigte, daß eine Ge-
wiſſensſache dabey in Betracht käme — Nein! lieber Maitreſſe! wenn die erſte Hitze verraucht iſt, ſo
kann man die wieder wegſchaffen, aber Gemahlinn
bleibt!

· Euer Hochehrwürden haben beſſere Einſichten,
als ich, erwiederte der Page, ich bin immer gewohnt
geweſen, ihrem Urtheil blindlings zu folgen — aber —
es iſt ein Unglück — die Neigung des Fürſten für's
ſchöne Geſchlecht iſt immer heftig geweſen — —
ich muß ihm Antwort bringen — ich will ſie ſo um-
arbeiten, ihm ſo viel beleidigendes von ihr ſagen,
daß er, wenn's möglich iſt — ganz aufgebracht und
von ihr degoutirt werden ſoll.

Ein neuer Auftritt im Zimmer der Dame
— da präſentirt ſich der Herr Hofprediger
auf eine andere Manier.

Die Dame empfieng ihn mit ausnehmender Achtung, mit einer bekümmerten Verlegenheit, und
mit einem ſo richtig kopirten Magdalenengeſicht,
daß der erſte Meiſter in der Kunſt es für ein Original hätte gelten laſſen.

Ich habe, ſprach ſie, um ihren Beſuch bitten
laſſen, würdiger Mann! Ihr Stand und das Bild,
welches man mir von Ihrem Karakter gemacht hat,
macht ſie mir doppelt ſchätzbar, da ich leider auf
meinen Gütern nicht ſo glücklich bin, einen Geiſtli-

G 2   chen

chen zu haben, zu dem ich Zutrauen faſſen könnte
— — ich freue mich, einen Mann perſönlich kennen zu lernen, den ich durch den Ruf von ſeiner
Klugheit und Frömmigkeit habe ſchätzen lernen —
und dann bedarf ich ihren Rath in einer ſehr kritiſchen Lage —

Ich bin fremd hier — ich habe niemand, dem
ich mich zu vertrauen wagte. Sie ſind ein Geiſt-
licher, und können mir Ihre Freundſchaft bey der
mir angerühmten Denkungsart nicht verſagen —
ich wünſchte mich um ſie verdient gemacht, mich
bereits zu ihrer Freundſchaft berechtigt zu haben —
blos durch mein unbeſchränktes Zutrauen darf ich
vielleicht einigen Anſpruch darauf machen — —
Seyen ſie ſo gut, als ein geringes Zeichen meiner
Achtung dieſe Repetiruhr anzunehmen, ſie hat wenig Werth — die Brillanten ſind von keiner ſonderlichen Bedeutung, aber — ſie geht gut, das iſt
eine gute Eigenſchaft, und inwendig mein Portrait
— wenn ſie mich anders Ihrer Freundſchaft werth
achten, wird ein Mittel ſeyn, ein gütiges Andenken
meiner bey ihnen zu erhalten — —

Der Prediger hatte dieſe gefährliche Attake auf
dieſer Seite nicht erwartet — ſeine ganze wohlge-
ordnete Diſpoſition ward dadurch derangirt — er
vergaß Text und Predigt — und da er unglücklicher Weiſe die Helfte ſeiner Meditationen zu Hauſe
gelaſſen hatte, oder vielmehr ſolche nicht weiter
brauchbar fand, da der Fall verändert war; ſo
muſte er ſeine Zuflucht zum extemporiren nehmen
und predigen — wie's ſein leicht gerührtes und er-

kennt-

kenntliches Herze ihm eingab — Euer Gnaden,
hub' er an, beschämen mich durch ein Geschenk, das
sie auf eine so angenehme Art zu machen wissen, ohne daß ich jemals so glücklich gewesen wäre, dero
Güte zu verdienen.   Ihre Gottesfurcht und christliche Denkungsart ist mir schon gerühmt worden,
hochdieselben geruhen meinen gehorsamsten Dank
anzunehmen, und mir zu befehlen, worinn ich euer
Gnaden noch mehr dienen kann als mit meinem
Gebet, worinn ich sie als eine bekannte gottselige
Dame schon längst eingeschlossen habe.—

Lieber Herr Hofprediger! antwortete die Dame — ihr würdiger Karakter zeigt sich in allem,
was sie sagen — wie beneide ich doch das Vermögen ihres Fürsten, wodurch er sich die angenehme
Satisfaktion verschaffen kann, so einem Manne gutes zu thun, und solche Verdienste zu belohnen!

Unser gnädiger Herr, sagte der Hofprediger, ist
ein guter Wirth — er läßt uns unser mäßiges Gehalt sehr richtig auszahlen, aber von Belohnungen
kömmt ihm nichts in den Sinn — wie, fragte die
Dame, auch die Diener der Kirche, sein Beichtvater und ein Mann wie sie — auch der wird nicht
ausserordentlich gratificirt? — O er sollte mich zu
seinem Schatzmeister machen! nein — die schöne
Befriedigung könnt' ich mir nicht versagen, ihnen
die Sorgen für ihre Familie, und für die Zukunft
zu benehmen — das ist denn doch unstreitig, daß
der würdigste Prediger ohne Nahrungssorgen weit
geschickter ist, das Werk des Herrn zu treiben —
Wir Leute von Stande brauchen emsigere Erinnerer

G 3   als

als andere, und unsere Beichtväter können verhältnißmäßig nicht genug belohnt werden —

Euer Gnaden setzen mich in ein angenehmes
Erstaunen — es ist etwas göttliches in ihren wohl-
thätigen Gesinnungen — kein Lob! Herr Hofprediger, ich bitte meinen Fall zu hören — der Fürst
reißte vor kurzem durch meine Güter, ich hatte die
Ehre, ihm auf meinem Schlosse aufzuwarten — er
lud mich ein, an seinen Hof zu kommen, ich ergriff
die Gelegenheit, mich für eine unverdienter Weise
bey ihm in Ungnade gekommene Familie zu verwenden, das war die Ursach, warum ich seine Einladung so bereitwillig annahm — wie erstaunte ich,
da er mir Anträge that, wodurch meine Tugend und
mein Stolz aufs äusserste gekränkt wurde — ich
suchte ihn Anfangs auf eine gute Art zu detourniren
und auf andere Gedanken zu bringen — ich wollte
seine Liebeserklärung nicht verstehn — was denken
sie? er ward freyer, dringender, und erklärte mir,
daß seine Absicht wäre, mich zur Maitresse zu haben.
Ich muste ihm mit dem vollen Unwillen einer Person begegnen, die ihre Tugend für ihr höchstes Gut
schätzt, ich habe seitdem seine Besuche unter allerley
Vorwand verbeten, habe wieder auf meine Güter
reisen wollen. Er will mich nicht weglassen, ich
glaube, daß ich in diesem Palais, worinn er mir
gleich bey meiner Ankunft, und unter dem Vorwand
mir Ehre zu erweisen, Zimmer anweisen ließ, nicht
viel besser als seine Gefangene bin, und — täglich
verfolgt er mich mit Messagen, mit Briefen, mit
immer heftigern Zudringlichkeiten — er zeigt mir so

viel

viel Sentiment — wenn er kein Fürst wäre — ich
glaube, daß ich ihn lieben könnte — es kränkt mich
selbst, grausam gegen ihn zu seyn — als einen Edel-
mann würde ich ihn zum Gemahl wählen, aber —
so ein Abstand! sagen sie mir, rathen sie mir, lieber
Herr Hofprediger, wie ich mich aus dieser Verlegenheit herausziehen kann — —

Euer Gnaden erweisen mir die Ehre, sagte der
Geistliche, durch ihr Zutrauen — die Leidenschaft
des Fürsten ist heftig — könnten ihm euer Gnaden
willfahren — der Fall würde dispensable seyn —
sie würden mit solchen christlichen Gesinnungen viel
Gutes thun können — —

Nimmermehr, Herr Hofprediger — mein Gewissen würde unheilbar leiden — das Gewissen des Fürsten würde aufwachen — er ist sonst rechtschaffen und
tugendhaft — er würde es fühlen, daß er das durch so
eine unrechtmäßige Verbindung nicht mehr wäre —
ich würde in jedem Fall verloren und elend seyn —
wenn ich mich auch selbst über die Stimme der Tugend betäuben könnte; so würde mir seine Reue, und
der daraus folgende Haß gegen mich unerträglich
fallen, und meine eigene Unruhe würde mich inner-
lich peinigen — nein, Herr Hofprediger — wenn
ich seine Gemahlin seyn könnte, so würde ich die Gewalt, Gutes zu thun, anwenden — sie sollten nach
ihrer frommen Klugheit meine Hände leiten, daß
nichts an Unwürdige käme — sie würden mir sagen,
was für heilsame Rathschläge ich zum Besten der
Unterthanen dem Fürsten eingeben könnte.   Die
Idee ist höchst reizend — aber die Kluft — — ist

G 4   nicht

nicht unüberſteiglich, gnädige Frau! — ich will mich
bey dem Fürſten melden laſſen — ich beurlaube mich,
und werde die Ehre haben wieder aufzuwarten —

Der Page war eben mit dem Fürſten in Unterredung begriffen, — ich habe, ſagt' er, euer Durchlaucht Befehl ausgerichtet — ich ſollte nicht vorge-
laſſen werden — aber ſie hat meine Mutter gekannt,
und dieſer mich empfehlende Umſtand hat meinen
Zutritt bey ihr erleichtert — ich ſäumte nicht, ihr
euer Durchlaucht Sentiments aufs lebhafteſte vor-
zuſtellen — ſie ward aufgebracht, und erklärte ſich
mit Hitze, daß ſie auf keine Weiſe und für kein
Königreich Verbindungen eingehn würde, die nicht
rechtmäßig wären, und womit ihre Tugend nicht
beſtehn könnte — der Fürſt, ſetzte ſie hinzu, verdient
Achtung und Gegenliebe, aber ich wär' in meinen
eigenen Augen ſeiner mir bezeigten Zuneigung nicht
werth, wenn ich mich zu einer Verbindung ernie-
drigte, die ein tugendhafter Fürſt nur in einem
ſchwachen Moment wünſchen kann — ſie will ſchlechterdings abreiſen, gnädigſter Herr! und doch —
bey aller ihrer Entſchloſſenheit euer Durchlaucht per-
ſönliche Gegenwart zu vermeiden, getraue ich mir
zu ſagen, daß zärtliche Ergebenheit ihre Tugend be-
kämpft — —

Senkberg, ſagte der Fürſt, die Frau hat recht,
ſie denkt edel — deſto ſchlimmer für mich — ich ſelbſt
fühle, daß ich ſchwach bin, aber ihr anziehender
Reiz iſt ſehr ſtark, mir iſt's indeſſen lieb, daß nach
verſchiedenen fehlgeſchlagenen Verſuchen Zutritt zu
bekom-

bekommen, du vor sie bist gelassen worden — der
Einfall war gut, die Bekanntschaft mit ihrer Mutter zu nußen — ich ernenne dich hiermit zu meinem
Kammerjunker, und diese Anweisung auf meine
Rentkammer nimm, um dich in eine anständige
Equipage zu setzen. Wenn du in deiner Treue gegen mich fortfährst, so kannst du dich ferneren Avan-
cements gewärtigen — — ich bin ausnehmend be-
unruhiget eben — hat sich mein Beichtvater melden
lassen — diesmal wird mir seine Moral beschwerlich seyn — doch er meynt's gut — aber ich kann
meine Neigung nicht aufgeben — laß den Geistlichen hereinkommen, ich will hören, was er zu sagen
hat. Entferne dich nicht weit, Senkberg — gieb
auf alle Bewegungen der Frau Acht, ich will nachher weiter mit dir sprechen. Näher, Herr Hofprediger! er weiß, daß mir sein Gewissensrath lieb ist,
aber ich fürchte, daß er mir jetzt ungelegen seyn
dürfte, mir deucht, daß ich die Absicht seines Besuchs halb errathen kann —

„Ein Beweiß, ihro Durchlaucht! daß mir
höchstdero Gewissen zuvorkömmt — und — wie könnte ich da zurückbleiben, wo meine ehrerbietige Amts-
pflicht, mein treuester Eifer für höchstdero Seelen-
wohl mir zu reden befiehlt. Ich bin überzeugt, daß
es ein so frommer christlicher Fürst nicht tadelt, wenn
ich als ein bestellter Wächter bey der Gefahr, sie
fehlen zu sehen, nicht weniger schlafe, als euer
Durchlaucht eigenes hohes Gewissen — —

Gut,

Gut, Herr Hofprediger! er ist ein redlicher Mann, sein frommer Eifer kann mir nicht mißfallen — aber kann es denn ein so grosses Verbrechen seyn, eine liebenswürdige Frau liebenswürdig zu finden? —

„Die Frau von Tiefenthal ist höchstliebenswürdig, gnädigster Fürst — aber sie besitzt Tugend und Gottseligkeit, sind euer Durchlaucht fähig, es bey sich zu verantworten, diese zu zerstöhren, und die unschuldige Seele einer Person, der ihnen werth ist, in Laster zu verstricken? — —

Aber, Herr Hofprediger! kann sie nicht noch immer fromm bleiben, wenn sie mich liebt, und ich nicht ein guter Fürst und ein Verehrer der Religion, wenn ich mich an eine Person attaschire, die es verdient? was hat denn das mit allen andern Pflichten zu thun? David war ja ein frommer König — ein Mann nach dem Herzen Gottes, und folgte doch seinen Neigungen, selbst zu mehr als einer Frau.

Ich weiß wohl, daß er unrecht that, und sein Hofprediger ihm's auch ernstlich verwieß, daß er einem ehrlichen Mann sein Weib wegnahm, und ihn sich vom Halse schafte — aber, auch das nur wurde ihm zur Sünde gerechnet. Wie er sich aber die Wittwe Abigal nach ihres Mannes Tode holte, und im Alter sich ein junges Mädchen noch a parte hielt, da sagte ihm doch kein Prophet was drüber — die Patriarchen machten's ja nicht besser, und selbst ein Prophet schlief sogar bey einem Mädchen, die den

öffent-

öffentlichen Ruf als eine unzüchtige Person hatte —
— „Euer Durchlaucht erlauben, das war ganz was
anders. Im alten Testament gieng vieles an, was
jetzt nicht recht ist. David hätte auch besser gethan,
wenn er seinen Neigungen mehr Zaum und Gebiß
in's Maul gelegt hätte, eben sowohl, als die Patriarchen — aber wie unsere Gottesgelehrten es aus-
legen, war das damals so eine göttliche Konnivenz
mit der Schwachheit der Menschen, die in einem
heissern Klima lebten als wir, auch aus großer heiliger Begierde, den Meßias zu erzielen, ein übriges thaten — und was hochdieselben davon dem
Propheten — es war Ezechiel — anführen, so war
das auf besondern göttlichen Befehl, um durch my-
stische Zeichen dem Volke Israel zu predigen, wie
schändlich es sey, fremden Götzen nachzulaufen —
aber das ist nun jetzt ganz anders. Euer Durchlaucht können nicht im Ernst solche Einwendungen
machen — nein, gnädigster Herr! es konnte hier
ein unglücklicher Augenblick seyn, wo sie ihre gottselige Gesinnungen vergaßen — hochdieselben wären
gewiß von diesem Irrthum von selbst zurückgekommen, auch wenn ich, als ein treuer Diener, sie nicht
von Amtswegen dazu aufforderte, ob ich gleich froh
bin, ein unwürdiges Werkzeug zu seyn, euer Durchlaucht wieder auf den rechten Weg zu leiten, und
dazu meinen unterthänigsten evangelischen Rath
mitzutheilen.

Aber was rathet er mir denn, Herr Hofprediger! ich kann mich nun einmal von dieser Frau nicht
loß-

loßreiffen — fie allein kann mich durch ihren bezaubernden Umgang, durch ihre — Reizungen über
die beſchwerliche Regierungslaſt ſchadloß halten —
fie würde mich in meinem annähernden Alter auf-
muntern, mich mit neuem Leben beſeelen — kann
ich denn nicht auch Konnivenz haben, wie die frommen Männer im alten Teſtament? ſoll denn ein
Fürſt für alle ſeine Sorgen, und für ſolche beſchwerliche Pflichten ſich eine ſo wünſchenswürdige Belohnung verſagen? iſt das nicht hart, Herr Hofprebiger? er weiß, daß ich nur darauf denke, meine Unterthanen glücklich zu machen, warum ſoll ich's nicht
ſelbſt ſeyn?

Alles wahr, Ihro Durchlaucht, Sie verdienen
der glücklichſte zu ſeyn, werden Sie's alſo, machen
Sie ihre Unterthanen mit glücklich — ohne Gottes
Gebote zu übertreten — was hindert Ihro Durchlaucht, dieſe Dame aus den erſten Familien des
Landes zu ihrer Gemahlin zu erheben? Sie würde
die Zierde ihres fürſtlichen Stuhls ſeyn!

Wo denkt er hin, Herr Hofprebiger, was würden meine Stände ſagen? das wäre wider alle
Verfaſſungen — und mein Erbprinz — würde er
ſich nicht meiner an allen Höfen, die er auf ſeinen
Reiſen beſucht, über ſo eine Schwachheit ſchämen?

Aber geruhen Euer Durchlaucht in hohen Gnaden zu konſideriren, daß ſie Herr ſind! — warum
ſollten Sie ihre Macht nicht anwenden, ſich mit
Bewahrung eines guten Gewiſſens glücklich zu machen,

chen, indem sie Tugend und Verdienst auf ihren
Stuhl setzen, und eine rechtmäßige Gemahlin er-
wählen?

Nein, Herr Hofprediger! das geht nun einmal
nicht an, er denkt nicht an die beym Antritte meiner
Regierung beschworne Landesrezesse — — —

Der neue Kammerjunker stürzte herein — gnädiger Herr, rief er, die Frau von Tiefenthal ist
im Begriff, heimlich den Hof zu verlassen — ich
hab's von ihrer Kammerjungfer herausgebracht, sie
hat sich Manneskleider zu verschaffen wissen, um
unter dieser Verkleidung unbemerkt und unaufge-
halten den Hof zu verlassen — Geruhen Euer Durchlaucht sie persönlich zu besänftigen — sie liebt sie gewiß — blos ihre Tugend verleitet sie zu einem
Schritte, der ihrem Herzen saur genug werden mag
— sie hat geweint, gut von Eur Durchlaucht gesprochen — und da ich mich in die Vorkammer
schlich, und die Thür ihres Zimmers nicht ganz zu
war, hörte ich sie zu ihrer Kammerjungfer sagen:

„Flucht ist das einzige Mittel, mich gegen so
„reizende Gefahren in Sicherheit zu setzen.

Der Fürst hörte diese Nachricht, wie von Donner gerührt — sie will fort? rief er aus — Nein!
ich kann's nicht zugeben, um keinen Preiß sie verlieren, komm' Senkberg, begleite mich zu ihr —
daß alle Ausgänge besetzt, verschlossen werden! ich
will mich eindrängen — zu ihren Füssen bitten, daß
sie

sie mich nicht verläßt. — Verlaß er mich, Herr
Hofprediger! — geschwind! Senkberg — —

„Ich werde unterdessen für eur Durchlaucht
hohes Wohl — für die Erhaltung eines reinen
Herzens in der Stunde der Versuchung beten —
sagte der Geistliche —

Ja Herr Hofprediger! rief der Fürst, das thu'
er doch — bet' er, daß sie ihren Entschluß ändert —

Der Fürst eilte — öfnete plötzlich die Thür der
Dame, und stürmte ganz ausser sich in ihr Zimmer.
— Neben ihr lagen Mannskleider — sie schien im
Begriff, sich ankleiden zu wollen — noch war sie
im allerreizendsten Neglige — ihre blonde Haare
hiengen lang zwischen den Schultern herab, sie stand
im weissen seidenen Korset — kein neidisch Gewand
deckte den tief entblößten Hals, und das leichte Un-
terröckchen hätte zur Noth immer auch noch fehlen
können, es wäre fast eben dasselbe gewesen —

Prinz! schrie sie, was für ein verwegner Ueber-
fall! — und sie erschrack so schön und so natürlich,
daß man hätte schwören sollen, sie hätte den Prinzen nicht erwartet — könnt ihr euch darüber wun-
dern? — Nun, denn wißt ihr's noch nicht, daß
zwischen einem Weibe und einer Komödiantin nur
ein Schritt ist, daß eine Frau, vermöge ihrer angebohrnen und von der ersten Jugend ausgebildeten
Talenten alles seyn kann, was sie will, und nie das
ist, was sie zu seyn scheint — — —

Der

Der angenommene Zorn verschönerte ihr Gesicht, nach welchem der ganze Kreißlauf des Bluts seine Richtung genommen zu haben schien, und sie sank' im Fauteuil in einander geschmiegt, wie die scheue Najade, die aus dem Bade in Naturalibus steigt, und im Rosengebüsche von einem Waldgott überrascht wird — Sie schlug ein paar weisse gedrehete Arme kreuzweiß über die enthüllte Brust — Verlassen sie mich, rief sie — der Fürst lag zu ihren Füssen, mit erhabenen gefaltenen Händen sah' er zärtlich nach ihr hinauf, indem sie die schönsten blauen Augen voll schmelzender Thränen gen Himmel richtete — ihr unsichtbaren Mächte! sprach sie, beschützt meine Tugend gegen diesen Wüterich — —

Nun war dies ein Prospekt, so schön, so künstlich geordnet, daß sich wohl ein Xenokrates zum Narren dran möchte gesehn haben —

Der Fürst war kein Xenokrates, er hatte Blut in seinen Adern — und eine durch keine Debauschen geschwächte Konstitution hätte ihn gewiß zum Wüterich in einer so kritischen Lage gemacht, wenn das allersanfteste weibliche Auge, so bald es in Thränen schmilzt, nicht Tigerherzen gebieten könnte, und noch mehr dem guten betrogenen Herzen des Mannes, das, wie hier beym Fürsten, voll wahrer Liebe ist — die noch stärker spricht, und allmächtiger wirkt, als die Begierden der Sinne.

· Wie gesagt, der Fürst lag zu ihren Füssen — ganz Gefühl, und — schien die Sprache zu suchen, die er verlohren hatte. Er fand sie — so zerstümmelt,

melt, so abgebrochen, und ohne Zusammenhang —
eine Sprache voll Unsinn's, die man nachher ver-
wünscht, weil man nicht gesagt hatte, was man sagen wollte — und eine Sprache voll Sinn, für den,
der's versteht, ihn herauszubringen — ungefähr
war's das, was der Fürst sagte, oder zu sagen sich
einbildete:

Ich bin in Verzweiflung, schönste Frau! Sie,
die meine Seele über alles werth hält, so gegen
mich eingenommen zu sehn — mich hier zu ihren
Füssen, dem Abgott meines Herzens, so nahe —
und — so fern zu finden! Ihrentwegen vergesse ich
Himmel und Erde — einziges Ziel aller meiner
Wünsche! meine ganze Seele löst sich in Liebe auf —
ich bin ganz der Ihrige — — Sie wenden ihre
Augen von mir — Engel von Frau! denken Sie
nicht ungerecht von mir — ich will Ihnen keine
Gesetze vorschreiben — Sie, Sie haben hier zu gebieten, nicht ich — aber sie wollten entfliehn — ich
eilte zu Ihnen, um Sie auf meinen Knieen zu bitten, mich nicht zu verlassen — ich bin voll Ehrerbietigkeit, unfähig, ihre Tugend nicht zu verehren,
oder ich bitte — noch nicht meinen Wünschen gün-
stig zu seyn — nein! nur erst mir zu gestatten, ihre
Neigung zu verdienen — —

Satan lächelte bey dieser Scene, und hatte eine
herzliche Freude, das qualzerrissene Herz des Mannes zu sehn, der sich in sich selbst verblutete, und
der Neid knirschte über das Uebergewicht des weiblichen Talent's, die Folter auf höhere Grade zu stimmen, als selbst die Kunst der Hölle vermochte — — —

Ver-

Verlaſſen ſie mich, Prinz! ſagte die Frau von Tiefenthal, die mit innerem Entzücken ihr Opfer herrlich zugerichtet hatte, und auf dem Brandaltar in Flammen, die ſie ſo geſchickt zu nähren wuſte, braten ſah — — Verlaſſen ſie mich, fuhr ſie fort, wenn Sie nicht wollen, daß ich mich auf immer ihren Augen entziehn ſoll — wenigſtens ſo lange laſſen Sie mich allein, um mich in einen anſtändigen Anzug zu ſetzen, ich ſchäme mich für mir ſelbſt — mich ſo zu überfallen!

„Schönſte Frau! ſtammelte der Fürſt — und ſeine Augen glüheten — ich will Ihnen gehorchen, mich dem allerreizendſten Schauſpiele entziehn — aber verſprechen Sie mir, mich wieder vor ſich zu laſſen — ich werde vor ihrer Thür Wache halten, bis ſie gekleidet ſind, und — doch höchſtgeliebte Frau! — und indem breitete er ſeine Arme aus, ſie zu umfaſſen und an eine Bruſt zu drücken, in welcher das wärmſte männliche Herz klopfte — ſie ſetzte ihm ihre beyde Hände entgegen, ihn zurück zu halten, beugte ſich mit einer widerſtrebenden Miene vorwärts — er mit ſehnſuchtsvoller Gebährde neigte ſich gegen ſie.   In dieſer gegenſeitigen Aktitüde, da ſie ſaß, und der Fürſt vor ihr kniete — traf die Direktionslinie ſeines Mundes gerade auf die weiße gewölbte Bruſt, die eben durch ihre Hände nicht beſchützt war — das war nun ein Berühren, welches den ganzen Fürſten elektriſch machte — die Erſchütterung des feinſten Feuers durchdrang alle ſeine Glieder — vor lauter Empfindung fühlte er nicht, was

Zweytes Stück.   H   er

er eigentlich fühlte — so eine Seelen und Sinne
berauſchende Trunkenheit von ſchmerzhafter Wolluſt,
und — davor ſteh' ich, daß er jeßt nicht kalkulirte,
im wie vielſten Himmel er verzückt war — —

Sie ſchlug beyde Hände wieder über die Bruſt,
und bedeckte die Breſche, welche der ungefähre Kuß
zu machen verſucht hatte — jeßt glückte es ſeinen
Händen, die kaum bekleideten Seiten gerade über
die Hüften zu faſſen — eine wollüſtige Wärme quoll
dem ſanften Drucke ſeiner Hände entgegen — —

Der arme Fürſt — dabey meynte er's ſo herzlich gut — wie konnte er verlangen, ſich wegzube-
geben, in einer Lage, die nicht erfunden war, um
den Wunſch, ſich zu entfernen, zu erwecken, in welcher er ewig hätte bleiben mögen, wenn nicht allenfalls die mögliche Graduationen der noch nicht erreich-
ten Glückſeligkeit ihm die Ausſicht des nähern Avan-
zements eröfnet hätten.

Jeßt war der Zeitpunkt, wo die kluge Dame
glaubte, die Leidenſchaft ſo angefacht zu haben, daß
ein geſchwindes Erlöſchen nicht zu befürchten war, —
jeßt durfte ſie Ernſt machen, ihn wegzuſchicken,
ſicher, daß er nicht wegbleiben konnte, und bald
wieder vor der Thür winſeln würde, um wieder ein-
gelaſſen zu werden. Sie erhob ſich von ihrem Fauteuil, mit der ganzen nachgeahmten Hoheit der wahren Tugend, die in jeder Situation Ehrfurcht fodert,
und ſich nicht erſt den Buſen ſiebenfach einzuſchleyern
nöthig hat, wenn ſie der verwegenen Begier impoſi-
ren will — ſie bat mit einem ſo gebietenden Ton,
                                                        dem

dem' sich nicht widerstehn läßt, Abtritt zu
nehmen — —

Nicht länger, sagte der Fürst, bis Sie gekleidet
sind — mit der Bedingung erwiederte sie, sich in
ihren Gränzen zu halten —

Es giebt einen gewissen bescheidenen Anzug, der
dem schönen Geschlecht, wo nicht mehr — doch eben
so viel Reiz giebt, als die allerleichteste Nimphen-
tracht — Unsere Kokette war mit allen Kunstgriffen
ihres Geschlechts bekannt — ein langer Rock von
milchweissen Satin — eine dergleichen Düchesse,
deren lange anschliessende Aermel bis auf die Hände
reichten, welche dadurch ein feineres, und durch die
in's gelbliche fallende brüßler Spitzen ein zärteres
und weisseres Ansehn erhielten — ihr schönes Haar
versteckte sich nachläßig unter einer pariser Dormeu-
se — die schwarze Soubise erhob die Lilien und Ro-
sen ihres Gesicht's — in welchen ein so sanfter Anstand herrschte, daß, mit einem Palmzweig in den
Händen, man sie für eine Heilige dürfte gehalten
haben — —

Der Fürst war nicht aus der Vorkammer gegangen — da bewegte er sich mit langsamen Schritten, wie ein Träumender auf und ab, ohne mit der
Kammerjungfer, wie's Senkberg gemacht hatte,
ein Intermezo zu spielen. Wunderlich genug mocht's
in seinem Kopf untereinander laufen — und dann
dauerte die Toilette lange genug, um ihn ungedultig
zu machen. Erst auf wiederholtes Bitten ward er
wieder vorlaßbar — durch mannigfaltige künstliche

H 2   Wen-

Wendungen wuſte ſie ihn zu leiten, ihr den Antrag
einer förmlichen Vermählung zu thun. So lange
wich ſie aus, bis ſie ihn in dieſe Enge getrieben ſah,
wo es auf den entſcheidenden Punkt ankam — Sie
ſchien mit der Würde einer gebohrnen Prinzeßin
von dieſer Erklärung gerührt — macht' ihm ſelbſt
alle Objektionen, in deren Beantwortung ſie ihn
üben wollte, damit, wenn ſie ihm im Ernſte gemacht
würden, er ſeine Lektion wiſſen möchte. Sie ergab
ſich endlich mit aller der Würde, und auf eine ſo
gute Art, wie immer ein Kommendant eine Veſtung
durch Kapitulation übergeben kann, der ſeinen
Wunſch, ſie in Feindes Hand zu ſpielen, durch ein
ſcheinbares Umſtände machen, vollkommen zu kaſ-
ſchiren verſteht — aber ſie geſtattete ihm auf keine
Weiſe, ohne Poſſeßion zu nehmen — bis alle Ka-
pitulationspunkten von ſeiner Seite erfüllt ſeyn
würden.

Prinz! ſprach ſie, ihre Leidenſchaft hat ſie verblendet, wie ich zu fürchten Urſach habe. Ueberei-
len ſie ſich nicht, überlegen ſie's noch beſſer — ich
will, zum Beweiß meiner ehrerbietigen Achtung,
für die mir bezeigte Geſinnung meine Abreiſe noch
drey Tage ausſetzen. Aendern ſie den Entſchluß, ſo
werd ich in Ihnen den Mann verehren, der groß
genug war, ſich ſelbſt zu überwinden, und der einem
nicht ungegründeten Vorurtheil, und der Meynung
der Welt ein ſchuldiges, ihm ſelbſt anſtändiges
Opfer brachte — In dieſem Fall werde ich ihren
Hof verlaſſen, mit dankbarem Andenken an einen
Prinzen,

Prinzen, gegen deſſen Zärtlichkeit ich nicht gleichgültig war, da ſie einen tugendhaften Zweck hatte —
und den ich) — warum ſoll ich's nicht ſagen? — ich
bin der Ehre, ſo ſie mir erwieſen, dies freymüthige
Geſtändniß ſchuldig — unter allen Männern mir
zum Gemahl würde erwählt haben, wenn ſein Für-
ſtenſtand mir zu ihm hinaufzuſehn erlaubt hätte —
beharren ſie indeſſen bey dem für mich zu ſchmeichel-
haften Entſchluß, ſo werd ich den Vorzug — und
die ehrenvolle Erhebung zu der Würde der Gemahlin meines Fürſten mit dankbarer Empfindung verehren, und ihre Wahl in den Augen der Welt zu
rechtfertigen ſuchen.

Der Prinz dachte nicht daran, daß er Ehre
erwieſe — er glaubte, Würde, Wohlthat und Loos
der Seligen zu empfangen, und befand ſich in einer
ungewöhnlichen Entzückung. Ohne Widerſtand
durfte er jetzt die runde, volle Schwanenhände mit
Küſſen decken — aus den verführeriſchen Augen,
die wie der reine Himmel auf ihn herab lächelten,
floß der feine Zauber des ſüſſen Gifts tief in ſeine
gute, zu wahrhaften Eindrücken der Zärtlichkeit fähige Seele. Die täuſchende Idee, ſich geliebt zu
glauben, die für den ehrlichen Mann, ſelbſt wann
er ein Fürſt iſt, ſo unbeſchreibliche Reizungen hat —
und die Empfindung dieſer vorgeſetzten Glückſeligkeit ſtrömte aus jedem ſeiner Blicke den ihrigen entgegen — Jede Muskel war in freudiger Bewegung
— und in jedem Pulsſchlag fühlte er die Heftigkeit
ſeiner Liebe — — Die ganze Welt war ihm jetzt

H 3 nichts,

nichts, er glaubte in den Wohnungen der Seeligen
zu seyn — Wie denn ein Mensch, den diese Manie
der Menschlichkeit und der Natur ergreift — so lange er das betrogene Opfer seiner Einbildung ist —
oder so lange er sein vor ihm hinschwebendes schönes
Phantom verfolgt, alle Wirklichkeiten vergißt, jedes
andern Glück für nichts achtet, und dem Kranken
gleich, der sich im heftigen Paroxismus des hitzigen
Fiebers befindet, über der offenen Grube des Verderbens keine Gefahr fühlt, nur sein Phantom sieht,
und nur die Freuden oder Schmerzen der Liebe fühlt
— so sah der Fürst in seinem Traum nichts — als
beglückte Wünsche. In diesem Taumel der Em-
pfindungen flohen seine Lippen an die ihrigen, ehe
sie's hindern konnte, oder wollte. Der schärfste Pfeil
des Liebesgottes konnte nicht schnellere Wirkung
thun — das Feuer des allerwollüstigsten Gefühls,
das von dem weichen Druck des schönsten Rosen-
mundes durch sein ganzes Nervensystem herabfloß,
ergriff ihn mit zärtlicher Wuth — Genug Prinz!
sprach die Zauberin, indem sie sich mit unbeleidi-
gender Größe erhob — Sie vergessen sich — es ist
nothwendig, daß ich Sie aus dieser mir schmeichelhaften Entzückung erwecke. Sie müssen schlechterdings die Tage, die ich ihrer freyen Ueberlegung allein bestimmt wissen will — in welchen ich mir das
Glück, Sie zu sehn, versage, sich selbst gelassen seyn.
— Nehmen sie diese Zeit, in welcher ich Ihnen
verspreche nicht wegzugehen, als Fürst zu denken —
und wenn nachher dieser nicht Einwendungen der
Klugheit hat — nun! denn will ich den Liebhaber
hören.

hören. Jetzt kein Wort mehr, Prinz — und damit schlupfte sie in ein Nebenzimmer und schloß sich
ein. Aber sie vergaß nicht, im Herumdrehen Ihm
noch einen Blick zuzusenden, mit einer so unnach-
ahmlich reizenden Bewegung — einen so fesselnden
Blick, der fähig war, Ihn länger als auf drey Tage fest zu halten. Die reizende Hexe wuste gar zu
gut, daß der, welcher sich hinreissen läßt, oft blos
in einem Augenblick sein fühlbares Herz der aller-
heftigsten Leidenschaft zu öfnen, und mit vollen Zügen aus einem paar schönen Augen sich zu berauschen,
daß der so geschwind nicht wieder nüchtern wird.
Nach dem Maaß der Dosis, die mit so vieler Kunst-
känntniß, als unsre Dame besaß, abgewogen war,
konnt's ihr nicht fehlen, die Grade und die Dauer
der Wirkung zu berechnen, die das süsse Gift hervorbringen muste, welches sie weißlich präparirt,
und Seine Durchlaucht mit herzlichem Appetit genossen hatten.

Die Fortsetzung im dritten Stücke.

Gallerie

der

Teufel,

bestehend
in einer auserlesenen Sammlung

von

Gemåhlden

moralisch politischer Figuren,

deren

Originale

zwischen Himmel und Erden anzutreffen sind,

nebst

einigen bewåhrten

Recepten

gegen die Anfechtungen der bösen Geister

von

Pater Gaßnern dem Jüngern,

nach Art periodischer Schriften
Stückweise herausgegeben.

Drittes Stück.

Berlin 1784.

Vorbericht.

So eine gute Sache es um Vorberichte ist, weil sie dem Herausgeber seiner Werke Gelegenheit geben, seinen Lesern ein Wörtchen besonders zu sagen — dem einen das Verständniß zu öfnen, um irgend eine mögliche oder wirkliche Mißdeutung aus dem Wege zu räumen, und dem andern über seinen Beyfall ein Kompliment zu machen, wenn man nach Autormanier sich selbst eine Lobrede halten will, oder auch um das Publikum mit einer Episode zu regaliren, für welche man in dem Werke keinen recht schicklichen Platz finden kann; so habe ich doch für diesesmal mit allen Formalitäten eines Vorberichts den Lesern meiner Gallerie keine andere Eröfnung zu machen, als daß ich Ihnen bey Ueberreichung dieses dritten Stücks gar nichts zu sagen habe. — Es müste schlimm seyn, mit einer so wichtigen Materie, als Nichts ist, aus welcher Gott eine ganze Welt hervorbrachte, nicht viele Seiten auszufüllen — und gerade mehr bedarf ich nicht, um diesen Bogen zu komplettiren. Wie manches Geschrey in der Welt, was ganze Konvolute ausmachen würde, wenn man alles aufzeichnen wollte — und worauf vom Größten bis zum Kleinsten alles aufmerksam ist — hat, wenn man hinsieht, nichts zum Grunde — und dieser Urstof aller Dinge ist so reichhaltig, daß aus seinem Schooße grosse karakterisirte Männer hervorgehen, das würdige Gegenstände der öffentlichen Berathschlagungen, tiefsinniger Untersuchungen und allgemeiner Unterhaltungen ausmacht, die das ganze liebe Publikum intereßiren. Was für ein armselig Geschöpf

A 2   muß

muß nicht ein Gazetier seyn, der seine Zuflucht zum Ausschreiben nimmt, und uns ganze Tiraden mittelmäßiger Gedichte giebt, die wir wohlfeiler in Büchern lesen können; die wir schon besitzen, ohne sie uns noch einmal vorkäuen zu lassen. Es ist freylich schlimm, wenn man ein Blatt voll wichtiger Neuigkeiten liefern soll, und keine hat. In diesem Fall aber bleibt doch immer der nie verschlossene Ausweg offen, dessen ich mich diesmal mit Erlaubniß meiner Leser selbst bediene, N i c h t s zu sagen, und da kömmts nur blos draufan, seinem N i c h t s gerade so viel Interesse zu geben, daß es dem Leser, der sich so oft mit N i c h t s amüsirt, behaglich wird.

Bey alledem ists nicht Armuth an Materie, die mich nöthigt, meine Leser auf eine ähnliche Art zu setiren, wie sie bey manchen ökonomischen Höfen an prächtig servirten Tafeln oft nur mit wenig mehr als N i c h t s in den Schüsseln, und auf einer Menge von Aßietten bedient werden, dergestalt, daß wenigstens der Vorleger bey der genauesten Repartition für sich selbst n i c h t s behält, als den Trost, daß er nicht von allen Schüsseln der Vorleger ist.

Unter andern habe ich immer noch die versprochene Unterredung der Rathsversammlung zu S c h i l d e in Petto, wo man sehr mißvergnügt ist, daß ich den Teufel nicht in Ruhe lassen wolle und nicht mehr Respekt für seine Wirthschaft trüge, die er so lange ungestört getrieben hätte, ohne daß die Welt deshalb zu Grunde gegangen wäre. Das wird nun eine gar lustige Farce geben — allein zu dergleichen gehört Laune, die mir heute schlechterdings fehlt, und ich muß schon Gedult haben, bis es dieser Erzkoquette, die ihre Capricen hat, gelegen seyn wird, mich wieder anzublicken.

Der Verfasser.

Zuschrift

an

Herrn Karl Friedrich

von

Moser.

Hochwohlgebohrner Freyherr,

insonders hochzuehrender Herr Geheimberath!

Ein gewisses scharfes Gepräge von Freyheit, welches Euer Hochwohlgebohrnen Schriften unterscheidet, und diejenige siedende Wärme, welche immer den sonderbaren Mann von dem gemeinen Haufen auszeichnet, gaben denenselben in meinen Augen einen Werth, so wenig ich Ursach fand, dem ganzen Innhalt ihrer Beherzigungen, Reliquien rc. eine durchgängige evangelische Gewißheit beyzumessen. Immer habe ich es zu den Verlusten gerechnet, die dem hubertsburger Frieden zuzuschreiben sind, daß wir seit dieser wichtigen Epoque, in welcher der preußische Koloß zum Leidwesen mancher unächten teutsch-patriotischen Eiferer seinen Raum stehend behauptete, nichts mehr von Euer Hochwohlgebohrnen patriotischen Feder zu Gesichte bekommen haben.

Es ist, als ob der liebe Friede uns alle eines Sinnes gemacht hätte. Die preußische patriotische geistliche und weltliche Bardensänger besingen nicht mehr den geweissagten Fall des apokalyptischen Thiers, worauf die babylonische Hure reitend vorgestellt wurde, und Euer Hochwohlgebohrnen haben aufgehört, dem irreligieusen

Berlin

Berlin und dem Priesterthum des Unglaubens den
Untergang zu verkündigen, wie ihn Jonas der gott-
losen Stadt Ninive predigte, und das Stillschwei-
gen, worein sie einmal verfallen sind, und darinn beharren, ohne sich einmal bey den pohlnischen Angelegenheiten gemeldet zu haben, sollte einen auf die Gedanken bringen, daß Sie die ganze Zeit über in irgend einem Wallfischbauch sich versteckt gehalten hätten. Ich kann mir nicht vorstellen, daß Sie seitdem andere Grundsätze sollten angenommen haben, und wenn es wäre, so traue ich's Ihnen zu, daß Sie damit nicht geheim thun würden
— Dem sey wie ihm wolle — meine Absicht, mittelst dieser Dedikation des dritten Stücks der Gallerie der Teufel, gehet dahin, Euer Hochwohlgebohrnen einzuladen, sich mit teutschpatriotischen
Beherzigungen in die zunächst zu eröfnende Vorsä-
le gefälligst einzufinden, auf die garstige Wirthschaft, welche der Teufel in christlich teutschen Staaten treibt, ihr Augenmerk zu richten, auf die schreckliche Reliquien der Barbarey und Unmenschlich-
keit einen mitleidigen Blick zu werfen, und einem
merkwürdigen Lit de Justice beyzuwohnen, welches
unterm Vorsitz des Obersten der Teufel wird gehalten — wo über Tirannen, Despoterey, Aberglauben und Unglauben, über Konstitutionen, milde Stiftungen, alte Gebräuche und Herkommen
und andere Angelegenheiten des heiligen römischen
Reichs wird plaidoiirt und entschieden werden.
Euer Hochwohlgebohrnen haben schon gezeigt, wie
sehr Ihnen diese Materien am Herzen liegen, und
sie

sie scheinen mir immer von der Wichtigkeit, daß man
nicht blos mit einem enthusiastischen Eifer drüber
deklamirt, sondern sie mit patriotischer Freyheit
prüft, und Stärke und Schwäche, Wahrheit und
Lügen gehörig von einander sondern, jedes bis in
ihrer Quelle verfolget, und die politische Karte der
Verfassungen gründlich berichtiget, um nicht ewig
blos Gemeinsprüche von der Oberfläche abzu-
schöpfen.

Einige in meinem Medicinalraisonnement über
den Geist der Intrigue hingeworfene beyläufige
Ideen, im Betreff des Fassungsvermögens solcher
Fürsten, die in sich Ruf und Pflicht fühlen, ihre
bessere Gesetze auch über die Grenzen ihres Erbtheils auszudehnen, dürften zwar mit Ihren Begriffen nicht sehr übereinstimmig seyn und gegen den
Buchstaben manches Landfriedens anzulaufen
scheinen — es wird nur darauf ankommen, das
öffentliche Recht gegen die öffentliche Glückseligkeit zu quadriren, um sich über das eine und
das andere näher zu verstehen.

Im vorigen Kriege horchten Euer Hochwohlgebohrnen auf die Stimme Teutschlands, dessen
Söhne gegen einander das Schwerd zogen — schal-
ten auf alles läppische Soldatiziren, wozu teutsche Prinzen erzogen würden — wollten, daß blos
Konstitutionen, Reichssprüche und Bannstrahlen
die Ruhe des h. r. Reichs erhalten sollten.

A 5

Sollte

Sollte ihr patriotisches Ohr nicht auf das Aech-
zen der unterdrückten Menschheit hören, das unter
Karls des fünften peinlichen Halsgerichtsordnung
noch in verschiedenen Gegenden Teutschlands auf
Folterbänken erpreßt wird? nicht auf die Greuel
der neuern Hexenprocesse sehen, von welchen ärger als unter dem eisernen Joch der spanischen Inquisition Unglückliche bey hunderten die Marter-
opfer geworden sind? die Tragödie, welche zu Herzogenrade und in andern daselbst zusammenstos-
senden kleinen Herrschaften, welchen nach teutschen
Rechten Gott in seinem Zorn das Schwerd ver-
lieh, zur Schande Teutschlands und dieses Zeitalters seit zwanzig Jahren gespielt ist, verdient die
Aufmerksamkeit eines Mannes, der, wie Sie, auf
Vertheidigung der Menschheit gegen Tiranney und
Despotismus Anspruch macht.

Ich will nichts im Voraus wegnehmen. Oeffent-
liche Blätter haben auf eine unbegreifliche Weise diese Scenen barbarischer Blutgerichte fast ganz unbemerkt gelassen. Sie geruhen mit zum Lit de
Justice, bey welchem Satan präsidirt, wovon ich im
nächstfolgenden Stück die Tableaux geben will, und
weshalb ich meine Einladung an Euer Hochwohlgebohrnen wiederhole; bey diesen und ähnlichen in
uralten teutschen Konstitutionen, Verfassungen,
Gerechtsamen und Placaten gegründeten peinlichen
Gerichten sich geneigt einzufinden und alles das
mit Ihrem Abgott der Aufrechthaltung teutsch-
patriotischer Freyheit — mit Vernunft und

dem

dem Recht der Menschheit zu vereinbaren. Mit
Euer Hochwohlgebohrnen Wohlnehmen wünsche
ich, dergleichen Zweige von Freyheit unsers geliebten Teutschlands in Ihrer Gesellschaft näher zu
zergliedern. Ich glaubte mich an keinen bessern Mann
in dieser Absicht addreßiren zu können, als gerade
an einen solchen, der das Gebäude des h. r. Reichs
in seinen Grundverfassungen genau kennt, und bisher am lautesten seine Stimme erhob, und im patriotischen Enthusiasmus darüber ausrief:

Gros ist die Diana der Epheser!

Vorläufig bitte ich diese Zuschrift gütig aufzu-
nehmen, und bin, mit Anwünschung gesunder See-
lenkonstitution,

Euer Hochwohlgebohrnen

ergebenster Diener
P. Gaßner Junior.

Fortsetzung.

Fortſetzung der Repräſentation
des Schattenſpiels an der Wand.

Der Fürſt gieng, die Geheimerathverſamm-
lung zu veranlaſſen. Nicht ohne Verlegenheit, von der Art, in welcher ſich Ludwig der Funfzehnte mehrmals befunden hat und —
in welcher ſein Enkel ſich nie befinden durfte —
die gerade in der kritiſchen Stunde noch immer
ſchlimmer iſt, als wenn's auf ein öffentliches Pro-
klama ankömmt, worinn vor den Augen der Welt
irgend ein Schritt gerechtfertiget werden ſoll, der
ſich — nicht gar zu gut rechtfertigen läßt — —
eine Verlegenheit, mit welcher ſich der Größte unter den Richterſtuhl der Geringern herabgeſetzt
fühlt, ſo oft er ſich zu einer unwürdigen Handlung erniedriget und die bey einer Mißheyrath noch
weinerlichere Phyſionomien veranlaßt, als bey der
erſten öffentlichen Vorſtellung einer erklärten Maitreſſe, die ſich mit dem geheimen Attaſchement,
was für empfindliche weibliche Seelen ſo viele
Reizungen hat, nicht begnügen, ſondern ſchlechterdings öffentlich ihren Beſiegten vor den Augen ſeines Volk's im Triumphe aufführen und zeigen
will — — wie tief ein großer Mann durch ein
paar Augen, die vorher für weniger ſchmachteten,

von

von seiner Höhe herabgezogen werden kann —
aber glücklicher Weise auch nicht ohne Beystand und
Aufmunterung dürstete der Fürst nach dem Augenblick, in welchem er sein Vorhaben, sich mit
der Frau von Tiefenthal förmlich zu vermählen,
der Geheimenrathversammlung eröfnen wollte.
Lassen Ew. Durchlaucht mich machen, sagte der vertraute Kämmerjunker — die Stände werden kein
Bedenken tragen, Höchstdero Wahl zu verehren,
wenn der alte Kanzler nicht Schwierigkeiten aus
dem Archive, und aus den verjährten Landesrecessen
opponirt, wenn Ew. Durchlaucht geruhen; so will
ich den erst von ferne sondiren, und wenn man erst
weiß, wohin er sentirt, nun dann kann man desto
sicherer alles im voraus koupiren, eh' es zum Vorschein kommt.

„Das ist gut, Senkberg — aber es ist ein wich-
tigeres Bedenken im Wege — diese Vermählung
läuft wider die Belehnungspflichten, und die Lan-
desverfassungen sind garantirt — es ist anders mit
mir, als mit dem großen Peter von Rußland, der
niemand zu fragen brauchte, als er seine Kathari-
na, die indessen sich um ihn und um die Erhaltung
seiner Armee einst sehr verdient gemacht hatte, zur
Gemahlinn und Nachfolgerin erklärte —

Gnädigster Fürst, sagte der Kammerjunker,
davor ist Rath — Sie kann ja vorher in den Reichsfürstenstand erhoben werden — So eine Standes-
erhöhung hat in ähnlichen Fällen schon manchen aus
der Noth geholfen, und wenn Ew. Durchlaucht
mir die nöthige Verhandlung zutrauen; so schmeichle
le

le ich mir, alles nach Höchstdero Wünschen einzuleiten und zur Endschaft zu bringen — —

Lieber Senkberg, erwiederte der Fürst, ich sehe,
daß ich mich nicht in dir geirrt habe. Deine Ent-
schlossenheit und rascher Geist gefällt mir, wie dein
Eifer, und glaube mir's, daß ich dich werde zu belohnen wissen.

O gnädigster Herr! rief der verschlagene Kammerjunker, wenn treueste Ergebenheit das einzige
Verdienst wäre, so würde ich Eur Durchlaucht ersten Staatsbedienten den Rang streitig machen —
mein Leben wollt' ich hingeben, um meinem Fürsten eine einzige ganz glückliche Stunde zu erkaufen. Jetzt will ich eilen, um den Kanzler, der das
Vertrauen der Stände und des Landes hat, auszu-
forschen, die Schwierigkeiten kennen zu lernen, um
gegen alles vorbereitet zu seyn, und mit desto ge-
schwindern und sicherern Erfolg — diese Angelegenheit nach Eur Durchlauchten Wünschen zu Stande zu bringen.

Der Fürst ermangelte nicht, dem Diener seiner
Leidenschaft seine höchste Zufriedenheit zu bezeigen,
und ihm einen so schmeichelhaften und belohnenden
Blick zuzulächeln, als man von großen Herrn gewohnt ist, wenn man in der ersten aufwallenden
Hitze ihre Paßionen nährt, um deren Befriedigung
willen sie alles versprechen und alles hingeben möchten — was ihnen bey kaltblütigerm Nachdenken
wieder leid wird.

Senkberg begab sich zuförderst zur Frau von
Tiefenthal, um ihr zu erkennen zu geben, wie
wichtig

wichtig er ſey — und wie ſehr es ihr Intereſſe er-
forderte, dem Fürſten noch immer wichtiger zu werden, wozu ſie nun freylich in der Folge viel beytragen konnte.

Jetzt, gnädige Frau, ſagt' er, hab' ich das ganze Spiel in Händen — ich habe den Auftrag, eine
vorläufige Konferenz mit dem Kanzler zu halten
und den zu diſponiren, daß er von den Statuten
ſchweigt — das iſt ein ungelenkiger und ſtrenger
Mann, der am Patriotiſmus und unzubeſtechender
Rechtſchaffenheit den Narren gefreſſen hat — er
hat nichts von der Geſchmeidigkeit des Hofmannes
an ſich — bis jetzt iſt's ihm geglückt, weil er mit
dem Fürſten immer gleiches Sinnes war — jetzt
iſt der Fall anders — ich werd' ihn noch mehr reizen, daß er all ſein Anſehn, alle Kräfte aufbietet,
die allerbündigſte, unzubeantwortende Remonſtra-
tion einzulegen. — Je mehr Wahrheit und Grund
er einer ſo heftigen und geliebten Leidenſchaft entgegen zu ſetzen hat, je mehr wird er den Fürſten
gegen ſich aufbringen. Nichts führt ſicherer zum
Falle, als Wahrheit, die man nicht hören will,
das wird ein Mittel ſeyn, ihn fortzuſchaffen, —
und denn ſind ein gut Theil Hinderniſſe gehoben.
Ich habe noch eine Idee, die der Fürſt ſchon gou-
tirt hat. Er muß mich nach Wien ſenden, muß
ſollicitiren, daß Ew. Gnaden in den Reichsfürſten-
ſtand erhoben werden — dann muß alles ſchweigen — und wir haben freyes Feld — —

Du biſt alles, ſagte die Dame, was ich mir
in dir wünſche, lieber — beſter Goldjunge —
Verſtand,

Verſtand, Intrigue, Attaſchement — ſolche Talente! Da nimm dieſe Verſicherung, daß ich dich
zur Belohnung zum erſten Miniſter zu erheben ſuchen werde — und indem drückte ſie ihm den wärmſten Kuß auf die Lippen — ſie ſanken mit einander feſt umſchlingenden Armen auf's Wolluſt ath-
mende Ruhebett, und ſie bot alle durch die Kunſt
erhobene Naturgaben auf, ihn im Ueberfluß ver-
ſchönerter Schwelgerey der Sinne zu berauſchen,
um ſich ſeines Eifers für ſie zu verſichern, und
Senkberg war verſchwenderiſch, um ihr Feuer
zu erwiedern, und unübertroffen, ſich ihrer Uner-
ſättlichkeit noch wichtiger zu machen.

Satan blinzte mit den Augen bey dieſem Schau-
ſpiel, nahm die Lorgnette und ſah' mit begierigen
Augen der ſchlüpfrigen Scene zu — die alte Sünde lehnte ſich traurig ihrem überjährigen Genoſſen
am Arme, und ſeufzete — Mademoiſelle Wolluſt
hauchte den ſüſſen Gift ihres Athems um ſich
her — die Begierde ergriff alle Teufel, die ſich
an ſolchen Scenen der Ausgelaſſenheit herzlich wei-
den, und, nach dem allgemach ſich einſchleichenden To-
ne, das Schlüpfriche unter die Schönheiten zählen-
ſie zitterten wie Beſeſſene. Iſt denn kein Mahler
da? rief Satan, den Kontur da möchte ich gerne gezeichnet haben, und das warme Inkarnat —
als wenn der Hauch des Lebens eine Figur von El-
fenbein beſeelte; wie das glänzt, wo nur etwas
vom Weibe und ihren reizenden Gliedern ſichtbar
wird — einen herrlichern Anblick hab' ich kaum
gehabt, ſo lang ich Satan bin — und wie brav,
wie

wie jugendlich der schlanke Junge sich nimmt —
ein zweyter Achilles — Nicht wahr, mein Kind?
indem er mit einem leichtfertigen Blicke auf seine
in eine Art von Entzückung gesunkene Tochter Wol=
lust herumsah, die mit in die Höhe gekehrten Au=
gen da saß, und nach Athem schnappte.

Da erhob sich der Erbprinz der Hölle, der
Neid wieß der frohtrunkenen Versammlung seine
gelbe Zähne, und von dem Augenblick fühlten alle
nur heissen ungestillten Durst, sein Hauch gieng
gerade vor sich, wie ein entnervender tödtender
Wind, und berührte Senkbergen in seiner Kraft,
die der Neid mit Verdruß sahe, und unser Held
sank wie ein vom Melthau getroffenes weikendes
Blatt — wie behext, ohnmächtig und entkräftet
darnieder. Die Dame erhob sich mit zufriedenem
Lächeln — betrachtete einen Augenblick mit groß=
müthigen Mitleid ihren ermüdeten Paladin, und
rief ihn mit edelmüthiger Grösse durch einen Kuß
in's Leben zurück — er schlug seine Augen auf,
fühlte seine süsse Trunkenheit, die ihn diesmal ganz
übernommen, und in solchen betäubenden Momen=
ten ihm den künftigen Minister, den Kanzler und die
Ambassade nach Wien völlig hatte vergessen machen.

Die Dame hatte indessen nicht das mindeste von
Kontenance verlohren — ein so allerliebster ruhi=
ger Sonnenschein war über ihr schönes Gesicht ver=
breitet, daß zur Noth der Beichtvater hätte kom=
men können, ohne zu unterscheiden, ob sie eben in
einem erbaulichen Buche gelesen, oder eine Tasse
Kaffe zu sich genommen hätte.

Drittes Stück.   B   Jetzt,

Jetzt, mein Lieber, sprach sie, mit dieser klei=
nen Stärkung geh! führe den Kanzler auf's Glat=
eiß — erhitze seinen Patriotismus bis zum Un=
sinn, sag' ihm, der Fürst würd' es freylich ungnä=
dig aufnehmen, wenn er ihm Gegenvorstellungen
machte, aber er würde von seinem Taumel erwa=
chen — und es ihm nachher danken, daß er sich
seiner staatsklugen Leidenschaft widersetzt hätte —
füge hinzu, daß du ihm Größe der Seelen zutrau=
test, auch ohne auf Dank zu rechnen, den man von
Fürsten nun eben nicht immer erwarten müsse, wenn
man nur wie ein ehrlicher Mann handelte, daß er
dennoch seine Pflicht thun würde. — Mit dei=
nem Esprit, lieber Senkberg, wirst du ihn schon
so zu leiten wissen, daß er gerade gegen die Mauer
läuft, und sich den Kopf zerstößt — und dann,
bester Junge! deine Idee, dich nach Wien schicken
zu lassen, die vergiß nicht. Das giebt dir selbst
eine Lüstre mehr, und des Etiquets wegen muß dir
der Fürst doch den Kammerherrnschlüssel erthei=
len — wie du da glänzen wirst! Ich seh's im vor=
aus, wie die Damens um dich her seufzen wer=
den — die ohnedem an Höfen so eine neue Er=
scheinung immer als eine Beute ansehen, für wel=
che eine jede ihre Leimruthe aushängt, den neuen
Vogel zu fangen — weißt du, daß die Wiene=
rische Damens sehr schön sind, und sehr verführe=
risch? — Aber keine Infidelitäten! das sag' ich
dir — — es müste denn seyn, daß dir die eine
oder die andere in unsern Absichten behülflich seyn
könnte — nun in diesem Falle dürftest du schon
                                    ein

ein übriges thun, und ich wollte sehn, ob ich's dir
verzeihen könnte.

Senkberg empfahl sich, etwas in Gedanken — um den Plan seiner vorhabenden Exploits
etwas in Ordnung zu bringen, begab er sich in den
Garten, wo er tiefsinnig auf und abgieng, sich endlich hinsetzte, und ein kleines Selbstgespräch
hielt — — —

Sie ist geübter als ich, sagt' er, ich nur noch
ein Lehrling — wie ich mich in allen Sinnen be-
rauscht fühlte! — und sie — bey allen animiren-
den Künsten und im Uebermaaß des Genusses blieb
sie kalt — und so nüchtern, als wenn sie ein Glas
Wasser getrunken hätte. Recht! so muß es seyn—
Die Leidenschaft der Ehrbegierde muß die Hauptrolle spielen, die übrigen müssen blos figuriren, nur
Dienerinnen der vornehmsten Paßion seyn Das
hat sie recht in ihrer Gewalt — die allersüsseste
Umarmung macht sie in ihrem Kalkul nicht irre,
wie viel's einbringt, erstickt den Gedanken nicht:
Fürstin zu werden — So eine ununterbrochene
Gegenwart des Geistes! Aber ich bin würdig ihr
Schüler zu seyn — Sie liebt mich nicht — ist
wie alle Weiber, die nur auf ihre eigene Befriedigung raffiniren, und ihr Selbst zum letzten
und einzigen Zweck machen, und sollt's uns allen den
Hals kosten — Gut! auch ich war nur einen Augenblick trunken — es für sie immer und eben so
ehrlich zu seyn, als der Fürst — ja! da würde ich
ihre Dupe seyn, wie er — würde, so bald's nöthig
wäre, selbst das Opfer ihrer Ehrsucht werden—

B 2   darinn

darinn will ich ihr zuvorkommen — will nicht umsonst in dieser Weiberschule gewesen seyn. Wenn
einer des andern betrogenes Opfer seyn soll, so ist's
besser, sie sey meines, als ich das ihrige, sobald
ich meine Absichten durch sie werde erreicht haben — geschwinderes Avancement und grössere
Vortheile habe ich vom Fürsten ohnedem nicht zu
erwarten, wenn ich ihm und dem Lande die wichtigsten Dienste erwiese, als durch dergleichen geheime Exploits zu Gunsten seiner Leidenschaft, und
weil's Eisen warm ist. Das eine wird immer wie
Schuldigkeit angenommen — bey dem andern —
o da können sie gute Worte geben! — da kann
niemand dringender, schmeichelnder, und besser
bitten, und eine erkäntlichere Sprache führen, als
ein großer Herr — gerade wie ein hochtrabender
Landjunker, der nie von seinem Mist gekommen ist,
der alle ehrliche Leute unter seinem Range für dienst-
bare Geister hält, und wie ein verschuldeter Hof-
kavalier, wenn er Geld braucht — selbst einem
reichen bürgerlichen Spitzbuben den Bart streichelt,
und mit dem Scharfrichter Brüderschaft trinken
möchte, wenn er ihm was lehnen wollte. So
ist's einmal in der Welt, und man muß die Umstände nutzen, wie sie da liegen — Indessen
sey's mir eine Lehre, nie andere Gesinnungen und
heisse Gefühle zu haben, oder zu grimaßiren, als
in so fern sie zum Hauptzweck führen, und Be-
förderungsmittel zu Ehren — sichere Stufen werden zum Tempel des Ruhms und der höchsten Größe
aufzuklimmen. Dann und wann, wo's nicht Folgen

gen hat, die meiner Hauptabsicht schaden, auch
den Sinnen so eine kleine Befriedigung, ein
abwechselndes Vergnügen zu verschaffen — das
mag hingehen. In so einem Fall aber — besser
der unerfahrnen Zärtlichkeit was vorzuschwatzen —
allenfalls mit dem warmen Herzen eines Kammermädchens zu spielen, als von so einer ausgelernten
Kokette sich enfiliren zu lassen. Alles um uns her
muß unsere Beute seyn, und — wir wollen sehen,
arme künftige Fürsten! wer in kurzem grösser seyn
wird, der Jünger oder sein Meister — —

Und damit sprang er auf, wie der rasche Held,
wenn die silberne Trompete zur Schlacht ruft —
mit Zuversicht, nach einem so herrlichen System,
als er sich geformt hatte, nicht fehlen zu können,
und durch dergleichen Grundsätze mächtiger zu seyn
als ein Fürst — der entweder von seinem eigenen
Herzen, wenn's ein gutes Herz ist, oder — von
andern dupirt wird, die ihm an Geist überlegen
sind — und voll großer Entwürfe gieng Senkberg
durch die lange belaubte Alleen, um den Anfang
zu machen, den Plan muthig auszuführen, den
sein zur Intrigue gestimmter Geist sich überdacht
hatte —

Es war der schönste Frühlingsabend, die zum
Untergang sich neigende Sonne sandte ihre letzte
Strahlen horizontal in die grüne Schatten, unter
welchen Senkberg fortwandelte, und effektuirte
eine schönere Erleuchtung zwischen den Blättern
als der Schein von tausend Lampen, — die künstlich geordnet, die Reihe von Lustbarkeiten eines

B 3 festlichen

feſtlichen Tages beſchlieſſen. Die Nachtigal ſchlug
in den einſamen Wipfeln ihren rührenden lauten
Geſang, und der Geiſt der ſchmelzenden Klagen
eines liebevollen Herzens ſtrömte aus ſüſſer Kehle
— der laue Athem des freundlichen Himmels
ſchwellte mit ſanfter Lebenswärme die Bruſt der
Frühlingsſänger — die Weſtwinde ſeufzten leiſe
zwiſchen den Blättern — Die ganze ſtille Natur horchte — wie der entzückte Freund der Harmonie bey dem bezaubernden melancholiſchen Ge-
ſange horcht, der von der himmliſchen Harmonika
fällt, wenn die geläufige Finger einer Schmidts-
bauerin die melodiſche Scheiben berühren*) — —
Jedes fühlende Weſen erweiterte ſich, die holden
unſchuldigen Freuden des herrlichen Abends zu genießen, und der Geiſt des unverdorbenen Menſchen dachte ſich das Lob des Schöpfers der Freuden — — Nur Senkberg gieng mit ſtarkem
Schritt und ohne auf die mannigfaltige Einladungen der ſchönen Natur zu achten, die das heiterſte
Ver-

---

*) Die Freunde der ſchönen Künſte mögen's mir Dank
wiſſen, wenn ich ihnen eine teutſche Grazie nenne,
die wegen der Seltenheit des Inſtruments, aus
welchen ſie die ſüſſeſten Töne einer ſanften melancholiſchen Melodie zieht, unter Virtuoſen und Liebha-
bern der Harmonie bekannt zu ſeyn verdient. Wer
für die ſchönſten Künſte Apolls Sinn und Fühlbar-
keit beſitzt, und zu Cölln am Rhein die Demoiſelle
Schmidtbauerin, Tochter des dortigen Kapellmeiſters,
auf ihrer Harmonika gehört hat, kann nicht
ohne Vergnügen an die angenehme Bezauberung
zurückdenken, die ſolche Momente verſchaffen.

Vergnügen in jede menschliche Brust sandten —
wie Ulysses mit verstopften Ohren bey dem
süssen Gesange der Meerheren vorüber — und
machte Entwürfe, den Kanzler zu stürzen, und die
Miene seines Freundes zu konserviren — in der
Gunst seines Fürsten zu steigen, in seinem Namen
zu regieren, unter dem Schein für das Beste eines
jeden, mit dem er in Konkurrenz kommen möchte,
sich zu verwenden — alle zu untergraben — der
erste und einzige zu werden, und selbst die Absichten der Frau von Tiefenthal zu befördern, in so-
fern die seinige durch sie begünstiget würden, und
sie auf einer Höhe zu sehen, von welcher er sie jedoch nach Umständen wieder herabstürzen, und alles von sich abhängig machen könnte.

Er traf, indem er diese Projekte in ein künstlich Gewebe ordnete, auf eine Laube, die seine
Blicke an sich zog —

Das Landmädchen, die zu kurze Zeit erst in
den Stand der Zoffen bey einer mit vieler Schein-
barkeit von Tugend maskirten galanten Dame ge-
treten war, um bereits die edle Einfalt und Unschuld, die sie ihrer ländlichen Erziehung und der
unverdorbenen Natur schuldig war, verloren zu
haben, hatte nach der schwülen Mittagshitze den
kühlen Schatten gesucht — hatte einsam zwischen
den duftenden Jasminwänden herumgeirrt, und mit
staunender Aufmerksamkeit die ganze Fülle der
Natur genossen — und die süsse Unruhen in jedem Pulsschlage ihres wallenden Bluts und die
immermehr sich entwickelnde Sprache ihres war-
B 4 men

men Herzens ſtudirt, jetzt aber in der Laube auf
einer Raſenbank ſich hingeworfen, und ſich einem
leichten Schlummer und ihren Träumen überlaſſen —

Der Liebhaber der Natur kann ſich nichts rei-
zender vorſtellen, als dieſe Figur in ſo einer Lage,
an welcher die gezierte Kunſt nicht den geringſten
Antheil hatte —

Mahlt ſie euch ſelbſt in der wärmſten Einbildungskraft, ihr Kenner und Freunde des Schönen, und wenn ihr die Ideen, aus welchen ihr ſo
ein Gemählde zuſammenſetzen müßt, aus dem alten Griechenlande, wo ſich die Leute auf Schönheit verſtanden und Preiſe drauf ſetzten — und
die Senekas und Sokraten drüber philoſophirten,
zuſammen tragen ſolltet — oder wenn ihr's näher
haben könnt — und ein Model wißt, das, ohne
euch Schmerzen zu machen, ihr anſchauen mögt,
ſo nehmts und formt euch ein Ideal, in welchem,
was die Natur reizendes hat, vereinigt iſt — und
mahlt euch das Mädchen, wie ſie auf dem ſanft
ſchwellenden Graſe da lag, in der Geſtalt einer
ſchlafenden Diana — nachläßig hingeſtreckt, mit
der ganzen liebenswürdigen Sorgloſigkeit — und
ſich dem unſchuldigen Spiele der Zephire überließ,
die keinem Mädchen was leides thun, die nur ſeuf-
zen, und bey aller Zierlichkeit im Liebkoſen der Tugend lange nicht ſo gefährlich ſind, als der raſche
Faun, dem's angebohren iſt, zuzugreifen, und mit
Bocksfüſſen und Hörnern weit furchtbarer iſt, als
— ein junger Herr, der aus Pommern oder Weſt-
phalen

phalen nach Paris zog in seiner Kraft, und so fein,
so leicht und — unschädlich wieder zurückkehrt,
als ein leichter Schmetterling, der von Blume zu
Blume flattert, jede mit seinem verfeinerten Fühl-
horn berührt, ohne eine zu kränken, nachdem er vor
seiner Verwandlung als Raupe, Blumen und
Blätter verwüstete — — mahlt sie euch in der
ruhenden Lage, die keinen Angriff befahrt, und sich
nicht im mindesten Defensionsstand befindet. —
Das Haupt rückwärts gelehnt, den kleinen halb-
geöfneten Mund in die Höhe gerichtet, wie die auf-
brechende junge Rose ihren frischen Karmin zeigt,
und sich bestrebt, über den sanften Purpur Au-
rorens den Preiß davon zu tragen — zwischen
der weissen feinen Stirn und den höher gefärbten
Wangen, auf welchen die letzten schieffallende
Strahlen der Abendsonne verweilten, da denn auch
die Bogenlinien von ein paar rabenschwarzen Au-
genwimpern, welche den Anblick des Himmels in
ein paar schöne Augen verdeckten. — Mahlt euch
die ganze Anmuth des unbewachten süssesten Kindes der Unschuld, das wie eine cyprische Grazie in
Grase ruht, und wenn ihr fertig seyd; so denkt
oder fühlt euch den Eindruck, den so eine Figur auf
den vorübergehenden Jüngling machen muß — —
Unser Kammerjunker blieb stehen, und sah'
sie an, wie ein Held, der des Siegens gewohnt
ist — jetzt aber vom Siege ermüdet, weißlich ökonomische Anschläge für den folgenden Tag macht.
Das wäre nun, sagte er sich selbst, so etwas en
passant — ein Bissen der Veränderung wegen,

B 5

wenn

wenn wir nicht eben von der Tafel aufgestanden
wären. Es braucht ja nun eben nicht immer solcher Delikateſſen, welche zu appretiren beyde In-
dien die Würze, und Frankreich oder Italien die
Kunſt hergegeben hat — auf der Reiſe und auf
der Jagd iſt man ſchon einmal mit weniger zufrieden
— verweilt bey einer Hütte, oder ruht unter einer ſchattigen Buche, und löſcht einmal den Durſt
mit Quellwaſſer — Das beſte iſt, hier attaſchirt man
ſich nicht, bey einem ſolchem Genuß brauchts keiner ſonderlichen Cirkonſpektion, und es hat keine
weitere Verbindlichkeit und Folgen — ſo ein Mädchen macht ein wenig Vorwürfe — vergießt ein
paar Thränen — Was iſt's mehr? die küßt man
weg, oder plaiſantirt drüber, bis ein Lächeln daraus wird, und — am Ende etwa eine Hochzeit
mit unſerm Haushofmeiſter oder Kammerdiener —

So philoſophirte Senkberg vollkommen im
fürſtlichen Geſchmacke, welchem zufolge eine Mar-
melade, die durch die ganze Kleriſey der Küche
gegangen, und durch zwanzig Hände präparirt iſt,
ehe ſie vielfach verbaut auf die hohe Tafel kömmt,
delicieuſer gefunden wird, als die friſche Frucht,
die der geringere Erdenſohn von ihrem Stamm,
an welchem ſie unberührt zur Reife gedieh', ſich
ſelbſt gepflückt, und ohne Appretur und Zuſatz von
Gewürzen, mit geſunden herzlichen Appetit und
unverdorbenen Gaumen genießt, und nicht nöthig
hat erſt Magentropfen zu nehmen, um das Ver-
dauungsvermögen herzuſtellen.

Dies

Dies ist indessen der Gebrauch so, der Land-
mann nimmt alles aus den Händen der Natur —
in grossen Städten gehts durch Vorkäufer, und
oft empfängt der größte Herr die besten Schätze
der Natur erst, wenn sie durch alle Hände gegangen,
von unten auf kredenzt sind, und dann erst zum
Mießbrauch des Geschmacks vom ersten Range für
dienlich gefunden werden — —

Senkberg fand indessen für gut, sich die Lektion seines Systems, was er sich eben gemacht hatte, zu überhören und zu versuchen: ob er ohne
Schwärmerey die Rolle eines Schwärmers spielen
und mit Leidenschaft freyer Seele den paßionirten
Amadis machen, oder zum Zeitvertreib mit dem
Lichte scherzen könnte, ohne sich die Flügel zu verbrennen, die er zu einem höhern Flug bestimmt
hatte. Er bedurfte ohnedem jemand, der ihm
von allem, und selbst von den geringsten Bewegungen der Dame Nachricht geben — und auch ihr
dann und wann eine Nachricht, eine Erzählung von
seiner Erfindung beybringen könnte, von welchen
er sich eine seinen Absichten gemäße Wirkung versprechen dürfte. Zu dergleichen ist nun in der
weiten Welt Gottes nichts geschickter, als ein ver-
liebtes weibliches Geschöpfe, das in der siedenden
Aufwallung der Sinnlichkeit, die es willfährig für
Sentiment und Zärtlichkeit nimmt und ausgiebt,
dem Abgott seines Herzens nichts verheelt, und
wenn die Welt darüber zu Grunde gehen sollte —
seine eigene Egarements allein ausgenommen, die
kein Teufel herausbringen wird. Wenn so ein
Mädchen

Mädchen nicht bereits wie unsere Frau von Ties
fenthal ganz Intrigue ist, so giebt sie doch ein
schönes Ressort, was sich in einem wohlgeordneten
politischen System von Intriguen mit Nutzen gebrauchen läßt, und in dieser praktischen Wahrheit dürfte wohl die Haupturfache liegen, warum
Zoffen in der Vorkammer manche Karesse capern,
und in der Komedie des Theaters und der Welt
die Soubrettenrollen nichts weniger, als un-
wichtig sind.

Senkberg stand, wie gesagt, vor ihr — mit solchen Spekulationen, die bey einem ähnlichen Anlaß ein anderer schwerlich würde gemacht haben,
und doch bey alledem mit dem Vorsatz, dem Ent-
zückten zu spielen, wie ihn ein jeder, der's nicht verschworen hat — so einem Beruf zu folgen, im
Ernst würde gespielt haben.

Er setzte sich leise ihr zur Seiten, erweckte sie
durch eine Präliminairkompliment, das — so sanft
wie der Westwind über ihren Lippen von dem seinigen hinschlüpfte, daß sie auffuhr, und doch auch
so bescheiden — daß sie nicht böse werden konnte.

Wie sie mich erschreckt haben, Herr von Senkberg, sagte sie, pfui, das ist nicht artig, einem so
nachzuschleichen — ich glaubte allein zu seyn, und
war eingeschlummert — —

Vergeben sie mir diese Indiskretion, mein Engel — hier konnten sie nicht lange allein und un-
entdeckt bleiben. Aber mich freut's, daß mich
das Loos traf, sie zuerst zu finden. Wenn ich hätte vorbeygehen wollen, um sie nicht zu stöhren, so
dürfte

dürfte ein andrer von unſern Hofcavaliren, die vielleicht hier im Schloßgarten promeniren, ihren
Schlummer mit nicht ſo viel zärtlicher Achtſamkeit
unterbrochen haben — und denn war ich zu eiferſüchtig, um einem andern den ſchönen Anblick zu
gönnen, mein liebes ſchlafendes Mädchen ſo voll
Liebreiz hier ruhen zu ſehen. Und auch ſie, mein
gutes Kind! nicht wahr? ſie ſind nicht mißvergnügt,
mich hier zu ſehen? Sehn ſie, ich bild mir ſchon
ein, daß ſie mir ein wenig gut ſind!

„Nun, wenn ich's denn wäre, wozu könnte
das dienen? Ich ſeh nicht ein, was das geben
ſollte?

Was das geben ſollte? mein Engel! wenn
man ſich gut iſt — — Woll'n wir denn etwa gar
einander gram ſeyn? das möcht ich auch wiſſen warum? Was brauchen wir ſoweit vorwärts zu ſehen
— genug wir ſind unterdeſſen einander gut. Sie
ſind hier fremd, mein Kind, ſehn ſie mich für ihren
Freund an — ich habe ſie lieb, ich werde mich
freuen, zu ihrem Vergnügen alles beyzutragen —
Sagen ſie mir nur, was ſie wünſchen, was ihnen
Plaiſir macht — —

„Sie ſind gar zu gütig, Herr von Senkberg,
war das Alltagskompliment womit das gute einfältige Mädchen gegen das Anerbieten der erſten
Lockſpeiſen replicirte,

Haſt ſchon angebiſſen, dachte der Kammerjunker und ſchlug ſeinen Arm ihr um den Leib. Sie
werden bey uns bleiben, mein ſchönes Kind, ſagte er weiter, ich will's ihnen im Vertrauen entdecken:

decken: ihre Dame ist dem Fürsten wichtig und — wird's noch mehr werden, ich treib's ihrentwegen, meine Liebe, Sie sind's, deren Glück mir am Herzen liegt, und um sie recht glücklich zu sehen, werd ich mich doppelt beeifern, alles zu Stande zu bringen, wie's seyn muß. Noch sind viele Hindernisse, die ich aus dem Wege zu räumen habe — alles kömmt drauf an, daß ihre Dame ein völliges Zutrauen in mich setzt, ganz auf meine Ergebenheit rechnet und — fals sie das mindeste Mißtrauen gegen mich faßt, daß ich's gleich weiß, um's aus dem Weg räumen zu können. Darinn können sie mir nun nützlich seyn — und mich besonders von allen ihren Bewegungen unterrichten. So bald's bekannt ist, daß sie unsere Fürstinn wird, denn wird sich ein jeder bey ihr empfehlen und auch, die sich bey ihr einschmeicheln wollen, die ihr im Grunde feind sind, und unsere Absicht lieber hintertreiben möchten. Sie sehen also, mein Engel, wie nöthig ist, daß sie alles beobachten, was vorgeht, und mir beständig Nachricht geben, was vor Leute ihr Cour machen, damit ich meine Demarschen darnach zu ihrem eigenen Besten einrichten kann. Aber daß wir uns lieben, daß muß ja niemand merken, um bey niemand Verdacht zu erregen. Wir wollen schon Gelegenheit finden uns zu sprechen, ohne daß eine Seele was merken soll. Dort in dem Seitenzimmer, vor ihrer Vorkammer, können Sie sich hereinbegeben, um von dem schönen Prospekt zu profitiren — dahinein kann ich durch eine Tapetenthür kommen, und weggehen,

ohne

ohne beobachtet zu werden — und wenn die wich=
tige Angelegenheit mit ihrer Dame erst in Ordnung
ist — denn soll ihr Etablissement unsere Sorge seyn.

Das Wort Etablissement hat für ein Mäd=
chen einen ganz ausnehmenden Wohlklang — es
glaubt des Worts wegen den Mann zu lieben.
Wenn's die Grösse seiner Zärtlichkeit abwägen will,
so wird nur die Solidite des Etablissements als ein
untrieglich's Gewicht in die andere Schaale ge=
legt — und es hat mit dem Ausschlag des Herzens
seine unbezweifelte Richtigkeit.

Die Zoffe fühlte in sich eine so wahre Ergeben=
heit gegen den Kammerjunker, daß sie aus Liebe
zu ihm ihre gebietende Frau hundertmal verra=
then und verkauft haben würde — Sie frug sich
nicht erst lange, ob das alles so recht sey, was ihr
zu thun Senkberg auferlegt hatte — und denn so
hatte er ihr alles mit einem so decisiven Ton dik=
tirt, und daß sie sich beyde einander gut wären —
nur ein gemeinschaftlich Interesse hätten, so fest
vorausgesetzt — als es seyn muß, wenn man den
Beweiß von hinten zu führen anfängt und die Vor=
dersätze überhüpft, damit's keinem einfallen kann
zu examiniren, ob's damit so völlig richtig ist? son=
dern sie gleich auf guten Glauben als unbestrittene
Axiomata annimmt.

Von dieser künstlichen Ueberredung wurde der
Uebergang zu einem andern Aft gemacht, und dem
Mädchen noch so viel schönes vorgeschwaßt — als
nöthig war, ihr's Gehirn vollends wirbelnd zu ma=
chen — auf das alles durch ein paar wohlange=
                                            brachte

brachte herzhafte Umarmungen das Siegel gedrückt, und geschwind empfohlen, um zu wichtigern Exploits fortzuschreiten.

Die Scene veränderte sich, und Senkberg erschien mit dem Kanzler in einem neuen Zirkel.

Wenn der Fürst, sagte der letzte, nach seinem Wohlgefallen handeln und alle Consiberationen bey Seite setzen will, so habe ich nichts zu sagen, ist aber die Frage: ob sein Vorhaben mit den Verfassungen bestehen kann? so folgt die Antwort von selbst.

„Dahin geht die Absicht, Ew. Excellenz — nach den Grundgesetzen des Landes und nach den garantirten Constitutionen wünschet der Fürst Ihr Gutachten — und um deswillen hab' ich sie präveniren sollen, damit sie etwas Zeit hätten, auf so eine kleine Deduktion zu denken, wodurch vor den versammleten Landständen der Fürst völlig über diesen Schritt gerechtfertiget, und sein Vorhaben mit den Gesetzen vereinbart würde.

Das heißt: ich soll die Constitutionen verdrehen, und ihnen einen Sinn andeuten, den sie nicht haben — —

„So ungefehr, ihre Excellenz. Ich bin überzeugt, daß sie zu dergleichen nicht fähig sind. Der Hofprediger hat leider den Fürsten in dem allen bestärkt, meynt, daß ein kluges Nachgeben zu seiner Zeit statt finden dürfe, und da die Frau von Tiefensthal sich eine Gewissensssache daraus macht, nur die Geliebte des Fürsten zu seyn, und sich bey der Dispensation des Geistlichen nicht beruhigen will, so müsse der Fürst zugreifen, und die Landesverfassung

sung übern Haufen stossen, dieser dagegen wünscht sich zwischen dem Gewissen und den Constitutionen durchzuschlen, und um der öffentlichen Meynung willen den Grundgesetzen mit einer geschickten Explikation zu Hülfe zu kommen.

„Herr Kammerjunker, ich kann nicht glauben, daß diese Meynung von seiner Durchlaucht kömmt. Der Fürst ehrt die Gesetze und ist unfähig von mir zu fodern, sie zu verdrehen — den Hofprediger kenne ich, und auch die Behelfe der Klugheit, wie er's nennt, um den Zügel des Gewissens anzuziehen und nachzulassen, wie's sein Vortheil mit sich bringt. Daß sich doch diese Herren so gern in Angelegenheiten mischen, die nur den Staat angehen! Es thäte Noth, ihnen selbst den Zügel etwas kürzer zu fassen und sie in etwas engere Gränzen — mehr in die Grenzen ihres Amts zu halten. Wenn man die Richtigkeit ihres Kanons im mindesten bezweifelt, und nur prüfen will — nicht ihre Machtsprüche sofort mit aller Demuth als ein Evangelium annimmt, was das gleich für ein Lerm wird — diese Herren lieben den Despotismus, aber nur an ihren Händen, oder um ihren diktatorischen Meynungen Nachdruck zu geben, und Tyrannen des Volks und ihrer Regenten zu seyn. Dem Charakter des Hofpredigers mag's angemessen seyn, zu dispensiren nach seinem Sinn, Explicationen zu machen, und mit dem Gewissen Komödie zu spielen — der meinige verstattet keine Verdrehungen. Wenn ich gefragt werde, so muß ich nach den Statuten sprechen. Die sind keiner Zweydeutigkeit unterworfen.

Drittes Stück.   C   „Euer

„Euer Excellenz erlauben — der Fürst sieht
die Schwierigkeiten von dieser Seite ein. Es
wird vorzüglich darauf ankommen, ob solche nicht
dadurch gehoben werden könnten, wenn die Erhebung der Frau von Tiefenthal in den Reichsfürstenstand könnte ausgewirkt werden?

Darauf kömmts nicht an, Herr von Senks-
berg. Sie ist und bleibt immer seine Unterthanin, und der Landesherr kann sich mit keiner von seinen Vasallinnen vermählen — und denn ist man
ohne wichtige politische Ursachen nicht so freygebig
mit dem Erheben im Reichsfürstenstand — —

„Mein Auftrag ist zu Ende, ihr Excellenz.
Vorläufig werde ich seiner Durchlaucht Ihre Sentiments melden — das weitere wird der Fürst selbst
mit Ihnen in Ueberlegung ziehen — —

Der Kammerjunker empfahl sich, erschien in
seinem Zimmer allein, und hielt nach der beliebten
Manier dramatischer Schriftsteller, die sich nicht
anders zu helfen wissen, wenn sie die Gedanken
des Herzens einer einzelnen Person, die nicht gleich
einen Vertrauten bey der Hand hat, offenbaren
wollen, ein zweytes Selbstgespräch:

Der Fürst, sagte er, kann keine Unterthanin
zur Gemahlin nehmen? — das Ding hat Wahr-
scheinlichkeit — da müssen wir gescheit seyn und
eine andre Wendung nehmen. Was gehts mich
an, ob die Tiefenthal ihre Absicht erreicht, und
ihre ganze Eitelkeit befriedigt wird, wenn ich nur
meinen Zweck erlange. Auch würde ich auf einmal aufhören, ihr unentbehrlich zu seyn, wenn sie
einmal

einmal Fürstin wäre — ich muß sie stufenweiß
führen. Der Fürst ist zufrieden, wenn er sie hat —
wie? unter was für einen Titel? das ist ihm
gleich) — sie wird immer denken: besser etwas
als gar nichts, und mit der Hofnung weiter zu kommen, muß sie mich menagiren. Schlechtweg Maitresse — das geht nicht an — die Maske von
Tugend und Gewissen brauchen wir länger, und
der Abfall — darauf auf einmal zu resigniren —
wäre zu stark — — Eine Vermählung ad mor-
ganaticam! — damit ist allen geholfen — sie
wird Erben bekommen, davor werden wir sorgen — der Erbprinz bekommt die Auszehrung,
wenns nöthig ist — und so eins nach dem andern — mit dem Kanzler muß auch nicht
übereilt werden — genug, wenn vorerst der Grund
gelegt wird, dem Fürsten bös' Blut gegen ihn zu
setzen — nach und nach, wenns so weit ist, in seine Stelle zu treten, dann ist's Zeit genug, ihn
auf sein Landgut zu schicken — —

· Gnädigster Fürst, sagte Senkberg in der
folgenden Scene — ich habe den Kanzler längst
auf allen seinen Schritten gefolgt, ihn längst in
Verdacht gehabt, daß er Eur Durchlaucht nichts
weniger als persönlich attaschirt ist — ich bin jetzt
überzeugt, daß ich nicht geirrt habe. Er gab mir
nicht undeutlich zu verstehen, daß in einem Lande,
das seine Gerechtsame und Statuten hätte, es
nicht darauf ankäme, was der Wille des Fürsten
sey, daß dieser nur der erste Diener der Gesetze,
und gerade der letzte wäre, der in Konsideration

C 2   gezogen

gezogen werden müsse. Mit einem Worf, gnädiger Herr, der Kanzler mit seiner ganzen Ehrlichkeit, womit er so viel Gewäsch macht, scheint mir nichts mehr, als ein Despot, der die Trommel der Wahrheit und Freymüthigkeit rührt, um alles nach seinen Grillen zu regieren, und unter dem Schein, die Gesetze aufrecht zu erhalten, den Mentor zu machen und Euer Durchlaucht selbst Gesetze vorzuschreiben — —

Vor einen so jungen Höfling fiengs Senkberg gut genug an, einen wirklich ehrlichen Mann seinem Herrn verdächtig und verhaßt zu machen. Der Fürst hatte gute menschliche Eigenschaften, und war ziemlich religios, fürchtete den Teufel von ganzem Herzen, und suchte ihm in dieser und jener Welt so viel als möglich aus'm Wege zu gehen, wenn er ihm nicht etwa in der Gestalt einer schönen Frau in den Weg kam, und gar zu lieblich aussah', um vor ihm vorbey zu schielen; aber bey alle dem, unter uns gesagt, ziemlich schwach — besaß wenig Selbstständigkeit, und dachte meistentheils mit andrer Leute Verstand. Er war folglich argwönisch — nur nicht da, wo ers seyn sollte — eifersüchtig auf die, welche mit höhern Geisteskräften ihre Einsichten nicht den seinigen subordinirten, und bey aller Gelenksamkeit gab er sich nicht leicht ein Dementi, daher eine üble Meynung, die er einmal von jemand gefaßt hatte, schwer auszurotten war.

Dabey war er mit seinem Groll, den er gegen jemand gefaßt hatte, ziemlich geheim, und ließ

ließ es nicht leicht zur Erplifation kommen, aus
Furcht detrompirt und widerlegt zu werden — auſſerdem aber eine gar ſanfte Seele, und würde als
eine Privatperſon einen guten Ehemann, an der
Seite einer Frau, die ihm ihren eigenen Willen
als ſeine Anordnungen abgeſchmeichelt hätte —
und einen vortreflichen Pflegevater abgegeben — ſeine Kinder mit wohlgeordneter Oekonomie gekleidet
nnd genährt, und für ſie zurückgelegt — ihnen ſelbſt
die zehn Gebote und den Glauben gelehrt, auch
zu Zeiten das kleinſte gewiegt, und im Schlafe
gelulet haben.

So wenigſtens nahm ihn Senkberg, und da
er eben gegenwärtig, der Kanzler aber abweſend
war, ſo war's natürlich, daß er recht hatte — und
der Fürſt, wie alle gute Leute, wenn ſie ſich in der
gehabten guten Meynung von jemand mit recht
oder unrecht betrogen glauben, fieng zwiefach
Feuer — —

Deine Beobachtungen ſind richtig, Senkberg,
unterbrach der Fürſt, und ward warm vor der
Stirn — der Kanzler iſt ſtolz und eigenſinnig, und
will immer Recht haben. Er mißbraucht meine
Güte und — ich bins müde, mir immer die Geſetze und Gerechtſame und dergleichen, wohinter er
ſeinen Eigenſinn verſteckt, entgegenſetzen zu laſſen.
Er kann ſeine Dimißion haben — —

Geruhen Euer Durchlaucht, fuhr Senkberg
fort, meinen fernern Bericht zu vernehmen, Ich
hab' ihm, was die Frau von Tiefenthal angeht,
nur alles diskurſive und als meine Meynung vor-

C 3   getra-

getragen. Da ich selbst mit dem Staatenrechte
und Landeskonstitutionen, aus welchem ich um
mich zu Euer Durchlaucht Dienst zu qualificiren,
jedoch meine Sache mache, nicht völlig familier
bin, und es jetzt darauf ankam, die Schwierigkeiten zu wissen, die Euer Durchlaucht Wünschen
entgegen stehen; so setzte ich ihn en train und besonders durch das Mittel des Widerspruchs, um
alle Erläuterung über diesen Fall von ihm zu erhalten — daß die Frau von Tiefenthal eine Un-
terthaninn ist, scheint der Vermählung schlechterdings entgegen zu stehen — aber nicht Eur Durchlauchten Wünschen, sie zu besitzen, — — —
Das war eine Wunde und ein Pflaster mit einem
Schlag — —

Wie meynst du das, Senkberg? fiel der
Fürst ein — Freylich kann sie meine Gemahlinn
nicht werden, wie ich's ihr versprochen habe, um
sie nicht zu verlieren — ich hab's nachher näher
überlegt, und deshalb hätte man nicht nöthig gehabt, erst das Statutenregister, den Kanzler zu
fragen — aber wie kann ich sie überreden, meine
Geliebte zu seyn? da sie eine Gewissensache draus
macht, und der Hofprediger sie drinn bestärkt, und
mir da auch mit seinen Gesetzpredigten im Weg
kommt.

Zwischen beiden Heerstraßen ist ein Fußpfad,
gnädigster Herr — die Frau von Tiefenthal liebt
Eur Durchlaucht — nur ihr Gewissen will beruhigt
seyn, das kann geschehen, wenn eine Vermählung
ad morgonaticam statt findet, und sie Eur Durchlaucht

laucht in der Stille zur linken Hand angetraut wird.
Und darüber braucht niemand gefragt zu werden—

Das bin ich gern zufrieden, lieber Senkberg,
erwiederte der Fürst, aber wird sie's zufrieden
seyn?

„Ich nehm's auf mich, gnädigster Herr ——“
Ha! wenn du das könntest! Senkberg, deine Treue, dein Eifer für unsre Person wird mir
immer werther. Du bist für die Geschäfte gebohr-
ren, und ich werde einen Mann aus dir machen ——

„Ein kleines Stratagem dürfte nöthig seyn.
Euer Durchlaucht reisen aufs nächste Lustschloß.
Von dort erhalte ich ein Handschreiben, das zu
diesem Zweck abgefaßt ist — das übrige wird meine Sache seyn, wenns Euer Durchlaucht mir überlassen wollen — —

Die Scenen wurden verwechselt. Senkberg befand sich im Appartement der Dame. Dies
ist, sagte er, die entscheidende Stunde, wo's in
der geheimden Konferenz wegen der Vermählung
meiner künftigen Fürstinn, mit den Statuten ausgemacht wird — den Kanzler hätte ich nicht nöthig
anzureizen, eine förmlich republikanische Sprache
wie an der Spitze einer entschlossenen Oppositions-
partey zu führen — der Fürst war ihm nichts —
die Verträge alles, und das habe ich nun mit solchen Färbchens hinterbracht, daß er wie ein offen-
barer Meutmacher aussieht, auch thats trefliche
Wirkung, und ich hoffe, daß man ihm nächstens
auf seinem Landgute die Visite wird machen können. Ich hab's veranstaltet, daß ich den Aus-

C 4   fall

fall der Deliberation sogleich durch einen Expreſſen
erfahren werde.

Ich bin, ſagte die Dame, ausnehmend begierig — nur heut wünſch' ich dem Fürſten Entſchloſſenheit — nachher woll'n wir ihn der Mühe
zu beſchließen und beym Beſchluß zu beharren,
gern überheben — Aber warum hat er dieſe Konferenz auf ſeinem Luſtſchloß angeſtellt?

Das geſchiehet mehrmals, gnädige Frau! ſonderlich wenn Sachen ganz in der Stille in Ueberlegung gezogen werden ſollen — und dann war der
Fürſt zu unruhig und glaubte, daß ſeine engbrü-
ſtige Liebe ihn in freyer Luft beſſer behagen würde —

Es war eine unruhige Stunde vor die Frau
von Tiefenthal, wenigſtens — bey allem kalten Blut,
mit welchem dieſe Menſchenart verſehen iſt, wenn
ſie Anlagen der Kabale bearbeitet, fühlte ſie alle
die auffahrende Schauer der Erwartung, welche
immer ſtärker werden, jemehr der entſcheidende
Moment ſich nähert — Es gieng ihr, wie allen
Ränkeſchmiedern groß und klein, die ihre Projekte
mit mathematiſcher Gewißheit von allen Seiten
verſchanzen, und dem zweifelhaften Erfolg erſt mit
ängſtlicher Ungewißheit entgegen beben, wenn er
ihnen dicht unter die Augen tritt — und das ſind
noch die klügſten, die zur rechter Zeit zu zweifeln
anfangen und nicht eher ganz feſt glauben, bis ſie
ſehen und halten, wornach ſie greifen.

Senkberg ſympatiſirte mit ihrer Unruhe, oder
that wenigſtens ſo, übrigens ward dieſe Zeit der
Erwartung — überaus weiſe und ohne anderwei-
tige Diſtraktionen zugebracht — —   Sie

Sie werden gesucht, Herr von Senkberg,
sagte die Zoffe, indem sie die Thür öfnete — ein
Bedienter des Fürsten verlangt Sie draussen zu
sprechen — —

Der bringt Nachricht, gehn Sie, mein lieber
Senkberg, sagte die Dame — nun ist's entschieden — bringen Sie's mir gleich herein, was Sie
erhalten — — Wie mir's Herz schlägt! — —
Einige Augenblicke wartete sie in heftiger Bewegung — stand auf und setzte sich wieder — lief selbst
nach der Thür, Senkberg kam ihr bereits wieder entgegen, mit einem Brief in der Hand —
Vom Fürsten selbst ein Handschreiben, gnädige Frau
— eine Einlage an Sie — — das Siegel wurde
aufgerissen, sie las:

Madame, ich bin getheilt zwischen meinen
Pflichten, und meiner Zärtlichkeit für Sie, und
von beyden das Opfer — Nichts kann mich von
dem Gesetz dispensiren, das mir nicht gestattet,
mich mit einer Frau, die ich über alles liebe, zu
vermählen. Sie lieben mich zu wenig, um ohne
diese Bedingung die Freuden der Zärtlichkeit und
alles was ich in meiner Gewalt habe, mit mir zu
theilen. Es bleibt mir also nichts übrig, als mich
selbst und meine Ruhe ihren Bedenklichkeiten aufzuopfern. Ich werde hier auf meinem Lustschlosse
bleiben, ob mir dies gleich so öde scheint, als mein
Palais in der Residenz, weil Sie mir fehlen. Sie
werden indessen auf meine Anweisung Proben erhalten, daß Sie mir höchst werth sind. Leben
Sie wohl, Madame! glücklicher als Sie mir zu

seyn

seyn verstatten rc. Was ist das, Senkberg!
sagte die bestürzte Frau von Tiefenthal, da sie
sah, daß ihr ganzes schönes Projekt gescheitert
war — — Geschwind deinen Brief, laß' sehn,
was er dir schreibt.

Mein lieber Senkberg! Alle deine Anschläge
sind nichts. Der Punkt, daß ich mich mit keiner Unterthanin vermählen kann, ist unübersteig-
lich. Ich erspare mir den Verdruß, diese Frau
wieder zu sehen, die das Vergnügen meines Lebens würde gewesen seyn. Trage Sorge, daß
alles zu ihrem Befehle sey, wenn sie auf ihre
Güter zurück geht. Ich wollte, daß du ein Mittel wüßtest, über ihre übertriebene Bedenklichkeit
zu siegen. Wenn du es kannst — so halt den
Brief an Sie zurück, und gieb mir gleich Nachricht. Ich bin dein affektionirter N. N.

Da haben wir's! und sie weinte vor Bosheit,
dachte ich's doch, daß er ohne alle Festigkeit, ohne allen Entschluß sey — Was nun? Mich im
Wagen zu setzen, und auf meine Güter zu reisen?
— Sprich doch! Wie du da sitzst, als wenn du
den Kopf verloren hättest — —

Ist das zu verwundern? gnädge Frau — Wer
kann da Contenance halten? So ein unerwarteter
Schlag! Aber der Fürst liebt Sie, gnädge Frau
— — die Sache muß schlechterdings nicht thun-
lich seyn — Ich wette, daß er leidet — Er dauert
mich wirklich — —

Dauert dich, Senkberg! Ueber die sanfte Seele! Ich habe mich also sehr in dir geirrt, wenn dich
jemand

jemand dauern kann, auf den wir's beyde angelegt hatten, auf dessen Kosten wir uns beyde erheben wollten — und meine Situation? o die ist
dir wohl ganz gleichgültig! nicht wahr?

„Gnädge Frau! Sie martern mich mit solchen Vorwürfen — ohne auf die Beförderung meines eigenen Glücks zu denken — blos aus Attaschement für Sie hätte ich mein Leben gewagt, um
etwas zur Erreichung zu der Absicht beyzutragen,
die immer eine grosse und fürstlichgesinnte Seele
fassen konnte — hat mich nicht Eifer und Thätigkeit herumgetrieben, um alles in Bewegung zu se-
zen, den Fürsten mit jedem Wort, das ich ihm
sagte, zu hintergehen, und — —

Geschwäz machts jezt nicht aus, Senkberg —
es ist kein Geheimnis mehr, daß mich der Fürst
liebt — der Hofprediger weiß es — das ist eben
so gut, als wenns schon in den Gazetten stünde. So
eine feile eigennüzige Seele — wenn der erst sieht,
daß ich wie eine Verstossene zurückreise — daß es
der Fürst nicht einmal hindert — — da bin ichs
Thema zur Stadt = und Landpredigt — und auch
die Freude kann ich nicht noch haben, den wider-
wärtigen Kanzler zu Grunde zu richten — Ich
rase! und wenn ich niemand habe, gegen den ich
wüthen kann, so wirds gegen dich seyn — —

„Sie spannten die Saiten auf einmal zu hoch,
gnädge Frau! — unter jedem andern Titel oder ohne
Titel als blos unter dem Ihrigen, und als eine Freun-
dinn des Fürsten — bey einer geheimen Komplaisan-
ce gegen seine Leidenschaft hätten Sie alles über ihn
vermocht

vermocht — von dem Augenblick an hätten Sie
mehr regiert als er — —

So weise bist du jetzt auf einmal? und nun
soll ich auf einmal so weit herunterlassen? das möchte eine Rolle seyn, die sich für dich schickte — für
mich nicht, Senkberg!

Sie sind aufgebracht, gnädige Frau! ich bitte, beruhigen Sie sich. Es ist noch nicht alles verloren, ohne von der betretenden Bahn zu sehr ab-
zuweichen — — noch könnte man mit guter Art
wieder einlenken und alles das erhalten, was zu
erhalten möglich ist — Euer Gnaden haben den
Brief des Fürsten nicht gesehen, wissen von allem nichts — ich gabe ihm ein, Ihnen eine Vermählung an die linke Hand als den einzigen Ausweg zu proponiren, um auf der einen Seite nicht
gegen Grundgesetze zu verstossen, und auf der andern nicht die Tugend, die nun schon einmal zur
Hand genommen ist, und nicht so gerade zu weg-
geworfen werden kann, zu beleidigen — der Fürst
sucht Ihre Einwilligung mit zärtlichem Ungestüm
— — und Euer Gnaden werden wissen, wenn's
Zeit ist — mit bonne grace ihn unwiderstehlich
zu finden.

Das Ungewitter in dem Gesicht der Dame,
deren Gesichtszüge so gut gemacht waren, eine Grazie nachzuahmen, als eine Furie vorzustellen, legte sich allgemach, sie ward aufmerksam — denn
gieng sie nachdenkend im Zimmer auf und nieder,
biß sich noch etlichemal in die Lippen, und nahm
endlich ihre Parthie, so gut sie konnte.

Hier

Hier ist, sagte sie, also nichts anders zu thun.
Da hast du den Brief wieder — ich will nichts gesehn, nichts gelesen haben — ich überlasse dir alles — es wird nöthig seyn, mit deinem Vorsatz
selbst zum Fürsten zu gehen — du mußt mit mir noch
von nichts gesprochen haben — Er muß selbst in
mich dringen — mich überreden. Lieber Senkberg, wenn ich nicht so ganz auf dich rechnen könnte! Sieh' wie ich mich dir vertraue — aber du hast
Delikatesse und — liebst mich — Nicht wahr,
Senkberg? und — da nahm sie ihre ganze Gabe
der süssesten Schmeicheley wieder zu Hülfe, um
ihn sich mit alle dem Jugendfeuer zu attaschiren,
das jetzt in seiner frischen Flamme nicht erlöschen
muste, um nicht das Opfer ihres Zutrauens zu
werden — —

Sie fühlt's, so bald Senkberg weg war, um
seine Rolle beym Fürsten zu spielen, wie sehr sie
jetzt von der Diskretion eines jungen Menschen
sich abhänglich gemacht hatte, und — ganz in seiner Hand war, so bald ihm beliebte, ihr mitzu-
spielen — die argwöhnische ängstliche Besorgnisse,
die der Intrigue auf jedem Schritt folgen und überall den Verräther fürchten lassen, machten ihr
den Kopf schwindlicht, und sie muste ihre Sicherheit in einer neuen Anlage suchen.

Das beste ist, sagte sie, daß ein junger Mensch
sich nicht zu kaschiren versteht, sobald die Hitze seiner Leidenschaft zu verrauchen anfängt — So lange er mit Hitze den geheimen Momenten entgegen fliegt, wo er in meinen Armen sich glücklich
findet,

findet, und — durch mich seine Erhebung zu befördern glaubt; so lang hat's nichts zu bedeuten,
und wenn ich merke, daß er kalt wird, oder einen
finde, der mir besser convenirt, ist dieser wegzu-
schaffen.

In der Erwartung eines baldigen Besuchs von
Fürsten, machte sie hiernächst ihre Toilette — so
zierlich, und so mit ausgesuchten Geschmack und
auch so angenehm nachläßig — um das Auge des
Fürsten zu frappiren, und — doch nicht die Miene
zu haben, als wenn sie eben ausserordentlich erscheinen wolite.

Senkberg fand für dienlich, seinem eigenen
Plan zu folgen, und sich weder an Lektion der Dame zu binden, noch den Fürsten mit dem wahren
Hergang der Kapitulation vertraut zu machen. Er
erzählt's so, daß er das Verdienst allein für sich behielt: wie er vor Eingang der Briefe ihr schon die
Unübersteiglichkeit der Schwierigkeiten begreiflich
gemacht, und seine Furcht geäussert hätte — und
wie er, um ihr nichts zu sagen, was ihre Tugend
beleidigen könnte, von fern auf den bewußten Mit-
telweg angespielt, und sie aufmerksam darauf gemacht hätte, und fest glaubte, daß mit diesem
Antrag seine Durchlauchten nicht vergeblich, und
bey einem nochmaligen persönlichen Sturm auf das
Herz einer Dame, das so fühlbar sey, einen Versuch machen würden, nach alle dem, was er gethan
hätte, um sie durch die vortheilhafte Eindrücke vor
einem so liebenswürdigen Fürsten vorzubereiten —
Das alles trug er so geschickt und so gut vor, daß
der

der Fürst schwerlich würde haben bestimmen können, ob seine erkenntliche Wärme für einen so
treuen Diener, oder seine Freude, sich nun bald
auf eine gute Art zu den Umarmungen einer schönen Frau berechtigen zu können, das Uebergewicht hätte.

Der Direkteur des Spektakels fand vor gut,
hier einige Scenen zu überhüpfen — mit der Kenntniß der Welt und derer bereits hinreichend entwik-
kelten Karaktern, welche er bey seinen hohen Zuschauern voraussetzte, die dergleichen Manegen
mehr gesehn hatten, erlaubte er sich einen kleinen
Sprung, und eröfnete neue Lagen — In dem folgenden Akt war alles in Ordnung gebracht, wie es
zur allseitigen Zufriedenheit nöthig war.

Die Frau von Tiefenthal hatte jetzt ein eigenes wohleingerichtetes Haus, nahe am fürstlichen
Palais und — eine geheime Kommunikation, mittelst verborgener Gänge und Thüren, führte aus
dem Schlafzimmer des Fürsten in das Zimmer
der Dame.

Ausserdem war die ökonomische Einrichtung
völlig separirt. Nach einem der Freygebigkeit des
Fürsten anständigen Etat konnte sie einen förmlichen
kleinen Hof unterhalten, eine artige Tafel, As-
sembleen, Equipage und Livree, die sich nur durch
einen mehr modernen Geschmack von der alten Livree
des Hofes unterschied, in welcher weder im Schnitt
noch in den Borten seit funfzig Jahren bis dahin
nicht die mindeste Veränderung gemacht war —
und um ihr den Aufenthalt desto angenehmer zu
machen,

machen, wurde dieſer Hof, an welchem bisher der
Geiſt eines ewigen Einerley's geherrſcht, und alles
ein gar ökonomiſches Anſehen hatte, auf einmal
glänzend — Operiſten und Komödianten, Virtuo=
ſen und Tänzer floſſen von allen Seiten, wie in
dem Mittelpunkt der Künſte und Luſtbarkeiten, zu=
ſammen. Die Feſtivitäten wurden von Senk=
berg, der jetzt ſchon bis zum Hofmarſchall und
Direkteur de Spectacle geſtiegen war, ſo regel=
mäßig geordnet, als der einförmige Gang der Ge=
ſchäfte in der Landesregierung und Staatsökonomie
bis daher von dem Kanzler war geordnet worden.

Zu denen neuen und auſſerordentlichen Staats=
ausgaben, zur Errichtung eines Theaters, einer
ausgeſuchten Kapelle, und zu den kleinen Be=
dürfniſſen der Frau von Tiefenthal, die nicht auf
ihrem Etat ſtunden — und doch zur Ehre ihres
Geſchmacks und ihres prachtliebenden Geiſtes ganz
artige Summen erfoderten, muſte nun zuvörderſt
die Chatoulle des Fürſten, welche durch eine lange
Räthlichkeit ziemlich angefüllt war, herhalten.
Dieſer Fond wurde aber bald erſchöpft — und die
Frau von Tiefenthal hatte ſo viel nöthig, daß die
für ſie ausgeſetzte Summen nicht weit reichten.
Der Fürſt gieng deshalb mit ſeinem Liebling zu
Rathe, in deſſen Departement ſonſt eigentlich nur die
Ausgaben gehörten, und die Sorge, die Landes=
revenüen weißlich anzubringen, ſo wie es die
Schuldigkeit des Kanzlers als Chef der geſammten
Angelegenheiten mit ſich brachte, die Bedürfniſſe
des Hofes herbey zu ſchaffen. Und auch die Frau
von

von Tiefenthal hatte öftere kleine Konferenzen mit
ihrem Vertrauten, um sich neue Zuflüsse zu verschaffen, sowohl ihren Aufwand zu bestreiten als
auch für die Zukunft ernstlich Bedacht zu nehmen,
und sich auf alle Fälle in Sicherheit zu setzen.

Senkberg hatte das natürliche Talent, niemals
verlegen zu seyn — Er versicherte den Fürsten, daß
die Quellen seiner Revenües und Staatsvermögens
noch nicht zur Hälfte genutzt würden, daß er diesen
Theil der Staatswirthschaft in seiner Vernachläßi-
gung lange mit Mißvergnügen angesehen hätte,
weil's ausser der Sphäre seiner ihm angewiesenen
Pflichten läge, nichts davon habe sagen wollen, jetzt
aber, da seiner Durchlauchten ihn drüber sprächen,
er sich pflichtschuldigst anerböte; einen detaillirten
Plan zu überreichen, und darzuthun, daß der Fürst
ganz ansehnlichere Revenüen ziehen könnte, als bisher geschehen wäre.

Im Grunde wuste der Herr Hofmarschall besser,
einen Küchenetat zu projecktiren, und die Kosten einer neuaufzuführenden Oper zu berechnen, als nach
zuverläßigen Grundsätzen der Finanzwissenschaft die
Stärke eines Landes zu wägen, die Erträge dagegen zu quadriren, und die fürstliche Gefälle zu ver-
grössern, ohne die Quellen auszutrocknen. Aber
was thut das? mit etwas natürlichen Fähigkeiten
läßt sich's von jeder Sache immer sehr weise sprechen,
ohne etwas davon zu verstehen. So mancher General ist durch die Kriegswissenschaft seines Adju-
tanten unsterblich geworden, so mancher Minister
brillirt durch die Talente seines Sekretairs und so

Drittes Stück.   D   manche

manche Chefs — in deren Appartement es auf histo-
rische Kenntnisse und deren Anwendung ankömmt,
sind reich an Projekten mittelst ihrer Lieferanten,
welche sie mit Vorder- und Hintersätzen versehen —
nur die Sprachröhre — ihrer Soufleurs sind, und
blos sich in dem einzigen wesentlichen Punkt unterscheiden, daß sie auf der Schaubühne vor den Augen des Parterr's die Hauptrolle repräsentiren, ohne
selbst die Erfinder zu seyn.

Senkberg war immer mehr als ein blosser Fi-
gurant, war nicht die Marionette, die durch fremde
Hände in Bewegung gesetzt wurde — gebohren,
selbst das Maschinenwesen zu dirigiren, und hatte
besonders die Gabe, vortreflich zu kombiniren, was
ihm von andern roh oder bearbeitet vorgelegt wurde.
Es fehlt in keinem Staat an Köpfen, die ihres Interesse wegen mit Neuerungen schwanger gehen, und
nur auf den Zeitpunkt warten, sie geltend zu machen — die dabey die aufgehende Sonne anbeten
und also natürlicher Weise der Gegend, wo die vom
gestrigen Tage untergegangen war, den Rücken
zukehren.

Senkberg war als der zeitige Liebling des
Fürsten bekannt — der Einfluß der Frau von Tiesfenthal fiel in die Augen, der Kanzler saß und hatte
Langeweile, wenn die Vorkammern der anderweiten
neuen politischen Polarsternen — mit Leuten von
allen Klassen, mit Supplikanten, mit Poeten — und
auch mit Projektmachern angefüllt waren.

Bey keiner von dieser letzten Sorte fand Senkberg seine Rechnung besser, als bey den Fermiers,
welche

welche bey der Erlaubniß, die Imposten ziemlich
willführlich zu bestimmen — — die Tariffäße zu
erhöhen und neue Artikel hinzu zu fügen, ohne Zauberey das Mittel fanden, Summen für die fürstliche
Kammer zu versprechen, welche die bisherige Erträge weit überstiegen. Ob durch dies Mittel eine
kluge Administration nicht noch mehr würde ausge-
wonnen haben? das war nicht die Frage, sondern
blos, was der Fermier ausserdem dran wenden wolle,
um vor andern im Besitz eines so lukrativen Amts
zu gelangen. Auf die Art wurden zur völligsten
Zufriedenheit des Fürsten seine Revenües um die
Hälfte vermehrt — die wirksame Empfehlung der
Frau von Tiefenthal verschaften ihr neue Intraden, und der vielgeltende Herr von Senkberg befand sich nicht schlimmer darbey — dergestalt, daß
in so weit allen gehölfen war, nur nicht dem Lande,
und nicht dem Kanzler, der nicht mehr gefragt wurde, und nur das Vorrecht behielt, ingeheim patrio-
tisch zu seufzen, und in der Qualität als erster
Staatsbedienter die neuen landesväterlichen Verord-
nungen, deren Prüfung übrigens dem Fürsten kein
Kopfbrechen gekostet hatten, zur gehörigen Publikation zu befördern.

Wenn in gewissen Jahren, in welchen man allgemach wieder anfängt jung zu werden, und — eben
so verliebt, als im siebenzehnten Jahr, ein neuer
Geschmack sich hervorthut; so sind dem oft eben so
wenig Gränzen zu setzen, als dem Jüngling, der's
erstemal im Besitz von Freyheit und Vermögen
kömmt, und weder das eine noch das andere zu ge-

D 2   brauchen

brauchen versteht, blos nur dem Jnstinkt des schwan-
kenden Dinges folgt, was man Geschmack nennt.

Die geheime Kommunikation zwischen dem Zimmer der Dame und des Fürsten machte aus dem letzten einen andern Mann.   Zuerst suchte er ihr zu
gefallen, und rief alles herbey, was die Prächt, das
Vergnügen und die Kaprice verlangen konnte, und
bald fand er das alles vor sich selbst und seiner eigenen Befriedigung nothwendig.   Nach dem Muster
grösserer Prinzen nahm er eine Truppenvermehrung
vor, die — nur mit seinem Ländchen in keiner Proportion stund.   Unzufrieden, ein König von Preussen en Miniatûre zu seyn, und im kleinen den preus-
sischen Fuß in Uniform und Manövre einzuführen,
wollte er diesen teutschen Kriegsgott selbst übertref-
fen.   Und er brachts im ganzen Ernst sehr weit
darinn.   Seine Armee war mignon und allerliebst
— immer als wenn sie aus einem Kästchen genommen wäre.   Seine Artillerie würde einem Parade-
saal nicht zur Unzierde gereicht haben, und andere
Fürsten mochten vor ihre Staatskaroßen kaum schöner aßortirte Garnituren von Pferden haben, als
dieser kleine Fürst vor seine Feldstücke — und davor
stehe ich euch — im Felde ließt ihr alle andere Kanons und Artillerietrains stehen, ohne einmal hin-
zusehen, so lange diese schöne Stücke zu erbeuten
noch da stünden.

Verhältnißmäßig war alles, was einen Hof
durch Pracht und Geschmack erhebt, eingerichtet,
und der Aufwand überstieg die Kräfte des Landes —
es wurde dem Fürsten immer beschwerlicher, die
baare

baare Summen berbey zu bringen um — nur die
Depensen der Frau von Tiefenthal zu bestreiten —
Ihr wurden ansehnliche Güter angekauft und geschenkt, aus deren Revenues sie immer ihren kleinen
Hof hätte unterhalten können, wenn's ihre Neigung
nicht mit sich gebracht hätte, bey allen Festen, Bäl-
len und Soupees noch brillanter zu seyn als der
Fürst — und bald waren ihre Schulden so groß,
als der Werth ihrer Besitzungen.

Senkberg wuste die Freygebigkeit des Fürsten
besser zu benutzen — keine Gnade wurde mehr erwie-
sen, als durch ihn, er besorgte die Patente für die
öffentliche Bedienungen, die Fermiers, welche die
fürstliche Gefälle einzogen, waren seine Kreaturen,
und er war der Generalintendant aller Depensen,
welche zur Unterhaltung des Hofstaats, der Schau-
spiele, der ausserordentlichen Feste und der Truppen
erfordert wurden, und das viel austrug, und der
Intendant sich selbst nicht vergaß, so wurden die
Auflagen vermehrt — nicht nach Maaßgabe der
Kräfte des Landes, die denn doch endlich waren,
sondern nach den Erfordernissen, die immer zunah-
men, gar keine Einschränkung mehr kannten, und
so viel Hofschulden veranlaßten, daß man den Fürsten und sein Land wenigstens um zwey Drittel be-
liehen erachten konnte. Noch war das Mittel übrig,
die Fermiers gegen einen billigen Rabat im voraus
zahlen zu lassen, und die Landesstände, die aber unglücklicher Weise ziemlich zäher Natur waren, güt-
lich zu disponiren, durch ein Don Gratuit aus dem
Fond pro casibus fortuitis, ihren gnädigen Landes-

D 3 herrn

herrn zum Theil wieder einzulösen. Alles dieses, wie's nun so der Gebrauch ist, erweckte ein allgemeines Murren im Lande, nur nicht am Hofe, wo man lauter frohe Gesichter sah, und das Lob des Fürsten aus jedem Munde ertönte. Die Landesstände machten Vorstellungen, aber in einem so langweiligen Reichskanzeleystyl, daß sie lange so hübsch nicht zu lesen waren, wie eine Komedie oder als diese Gallerie, vorausgesetzt, daß der Verfasser immer gleiche Laune hat, welches doch nicht zu prätendiren ist — sie wurden also ad Acta genommen, und eine gnädigste Resolution drauf ertheilt: daß in allen billigen Stücken den Beschwerden so viel möglich abhelfliche Maaße würde gegeben werden — bis dahin man sich beruhigen müsse — — eine Resolution, die so weislich ausgedacht war, daß sie auf alle Beschwerden paßte, ohne daß man nöthig hatte, eine einzige von diesen verdrieslichen langen Tiraden zu lesen.

Im Grunde war der Fürst eine gar gute Menschenseele, der, wie sichs Senkberg von Jugend auf abstrahirt hatte, wie ein Schiflein auf ofnen Meer mit ausgespannten Seegeln seinen Lauf verfolgte, je nachdem der Wind bließ, und der Steuermann am Ruder ihn lenkte. Daher war er anders, als er mit seinem alten und patriotischen Kanzler zu Rathe gieng, anders als die Frau von Tiesfenthal mit Liebesseilen ihn leitete, Senkberg ihm aus attaschirten Eifer die Regierungssorgen abnahm und ihn immer in Verlegenheit verwickelte, um das Verdienst zu haben, ihn wieder herauszu-

auszuziehen, und seinen Palliativkuren einen Werth
zu verschaffen —

Die vornehmste selbstthätige Personen waren indessen allein die Frau von Tiefenthal und der Favorit Senkberg, welcher letztere aber selbst ihr
schon zu sehr Favorit geworden war, so wie er davor gesorgt hatte, ihre Unterstützung zu seiner Erhaltung in dem unumschränkten Vertrauen des Fürsten nicht weiter zu bedürfen.

Senkberg wuste es immer so zu veranstalten,
daß er seinem gnädigen Herrn irgend ein neues Gesicht in seinen Weg führte — etwa eine Tänzerinn,
die mit aller unwiderstehlichen Grazie ihn einnahm
oder eine Aktrice, welche durch den zärtlichen me-
lodischen Ton ihrer Stimme ihn rührte — und die
kleinen Soupees, an welchen der Fürst als Freund
der ungezwungenen Freuden viel Geschmack fand,
verschaften ihm Gelegenheit die Reize der Veränderung zu geniessen — Die Frau von Tiefenthal
war's nicht mehr allein, aber sie war's doch
noch, und ihre Unterhaltung voll Geist und Leben
behielt noch immer einen grossen Einfluß in das Vergnügen des Fürsten.

Ihre Verbindung mit Senkberg hatte noch
allen äusserlichen Schein, beyde waren dem Vertrauen des Fürsten zu nahe, beyde hatten ihn in ihren Händen, und wenn sie sich einander nicht liebten,
so musten sie wenigstens einander fürchten. Die
gute Frau von Tiefenthal verlor indessen in einem
gar wesentlichen Punkt, der nun zwar nicht ganz die
Hauptsache bey ihr ausmachte, aber doch — was

D 4   man

man auch immer sagen mag — so schlechterdings
von dem schönen Geschlecht nicht unter die entbehr-
liche Kleinigkeit gezählt werden soll, wenn man anders den geheimen Urkunden, die, wie man sagt,
in dem Archiv der weiblichen Misterien aufbewahrt
werden, trauen darf.

Die kleine Soupees, denen der Fürst fast zu oft
beywohnte, verdarben ihm immer die Disposition,
sich des verborgenen Ganges zu bedienen, der aus
seinem Palais ins Appartement seiner geliebten Dame führte — und Senkberg hatte mittlerweile die
kleine Zoffe in sein Interesse so völlig verwickelt, daß
sie ihm alles war, was er wünschen und verlangen
konnte — er fand sie, seine müßige Stunden auszufüllen, so sehr nach seinem Geschmack, daß er immer
weniger reelle Aufmerksamkeit für ihre Gebieterin
bezeigte — und diese liebe Frau kam von allen Seiten zu kurz —

Im Grunde war die Frau von Tiefenthal in
diesem Punkt nicht scrupuleuse — sie vergab's dem
Fürsten, daß er sie nicht mehr allein liebenswürdig
fand, und ambitionirte mehr seine Freundin zu seyn,
und ihm guten Rath zu ertheilen, wenn die Rentkammer erschöpft war, und sie bey alledem zu drin-
genden Ausgaben kleine Summen bedurfte, in deren
Herbeyschaffung sie sehr erfinderisch war, so bald sie
vom Fürsten eine unterschriebene Aßignation er-
schmeichelt hatte, welche ihm denn endlich auch nicht
sauer wurde, da es ihm eben auf ein paar Namens-
züge des Tages mehr oder weniger nicht ankam.
Auch Senkbergen würde sie eine kleine Galanterie
neben

neben bey zu gute gehalten haben — hatte auch wirklich schon anderweitig für ihre Entschädigung Sorge getragen, aber da das ganze Land über sie und
über den Favoriten ziemlich laut murrte, und mu-
thige Patrioten mit Nachdruck zu sprechen anfiengen
— da dem öffentlichen Landfrieden schlechterdings ein
Opfer gebracht werden muste, so überlegte sie, ob's
nicht gut wäre, die Rolle von Scarrons devoten
Wittwe zu spielen — ihrem lieben Freund Senkbergen mit guter Manier den Hals zu brechen —
und denn den Fürsten so zu leiten, daß er sich mit
seinen mißvergnügten Ständen wieder aussöhnte,
und ihr von dem allen das Verdienst bliebe,
um in Würde und Ansehn ein ruhiges Alter zu erreichen, und vom ganzen Volk sich den Dank und die
Verehrung zu verdienen — die mit Erlaubniß der
Gemahlinnen selbst einer bloßen Maitresse gebührt,
wenn sie ihrem Perikles eine Aspasia ist, und die
Gewalt, die sie über ihn hat, anwendet, ihn aufzuheitern — ihn freudiger, empfindlicher, und zu seinen Regierungsgeschäften fähiger zu machen, als der
gesamte Train von Peruquen, die durch ihr sinte-
mal, alldieweil und ewiges zwar und aber oder
durch widerspruchsvolles ohnmaaßgebliches Das-
fürhalten dem besten Regenten den Kopf nur warm
machen, ihm bösen Humor geben und schuld sind,
daß man kaum wissen kann, wie's ihm läßt, wenn
er freundlich aussieht, was doch genau erwogen,
das Herz seiner Unterthanen oft mehr erfreut, als
das ruhige Wohnen unter dem Schatten einer milden und ordnungsvollen Regierung,

D 5

welches

welches leider bey dem größten Haufen von Unterthanen eine so unerkannte Lebensglückseligkeit ist —
daß sie oft wahnsinnig genug sind, die gedruckte
Sklaven in Anarchien oder unter der Dispoterey in
freyen Republiken zu beneiden.

Wie gesagt, die Frau von Tiefenthal wollte es
gegen Freund Senkbergen anlegen — mehr schien
ihr dazu nicht zu gehören, als was sie von seinem
kleinen Negoce in Besetzung der vornehmsten Be-
bienungen und Bestellung der Hauptpächter wuste,
die das Land mit gnädigster Approbation aussogen,
durch sichere Mittelspersonen aus den hitzigsten
Patrioten aus den Landständen im Vertrauen eröfnen zu lassen, um ihn solchergestalt zu treuen Händen zu empfehlen, wo denn schon weiter für ihn
würde gesorgt werden.

Die ganze Zeit über, daß so viel wichtige Veränderungen in dem System des Hofes vorgefallen
waren, hatte der Herr Hofprediger sich überaus ruhig halten müssen — ihm war auf eine höfliche und
seinem Amt gemäße Weise zu verstehen gegeben
worden, sich ruhig an die Tafel zu setzen, wenn er
eingeladen würde, Anmerkungen über die Witterung
zu machen, und seine Gedanken zu sagen, obs ein
gutes Weinjahr geben würde, auch wo wohl die
graßirende Fieber und andere Epidemien herrühren
möchten? — übrigens aber sich in keine Sachen zu
mischen, die ihn nichts angiengen, weil er sonst gar
nicht mehr würde gebeten werden, um so mehr, da
der theure Burgunder und die Schnepfen auch ohne
ihn Abgang finden würden — wobey ihm bedeutet
wurde,

wurde, daß nur auf der Kanzel ihm das Vorrecht
des Hofnarren verstattet würde, zu sagen, was
ihm beliebte, ausserdem aber Klugheit und Wohl-
anständigkeit ihm auflegte — weise zu seyn.

Der Hofprediger war ein großer Eiferer, wenns
seine Convenience mit sich brachte — meynte auch,
daß es eine schöne Sache wäre, so ein wenig — seyn
zu können, aber er hatte auch die wahre so vielfältig
angepriesene und noch mehr in Ausübung gesetzte
theologische Klugheit, daß er allen einerley
seyn konnte, recht so, wie nach seiner Explikation
der heilige Paulus es haben wollte — predigte sehr
erbaulich über die Textesworte: Schicket euch in die
Zeit ꝛc. und — ließ sich bey jedem wohl seyn, der so
christlich gesinnt war, ihn an eine volle Tafel zu ziehen, ohne durch unzeitige Gesetzpredigten die Leute
von sich abwendig zu machen.

Die Frau von Tiefenthal hatte die wahre
Staatsklugheit gehabt, es nie ganz mit den Geistlichen zu verderben, weil das nach ihren Grundsätzen
immer eine gefährliche Menschensorte sey — und sie
folgte, seitdem sie am Hof war, der Maxime, von
welcher wohl mehr behauptet haben, daß es die
schlimmste nicht sey: auf der einen Seite den
Geistlichen nicht zu viel einzuräumen, und auf der
andern sie nicht zu reizen und so gerade zu vor den
Kopf zu stoßen — nicht ihre evangelische Sanft-
muth auf die Probe zu stellen. Sie hatte also den
Herrn Hofprediger mit aller gebührenden Achtung
von Zeit zu Zeit bey sich gesehen, und ihm die Jura Stolä des Beichtstuhls auch nie verkürzt, ob sie
ihn

ihn gleich, wie anfangs, mit Gewiſſensfällen nicht
weiter behelliget hatte.

Senkberg dagegen, der freylich auch alle Vortheile nuzte und alle höfiſche Geſchmeidigkeit beſaß,
mit mancherley Zungen redete, und jeden in ſeiner
eigenen Sprache verſtund, auch in demſelben Dia-
lekt, wie man's haben wollte, antwortete, aber doch
kühner in ſeinem Gange und ſeit einiger Zeit höher
geſtimmt war, hatte ſich über den Hofprediger ganz
weggeſetzt, ihn ganz unbeobachtet gelaſſen — als
wodurch ſeine Ehrwürden ſchlecht erbauet waren und
einen ſo offenbaren Freygeiſt im Herzen längſt dem
Satan übergeben hatte, und nur erwartete, wenn
ehe es dieſem Executor ſeines Verdammungsurtheils
belieben würde, das Judicat zu vollſtrecken und den
Favoriten förmlich zu holen.

Bey Gelegenheit, daß Senkberg von dem
Kammermädchen den täglich reglementsmäßigen
Rapport von allem empfing, was bey ihrer Dame
vorfiel, und ihr die Parole für den folgenden Tag
ertheilen wollte, welches gemeiniglich geſchah, wenn
ſie beyderſeits von Fatiguen ſich auszuruhen noch ein
wenig beyſammen blieben, und das Herz und der
Mund der Zoffe geöffnet war — fand ſich der Herr
Hofprediger mit auf dem Rapportzettel, „wie er ſeit
ein paar Tagen zu einer ihm ſonſt ungewöhnlichen
Stunde, und noch ehe Madame an der Toilette geweſen ſey, gerade zu der Zeit, wo ſie ihre Geſchäfte
zu machen, und ihre Briefe oder dergleichen zu
ſchreiben pflege, geſchlichen käme, und wie ſie alsdenn allein blieben, und in einer geheimen Konferenz
begriffen

begriffen wären, und heute Morgen sey er mit dem
geheimen Rath —— — der zu Fuß und en Frack
gekommen wäre, wieder da gewesen, und hätten sich
lange bey Madame aufgehalten; auch hätte ein Bedienter zweymal Billets an Madame gebracht, und
wieder Antwort zurück bekommen — und dergleichen, eine lange Liste — wie man sie von den ge-
schwätzigen Kammerjungfern, die mit vielen tändeln-
den Tiraden allerley unter einander leyern, gewohnt
ist, und wie's die Sprache dieser kleinen niedlichen
Gilde mit sich bringt, sie mag nun von der Zunft-
meisterin Iris im Dienst der Juno, die sich mit
Halbgeistern nie gemein macht, und nur mit Gani-
meden buhlt, oder von Zoffen geringerer Extraktion, denen jede Herrschaft gleich viel ist, und die
sich vor einen ganz mäßigen Satz und selbst von jedem Abbe handhaben lassen, geredet werden.

So viel war klar, daß Madame dergleichen
Konferenzen nicht umsonst haben konnte — und auch
das war begreiflich, daß es einen Gegenstand betreffen muste, den Senkberg nicht wissen sollte,
weil es neu war, daß in dem Kabinet der Dame
Sachen verhandelt wurden, wobey er nicht präsidir-
te — aber daß selbst gegen ihn maschinirt wurde —
dies war ein Punkt, der nur dem klairvoianten
Senkberg unbezweifelt seyn konnte, weil der geheime Rath —— — der so en Frack Morgenbesuche
ablegte, gerade sein gefährlichster Feind war, welcher den übrigen, die sich zum Untergang des Favoriten verschworen hatten, zum Aufspüren diente,
und in dieser Qualität dem Herrn von Senkberg,

der

der so klug war, seine Emissairs auch zu halten —
so gut wie ein Polizeylieutenant in Paris, längst
bekannt war —

Es kam also nur einzig und allein auf den Punkt
an, herauszubringen, was eigentlich vor sey? — — —
Ich werde auf meinem Zimmer bleiben, sagte
Senkberg, einer von meinen Leuten soll Wache
halten, um auf ein bloßes Zeichen, das du ihm geben kannst, mich zu benachrichtigen, wenn wieder
ein Billet kommen sollte — In dem Augenblick
werde ich, wie gewöhnlich, unbeobachtet mich hier
einfinden — den Bedienten kannst du unterdessen zu
den Domestiken weisen — Ich verlaß' mich auf
deine Aufmerksamkeit, und damit begab er sich weg,
um anderweitig das nöthige zu bestellen.

Jetzt kams ihm zu statten, daß er die kleine
Zoffe für sich intereßirt hatte, und so treu diese Kreaturen sonst ihren Gebieterinnen und oft ihre Vertrauten sind, so ists doch natürlich, daß ein Liebhaber,
und noch dazu von solchem Range, mit dem man
das wichtigere Geheimniß einer Intrigue theilt, den
Vorzug hat — — durch dieses Mädchen wuste es
Senkberg schon lange, daß die Frau von Tiefenthal einen andern begünstigten Liebhaber hatte, der
ihr meistentheils, wenn der Fürst den kleinen
Soupees beywohnte, bis sehr tief in der Nacht Gesellschaft leistete. Ueber diesen Punkt dachte er indessen zu billig, ums ihr zu verübeln, und gönnte
gern einem andern — was ohnedem für ihn zu viel
würde geworden seyn, war gern zufrieden, um so
viel seltner und nur des Wohlstandes wegen die Aufwartung

wartung zu haben, um nicht förmlich zu brechen,
dennoch hielt er davor, auch diesen Umstand einmal
nußen zu können.

Es währte nicht lange, als er einen Wink bekam, daß etwas vorfiele; er war geschwind bey der
Hand, und ein Schreiben, das an die Frau von
Tiefenthal gerichtet war, fiel ihm zuerst in die
Hände. Er bediente sich eines kleinen Kunststück-
chens — was im Reich des grossen Moguls und —
anderer asiatischen Länder die Officianten in den
Staatskabinetten und bey den vornehmsten löblichen Postämtern sehr gut verstehen, und mit vieler
Dexterität ausüben sollen — das Geheimnis, mit
einer besonders dazu komponirten Masse einen Abdruck vom Petschier zu nehmen — das Siegelwachs
aufzuziehen, und so Briefe zu öfnen und das Siegel
unmerklich wieder drauf zu drücken — mittelst dieses Geheimnisses, zu dessen Anwendung Senkberg
bereits alles in Bereitschaft gesetzt hatte, eröfnete er
das Billet — es war vom Hofprediger, und rühm-
te die Aktivite des geheimen Raths — — — und
meldete die von demselben gemachte Entdeckung,
daß der Favorit von Zeit zu Zeit ansehnliche Summen durch einen Banquier an die Bank in London
übermacht und für sich in Sicherheit gebracht hätte
— und daß nunmehr alle Beweißstücke, wodurch
er einer völligen Landesverrätherey überführt werden
könnte, beysammen wären, und man wegen des davon zu machenden Gebrauchs nur der Dame Befehle erwartete — — schloß, nachdem er diesen erbaulichen Innhalt gelesen hatte, das Billet sorgfältig
zu,

zu, und ließ es durch die Kammerjungfer treu*lich
übergeben — —

Die Antwort kam durch denselben Kanal der
Zoffe ihm wieder zuerst in die Hände, wurde auf
gleiche Weise behandelt, und daraus ersehn, daß
alle Dokumente und Urkunden der Dame sofort
möchten zugesandt werden — auch dieses ward geschwind an den Herrn Hofprediger expedirt — und
Senkberg blieb, um die Zurückkunft der Estaffette
zu erwarten — sie blieb nicht lange aus, und er nahm
die Depeschen, von denen er glaubte daß sie ihm am
meisten angiengen, zu sich, steckte sie ruhig in die
Tasche, und gieng, der Dame seiner alten Freundin
einen Morgenbesuch zu machen, und eine angenehme Stunde mit ihr zu paßiren.

Seine durch viele Uebung bewährte Gegenwart
und Ruhe des Geistes setzte ihn im Stand, die
Dame so schön und so reizend zu finden — ihr so
viel angenehmes vorzusagen, daß sie alles kleinen
übeln Humors, den sie ihm zeigte, um den Besuch
abzukürzen, ungeachtet, seinen zärtlichen Ungestüm
nicht anders befriedigen konnte, als ihm nachzuge-
ben, und noch eine Schlußrolle mit ihm zu spielen,
so beynahe in dem Geschmack — wie die Scene beym
Anfange ihrer beyderseitigen Bekanntschaft eröfnet
wurde —

Nach eingenommenen Frühstück, womit der Toi-
lettenstunde entgegen getändelt war, wurde die Kammerjungfer gerufen, Madame anzukleiden, sie meldete mit einer gleichgültigen Miene, und so wie's
ihr Senkberg vorher vorgesagt hatte, daß jemand
da

da gewesen sey, um etwas an die gnädige Frau abzugeben, da er aber gehöret, daß sie Besuch habe, hätte er's nicht da gelassen, sondern wolle morgen früh wieder kommen. Jetzt empfahl sich der Freund, um Sorge zu tragen, daß seine geliebte Frau von Tiefenthal den ganzen Tag möchte amusirt werden, und ihr ja keine Stunde übrig bliebe, für sich Geschäfte zu machen.

Mittags war beym Fürsten große Tafel, die Frau von Tiefenthal fehlte nicht, wie natürlich — aber ihrem andern Liebhaber, der, wie oben beyläufig gedacht worden ist, ihr die Zeit verkürzte, wenn der Fürst durch die kleine Soupees verhindert wurde sie zu besuchen, und wegen der seltener gewordenen Attention ihres Freundes Senkberg sie entschädigte — diesem gutherzigen Aushelfer in ihren Bedürfnissen war zu wissen gethan, daß der Fürst ihn nicht bey der Tafel erwartete.

Jetzt — aber auch nur für diesen Augenblick ward dieser begünstigte Freund wichtig, der sonst eine sehr unbedeutende Rolle spielte. Es war der einzige Erbe eines überaus reichen Landedelmanns, der vor kurzer Zeit zum Besitz seines Vermögens gelangt war, und den der Hofmarschall dem Fürsten am Hof zu ziehen und zu seinen Kammerherrn zu ernennen empfohlen hatte — um mit seinen Revenües dem Hofe Ehre zu machen, ohne den Hofetat durch ein Kammerherrngehalt zu belästigen. Auch war er gerade nichts mehr und nichts weniger als Kammerherr — ein gutes vollblütiges gesundes Geschöpf, dessen Philosophie nicht weiter reichte, als

Drittes Stück.   E   durch

durch sein eigenes Exempel, und als ein wahrer praktischer Materialist den Beweiß zu führen, daß ein ehrlicher Mann leben und genießen könnte, ohne an das Hirngespinnst eines denkenden Geistes, der im Menschen wohnen soll, zu glauben — ausserdem aber ein gar guter Mann, dem die liebe Natur, wie sie bisweilen zu thun pflegt, den Abgang des Seelenvermögens durch trefliche Leibesgaben reichlich ersetzt, und ihn dadurch recht zum Troste der Damen von starken Prätensionen ausgerüstet hatte. Der Frau von Tiefenthal fiel es auf, daß er nicht bey Tafel war — sie fragte, ob er krank sey? und erhielt eine unbestimmte Antwort, die ihr schlechterdings noch mehr auffallen muste.

Nach der Tafel war Koncert, und bis zum Soupee, Spiel. Die Partien wurden gemacht, und der Fürst hatte sich weggebegeben — der Frau von Tiefenthal wurde durch eine zweydeutige Sprache zu verstehen gegeben, daß die Retraitte des Fürsten ein angenehmes Rendesvous mit einer angekommenen neuen Tänzerin von besonderer Schönheit zur Absicht hätte. Er erschien nicht beym Soupee — die Dame zweifelte nicht an der Gewißheit seiner Beschäftigung — eines theils glaubte sie sich diese Nacht sicher, andern theils war sie neugierig zu wissen, was dem Kammerherrn begegnet sey — sie ließ ihm also durch einen treuen Bedienten noch spät ein Billet einhändigen, worinn sie ihm meldete, daß sie ihn erwartete. Er kam. Die Frage ward untersucht, warum er nicht an Hof erschienen sey? Er hielt davor, daß ihm eine Ungnade bereitet würde —

Kurz

Kurz vor der Tafel hätte ihm Senkberg um das Anlehn einer sehr ansehnlichen Summe zum Dienst des Fürsten ansprechen lassen — die wäre nicht in seiner Gewalt gewesen, er hätte schon viel vorgestreckt, und sich jetzt entschuldigen müssen, worauf ihm denn sogleich das Kompliment sey gemacht worden, daß der Fürst ihn nicht bey der Tafel erwartete — Ach! wenns nicht mehr ist! sagte die Frau Tiefenthal, — Es ist also blos Ranküne von Senkberg, deren Wirkung morgen am Ende seyn dürfte — und sie erwartete um so begieriger den Morgen, wo sie die gefährliche Dokumente zu erhalten glaubte, um den Favoriten zu stürzen, welche dieser aber bereits in sichere Verwahrung genommen hatte.

Senkbergen war's indessen gelungen, durch die Meynung, die er ihr hatte beybringen lassen, daß der Fürst sie diese Nacht nicht incommodiren würde, und durch die Entfernung des Kammerherrn vom Hofe eine unfehlbare Gelegenheit zu einer Scene zu veranlassen, von welcher er den Fürsten zum Augenzeugen machen wollte. Zu rechter Zeit gab er dem Fürsten aus treuer Ergebenheit einen Wink von dem, was im Zimmer vorgehen sollte, wie sie über das so unvorsichtig verführe, die Ehre des Fürsten so wenig menagirte, daß ihr strafbarer Umgang mit dem Kammerherrn schon längst die Fabel des Hofes gewesen sey — bisher habe er sich's nicht überreden können, aber eben jetzt sey er bey ihr —

Der Fürst war von der Art Männer, die sich in diesem Punkt selbst alles erlauben, aber ihrem

E 2   armen

armen Nächſten auf eigene Rechnung nichts gönnen,
er hörte ganz erſtarrt dieſe Nachricht von der Un-
treue dieſer Frau an, die aus lauter Tugend den
Fürſten einſt ſo weit hatte treiben wollen, ſie zur
Gemahlinn zu nehmen, und da dies nicht angieng,
durch einen geſetzmäßigen Kontrakt erſt ihr Gewiſſen beruhigt ſehen muſte, bevor ſie ihn mit ihren
Faveurs beſeligte, und jetzt noch nebenbey einen Ad-
junktum ihm zugeordnet hatte — er gieng von ſeinem Erſtaunen in Wuth über, die bey denen beſten
Menſchen immer am heftigſten iſt, und würde in der
Hitze vielleicht nicht einmal die ſicherſte Maaßregeln
getroffen haben, den Vogel zu fangen, wenn der
bedachtſame Favorit nicht ſeinen Eifer geleitet, und
ſelbſt alle nöthige Vorkehrungen gemacht hätte.

Es iſt nöthig, ſagte er, daß zuvörderſt alle vor-
dere Eingänge beſetzt werden — dies iſt geſchehen
— und es iſt nichts übrig, als daß die Thür, durch
welche Eur Durchlauchten zu ihr zu gehen pflegen,
ſogleich könne aufgeſprengt werden, falls ſolche,
wie zu vermuthen, von ihr verſchloſſen ſey — —
Dieſer Rath ward weiſe befunden, gleich befolgt,
und der Fürſt war im Zimmer der Dame, als der
erſchröckte Kammerherr, der nach ſeiner Philoſophie
ſich ſelbſt keine Seele ſtatuirte, aber Geſpenſter
glaubte, bey dem ſchröcklichen Geräuſch, womit
die Thür eingeworfen wurde, aus dem Bette fuhr,
ſich nichts geringers als die Erſcheinung des böſen
Geiſtes gedachte, und in einer gar jämmerlichen Figur vor dem Fürſten im Hemde da ſtand.

Die

Die Dame im Bette hatte bey dieſem gräulichen
Anblick alle Faſſung verloren — und ihre Zuflucht
en attendant zu einer Ohnmacht genommen —

Der Fürſt hatte glücklicher Weiſe keinen Degen — keinen Dolch — nichts in Händen, um ſofort den armen Sünder vor ihm gebührend, und wie
ſich's bey ſolchen Gelegenheiten von rechtswegen gehört, mit eigner hohen Hand hinrichten zu können—
Er flog zurück — Senkberg hatte ſich aus gutem
Vorbedacht im Hinterhalt gehalten — mit eben dem
Feuer, mit welchem der Fürſt ſich ganz an ihn vertraute und auf ſeinen Eifer rechnete, als er die reizende Frau von Tiefenthal erobern wollte, mit eben
der Hiße forderte er ihn jeßt auf, ausgeſuchte Rache
für ihre Treuloſigkeit, womit ſie ihn beſchimpfte,
ausfindig zu machen — und das war vorläufig alles, was der Favorit wünſchte — er nußte aus dieſem Vorfall, dem Fürſten ſolche befriedigende Vor-
ſchläge zu thun, dadurch ſein Vertrauen ſo ſtark zu
verdienen, daß ihm die ganze Expedition aufgetragen und der Schluß dahin gefaßt wurde, dem Kammerherrn ſeine Güter zu confiſciren, und auf eine
Galeere zu liefern, und die Frau von Tiefenthal
Zeitlebens in einer Feſtung einzuſperren, und ihre
Güter, welche ſie durch die Freygebigkeit des Fürſten
beſaß, einzuziehen — — das alles aber ganz in
der Stille zu executiren. So bald Senkberg ſich
mit ſchriftlichen vom Fürſten unterzeichneten Ordres
an den Kommendanten der Feſtung verſehen hatte,
ließ er den Kammerherrn durch die Wache in ein
anderes Zimmer führen, und begab ſich zu ihm,

E 3   bedau-

bedauerte den ihm zugestoßenen Unfall und die un-
angenehme Kommißion, die er seinetwegen erhalten hätte, und von welcher er den Kammerherrn
mittelst der fürstlichen Ordre näher belehrte, wodurch der arme Mann, der Tags vorher so hart
war, dem Lieblinge ein Anlehn zu verweigern, in
der unglücklichen Nacht so weich ward, daß er wie
ein Kind zu weinen anfieng, und dem Senkberg
die Hälfte seiner Güter anbot, falls er sich verwenden wollte, sein Urtheil zu mildern. Senkberg
bezeugte ihm ein noch liebreicher Mitleid und versicherte, daß er alles hazardiren wollte, sein Schicksal ihm erträglich zu machen, daß aber bey dem
Fürsten, der sich vor Wuth selbst nicht fühlte, und
gewiß keine Raison annähme, nichts auszurichten
wäre, er wolle ihm indessen gestatten, sich seinen
Rentmeister kommen zu lassen, durch dessen Ver-
mittelung so viel baar Geld zusammen zu bringen,
als möglich sey, und denn wolle er ihn zum Schein
durch einen vertrauten Offizier fortbringen und auf
der Grenze in Freyheit setzen lassen, damit er unerkannt und in andern Ländern auf eine anständige Art
leben könne — — Der Kammerherr dankte seinem
Wohlthäter mit aufgehabenen Händen — der Rentmeister wurde gerufen, und empfing von seinem
Herrn Anweisung — worauf er bis zu seinem Transport in eine leidliche Verwahrung und ohne daß das
mindeste lautbar ward, gebracht wurde — —

Nunmehr eilte Senkberg nach dem Hause der
Dame, beruhigte die Kammerjungfer, welche ihm
mit einfältigem Herzen bisher alle Vorgänge bey ihrer

rer Dame fleißig gebeichtet hatte, ohne was Arges
dabey zu haben, und jetzt nicht wuste, was das zu
bedeuten hatte, daß die Thür ihrer gnädigen Frau
mit Wache besetzt war, auch nicht die Erlaubnis
hatte, bey ihr herein zu gehen, ohngeachtet zweymal
nach ihr geklingelt war — Senkberg versicherte
ihr, daß er der Dame zum Succurs käme, und alles gut gehen würde, und gieng in das Zimmer der
Frau von Tiefenthal — Sie war aufgestanden,
angekleidet und sahe ihn mit erschrockenen Blicken
an, um so mehr, da sie nicht wuste, ob ihre gegen
ihn angelegte Kabale ihm noch ein Geheimnis oder
verrathen sey — aber bald umarmte sie ihn als
ihren Schutzengel, als er sie folgender Gestalt
anredete:

Ums Himmels willen, gnädige Frau! was ist
vorgefallen? — der Fürst hat mich rufen lassen,
sein Zorn, seine Wuth hat keine Grenzen — spricht
von Untreuen, von Beschimpfung und Strafen —
nur so weit hab' ich ihn zu besänftigen gesucht, sein
selbst, seiner Rache wegen, nichts zu übereilen,
vor den Morgen nichts zu beschliessen, nichts vor-
zunehmen — Es ist beschlossen: mit dem morgen-
den Tag ihnen ein Urtheil zu sprechen, bis dahin
soll ich dem Officier die Ordre hinterbringen, sie
aufs schärfste bewachen zu lassen — Hier ist nun ein
geschwinder Entschluß zu fassen, und ich stehe ganz
zu ihrer Disposition — befehlen Sie, gnädige Frau,
was ich zu ihrem Dienst thun kann?

O mein Senkberg! rief die gedemüthigte
Frau von Tiefenthal, was bin ich Ihnen nicht
E 4   schuldig?

schuldig? und wollen Sie mich retten? Sind Sie
der erste Mann, der mit dem Glück sich nicht um-
wendet, nicht meinen Fall in der Ferne gleichgültig oder mit Frohlocken zusieht — Wie groß sind
Sie doch in meinen Augen! Nie ist mir die Tugend
in einer so erhabenen Würde erschienen — Liebster
Senkberg, ich überlasse mich Ihnen ganz — ich
bin ohne Besinnen — beschließen — denken Sie
für mich, lassen Sie mich fliehen in fernen Landen —
ich kann meinen Fall nicht überleben — — sie hieng
an seinem Halse, so rührend, so schmerzvoll, und
verlohr ihre Rede im Schluchzen — —

Seyn Sie ruhig, gnädge Frau, fassen Sie
sich, sprach Senkberg, — Sie haben von dem,
was Sie mir als Tugend zuschreiben, eine zu hohe
Idee — Um mein selbst willen muß ich mich für
Sie interessiren — Auch über mich scheint sich ein
Wetter zusammen zu ziehen — Sie und ich sind
dem Lande gleich verhaßt — Bisher hat der Fürst
den Erbprinzen auf Reisen an auswärtigen Höfen
gehalten, sobald der zurückkömmt; könnts eine
schlimme Revolution geben — ich habe meine Maaßregeln genommen, und mein Vermögen längst in
Sicherheit gebracht — Nehmen Sie ihre Juwelen,
ihre Kostbarkeiten zusammen — — Verschreiben
Sie ihre Güter, die Obligationen können zurückda-
tirt werden, ich will eine sichere Gerichtsperson verschaffen, um alles gerichtlich zu machen, und ehe das
mindeste bekannt wird, sollen Sie das Geld haben
— damit setzen wir uns auf, reisen fort — bis wir
in

in Sicherheit find, und in jedem andern Lande glücklich und zufrieden leben können — —

In der jetzigen kritischen Lage war das vor die
Frau von Tiefenthal die Rede eines Engels — sie
billigte alles — Senkbergen, der eine so wichtige
Person im Lande war, fehlte es nicht an Leuten, diesen Plan geschwind auszuführen — Er gieng mit
einem von ihr unterschriebenen und besiegelten Blan-
quet von ihr, noch in derselben Nacht wurden Ver-
schreibungen ausgefertiget, und sobald der Morgen
da war, die Anlehne herbeygeschaft — die Dame
hatte unterdessen ihre Juwelen, die von großem
Werth waren, Senkbergen aufzuheben gegeben.

Auch der Rentmeister des Kammerherrn hatte
sich nicht gesäumt, zeitig für seinen Herrn, der als
ein bekannter vermögender Mann einen großen Kredit hatte, ansehnliche Summen beysammen zu bekommen, welche er größtentheils und der Bequemlichkeit wegen in guten holländischen Effekten an Senkbergen überlieferte, welcher den Rentmeister warten
hieß, bis er von seinem Herrn Ordre bekommen
würde.

So weit war also jetzt alles in Ordnung, der
Officier, der unter einer hinreichenden Bedeckung
den Kammerherrn wegbringen sollte, hatte bereits
seine Instruktion. Der Wagen war angespannt —
Senkberg nahm freundschaftlich Abschied von dem
Kammerherrn, und versicherte ihm, daß er sich auf
seinen Begleiter, welcher von ihm geheime Instruktion hätte, völlig verlassen könnte, es fände auch
nöthig, ihm den Rentmeister mitzugeben — nur wolle

E 5   er

er ihm rathen, sich nichts von denen Summen, so
dieser bey sich hätte, merken zu lassen, und in Ge=
genwart des Officiers kein Wort mit ihm davon zu
sprechen — Der Rentmeister war indessen gerufen—
„Er soll seinen Herrn ein Stückweges begleiten,“
war alles, was ihm gesagt wurde — Der Kammer=
herr umarmte seinen vermeintlichen Erretter mit
dankbaren Thränen, und stieg in die Kutsche, sein
Rentmeister, dem das alles noch ein unaufgeschlossen
Räthsel war — ihm nach, und dann der Officier
nebst einem Sergeanten, welche letztere sich den bey=
den mit gespannter Pistole gegenüber setzten, fort=
fuhren und sie in allem Wohlseyn an den bestimmten
Ort brachten, wo sich der Sklavenhändler befand,
an welchen der Officier sie, seiner vom Senkberg
erhaltenen geheimen Instruktion zufolge, vor einen
billigen Preis verhandelte, um sie mit gutem Winde
weiter nach Ostindien zu schicken — —

Senkberg gieng hierauf zur Frau von Tiefen=
thal, führte sie nach den für sie bestellten Wagen, und
begleitete sie selbst — nach der Festung, um sie dem
Kommendanten zu empfehlen, und ihm die Ordre
des Fürsten einzuhändigen, nach welcher sie als eine
geheime Staatsgefangene aufs genaueste verwahret,
und keine menschliche Seele sie sprechen oder ihr die
geringste Korrespondence verstattet werden sollte.

Wie sich die Frau von Tiefenthal oder der
Kammerherr mit seinem Rentmeister gebehrdeten,
als sie sich in ihrer Erwartung auf eine so schröckli=
che Weise betrogen sahen — davon kam in der Vor=
stellung

stellung des Schattenspiels weiter nichts vor — um
dergleichen bekümmert sich kein Teufel — —

Der Favorit kam nach dieser Expedition in die
Hauptstadt als ein Sieger zurück und berechtigte sich
zu dem Dank seines Fürsten, der ihn mit Versicherung seiner Gnade überhäufte, daß ihn dieser treue
Diener von einer Schlange befreyt, die er so lange
in seinem Busen genährt hatte.

Die Sache fieng indessen an ruchtbar zu werden, ohne daß jemand hinter die wahre Umstände
kommen konnte. Man schritt zur Konfiskation der
Güter und fand sie unglaublich verschuldet. Senkberg allein hatte durch diesen Koup seine unermeßliche Reichthümer ansehnlich vermehret. Seine
Gegner, die noch des Tages vorher mit der Frau
von Tiefenthal gegen ihn konspirirt hatten, glaub-
ten zuverläßig, daß sie verrathen wären, und ein
so mächtiger und unergründlicher Feind nicht ruhen
würde, sich durch jedes Mittel zu rächen. Der Geringe seufzte unter Lasten, die Patrioten zitterten,
und das ganze Land ward unter Officianten verrathen, die von Senkbergen abhiengen und ihre
Bedienungen von ihm vor Geld erkauft oder zur
Belohnung von ihm erhalten hatten — Der Fürst
war der einzige, welcher in einem dauernden Rausch
von einer Lustbarkeit zur andern geleitet, von nichts
wuste und sich einbildete, daß alle wohl stünde.

Indessen hatten sich die angesehenste Stände
mit einander vereinigt, alles zu wagen, um die Ketten zu brechen, da sie bey dem Fürsten weder Zutritt noch Gehör fanden. Der Erbprinz, ein junger

ger feuriger Herr, der so oft um seine Zurückberu-
fung angesucht hatte, ohne sie erhalten zu können,
ward sorgfältig von allem unterrichtet. Er nahm
sich also die Freyheit, ohne Erlaubniß von seinem
Herrn Vater zurückzukommen, und war in der Residenz, ehe sich jemand eine so schnelle Ankunft träumen ließ. Im allerstrengsten infognito nahm er
mit denen getreuesten Ständen solche schleunige und
unfehlbare Maaßregeln, daß Senkberg auf Gefahr
des Erbpringen in Verhaft genommen war, ehe er
wuste, von welcher Seite ihm dieser Streich gespielt
wurde. Der Erbprinz, der sich die Achtung aller
Höfe erworben hatte, und dessen vortrefliche Eigenschaften seinem Herrn Vater ganz und gar nicht unbekannt und — auch nicht ungeschätzt waren, gab
durch seine persönliche Gegenwart denen Sachen eine
andere Wendung — des Favoriten Handlungen
wurden offenbar — wie denn am Ende immer alles
offenbar wird — und er sollte zur Freude des Volks
das Schiksal erfahren, was schon andere von gleichen
Talenten, ihres höchsten Ranges unbeschadet, erfahren hatten — und in bester Form gehangen
werden.

Senkberg erhielt so viel Licht, als nöthig war,
mittelst seiner guten Kombinationskraft sich selbst
sein Urtheil zu sprechen, und faßte sofort einen Entschluß, die Absicht seiner Gegner zu vereiteln.

Freylich wär's ihm lieber gewesen, wenn der
Erbprinz so höflich gewesen wäre, ihm vorher seine
Ankunft zu notifiziren, da er seines Theils denn so
bedachtsam gewesen seyn würde, eine kleine Reise
nach

nach England zu machen, und sich da seines Vermögens zu erfreuen, wohin er es bereits in Sicherheit
gebracht und die Anstalten schon sehr gut vorbereitet
waren, so daß weiter nichts fehlte, als nur noch die
Kleinigkeit — seine eigene Person nachzutransporti-
ren. Da dies aber nun nicht mehr angieng, so
wollte er dem lieben Publikum doch wenigstens noch
den Spaß verderben, ihn am Galgen zappeln zu sehen — und nahm seine Partie und hieng sich selbst
auf, und wie er schriftlich hinterließ, nur durch ehrliche Hände zu sterben.

Und damit fiel der Vorhang — das Schattenspiel war zu Ende, und die hohe Anwesende applau-
dirten, so wie ich wünschte, daß es alle meine Leser
beym Schluß dieser Geschichte, die mehr Wahres
liefert, als sich mancher einbilden mag — auch ap-
plaudiren möchten, und es von denen gewiß erwarte,
die entweder überhaupt Freunde vom Aufhängen
sind, oder es doch wenigstens von Grunde des Herzens dem einen oder andern, der vor ihren Augen
zum Aergernis umher wandelt, zu gönnen fähig
sind; daß er zum Strick greifen und sich ihnen dergestalt mit guter Manier empfehlen möchte—

Der Saal wurde von neuem und herrlicher als
vorher erleuchtet, und Senkbergs Seele vor Satans Thron mit alle dem Pomp und Ceremoniel ge-
führet, die seinem Stande gebührte — Die Prinzeßin Kabale nahm ihn überaus gnädig auf, und
bezeigte ihm eine Achtung, die seinen Verdiensten
und ihr gemäß war. Du hast recht, meine Tochter,
sprach Satan, wenn du diesen Geist, der's so weit
gebracht

gebracht hat, daß ihn jeder Teufel beneiden möchte, mit Diſtinktion empfängſt — Du ſelber würdeſt es nicht ſo weit gebracht haben, und ich will ihm Ehre erweiſen — ihm durch eine Charge belohnen, die unſerm Reich erſprieslich, dir zum Soulagement gereichen und ihm reichlich ſeyn ſoll — Ich ſelbſt habe eine Zeitlang anderweitig den Dienſt wahrgenommen, den ich jetzt für ihn beſtimmt habe —

Ihr andern werdet's euch erinnern, wie ich zu Delphi unter dem Namen des Apolls meine unterirrdiſche Reſidenz hatte, und aus der Oefnung, über welche die Oberprieſterin Pithia ſich auf ihren Dreyfuß ſetzte, ihr ſoufflirte, wenn ſie Leuten gutenRath ertheilte — Dies ſoll jetzt dein Amt ſeyn, mein würdiger Sohn — Ich will meiner geliebten Tochter Kabale einen beſondern Thron machen laſſen, inwendig einen Raum, worinn du ganz gemächlich wohnen kannſt, und drüber eine Oefnung, über welche die Prinzeßin ſitzen ſoll, wenn ſie ihren Dienern und Verehrern Inſtruktion giebt, und denen, die verlegen ſind, guten Rath ertheilt — Ich hege das Zutrauen zu deinen Talenten, daß du ein guter Souffleur ſeyn und Sie nie wirſt ſtecken laſſen — ſo wie ich hoffe, daß dieſer Stuhl einſt ſo berühmt werden wird, als ich den Dreyfuß zu Delphi ehedem gemacht habe —

Barmherzigkeit! Gnädiger Herr! rief mit kläglicher Stimme Senkbergs Geiſt, ich bin nicht fähig, dieſem Poſten vorzuſtehen, ich ſticke, wenn ich da eingeſchloſſen bin —

Närrchen,

Närrchen, sagte Kabale, du bist auch gar
nicht galant — Mancher würde sich bloß allein deswegen zweymal henken, um zu dieser Stelle zu gelangen, aber nur dir war bisher diese Distinktion
aufgehoben — —

Senkbergs matte Seele wollte noch einmal
eine allerunterthänigste Gegenvorstellung wagen —
ach gnädigste Prinzeßin! sagte er, wenn ich nun
ohnmächtig würde! und das eben in einem Moment, wo es darauf ankömmt, dir meinen unterge-
ordneten Rath einzugeben — —

In diesem Falle sollst du mit einer Parthie eau
de mille Heure versehen werden, das dir herrliche
Dienste thun wird, sagte die Prinzeßin, sey also
nicht wunderlich, mein Engel.

Ohne fernere Umstände rief Satan, du warst
immer ein Freund, nahe beym Thron dich wirksam
zu zeigen, jetzt sollst du ihm inkorporirt seyn und —
einblasen — auch das thatest du immer gerne, und
sollst es ferner thun, es kann dir gleichviel seyn, wo?
auch braucht sich niemand drüber scandalisirt zu finden, wer mit griechischen Gebräuchen bekannt ist,
wo dieselbe Verrichtung selbst dem Apoll nicht unanständig gefunden wurde, der noch jetzt der Gott der
Dichter ist, die seine gnädige Einflüsse zum Ersatz
dichterischer Selbstständigkeit erflehen, wenn sie die
Welt anstatt der Gedanken mit klimpernden Rei-
men erfreuen.

Es half also nichts vor — Senkberg muste
ohne fernern Widerspruch an seinen Posten —
er machte fürchterliche Grimassen und war halb
tobt —

tobt — wir müssen hoffen, daß er wieder aufleben
wird, wenn ihn seine Göttin mit ihren herzstärken-
den Influenzen bethauen und ihm seine Dienste behaglich machen wird.

Bevor ich die Fabel vom Brocken weiter ver-
folge, und euch Erscheinungen aus den Wirkungskreisen anderer Demonen vorzeichne; sollte ich euch
noch Auftritte der Intrigue aus dem geschäftigen
gemeinen Leben, wo der Geist der Kabale nicht
weniger wirksam ist, zu beschauen geben — —
wo würde ich ein Ende finden, wenn ich dies un-
begränzte Feld vom Anfang bis zum Niedergang
aufnehmen und — nur nach dem verjüngten Maaß-
stab reducirt, dies Kameleon in seinen mannigfaltigen Gestalten zeichnen wollte? Auch würden
meine andere Teufel dabey zu kurz kommen, für
sich zu wenig Raum in dieser Gallerie übrig behalten, wenn der eine zu viel Platz einnähme, und alle
Seiten ausfüllen sollte. Um nach der Reihe einem
jedem Gerechtigkeit wiederfahren zu lassen, wöll'n
wir den Geist der Intrigue kurz expediren, und diese
Materie mit wenigen Anmerkungen beschließen —
nicht mehr von der Seite genommen, wie die Kabale ins Große geht, wie sie Weltjagen umzukehren
und das innere ganzer Reiche in Verwirrung zu setzen
versucht, um im Trüben zu fischen, alles was thätig
ist oder seyn könnte, in ihre Fäden verwickelt, daß
jeder kraftlos da liegt und sich nicht regen kann, und
der Geist der Intrigue den Zügel allein in Händen
hat, und alles leitet — um die Eitelkeit oder den
Eigennutz oder eine andere wütende Begierde zu befriedigen

friedigen — Von dieser Art Intriguen, die ins
Große gehen, und wovon Senkberg das Ideal
giebt, so weit sich in einem kleinen Staat seine Talente entwickeln konnten, sey nicht mehr die Rede —
Nur noch etwas — über die einfachern Ränke, womit einer dem andern im gemeinen Leben, in bürgerlichen Verhältnissen Fallen stellt und Netze, und
Gruben, um seinen Raub zu erhaschen, und seines
Vortheils wegen oder zur Lust unaufhörlich Jagd
macht.

In der ganzen Natur ist die Zerstöhrung und
der Untergang der Theile die unaufhörliche Nah-
rung, welche das Ganze erhält, und unsere beste
Welt ein gefräßiges Ungeheuer, das sich von sich
selbst nährt, die Säfte seines eigenen koloßischen
Körpers trinkt, im eigenen Blute seinen Durst löscht
und seine Glieder verzehrt, um so durch sich selbst
in seiner Kraft zu bestehen.

Die Natur in ihrer Oekonomie nimmt mit der
einen Hand, was sie mit der andern austheilt, und
speißt ein Theil ihrer Kinder mit ihren andern, die
sie für die ersten tödtet und zurichtet —

Die Erhaltung, das Wachsthum und die voll-
blühende Kraft eines jeden einzelnen Geschöpfs be-
ruht ganz auf der Zerstöhrung des andern — wie
viel Gewächse im Reich der Vegetabilien müssen ver-
wesen, und andere neue hervorgehende Speisen, ehe
diese wieder zu ihrer Vollständigkeit gelangen.

Ist dies All der Natur etwa der gepriesene Phö-
nix der alten weisen Fabeldichter, von dem sie sag-
Drittes Stück.   F   ten,

ten, daß er sich selbst verbrenne, und aus seiner eigenen Asche wieder hervorgienge?

Im Thierreich nimmt diese Regel schon eine feindseligere Gestalt an. Der Löwe, der Tiger, der Wolf und alle Raubthiere kennen keine andere Mittel der Selbsterhaltung, als würgen — Der Habicht schont der zärtlich singenden Nachtigal nicht, und diese süsse Sängerin fühlt kein Erbarmen, wenn unter ihrem tödtenden Schnabel der sterbende Regenwurm sich unter den letzten krampfhaften Zuckungen des Schmerzens krümmet —

So weit geht die Ordnung der Natur — aber der Mensch kennt keine Gränzen für seine wütende Begierden, und wo seiner Kraft Schranken gesetzt sind, da mischen sich Ränke und List und Kabalen in seine Operationen, um stets, unzufrieden mit seinem Zustande, seiner Glückseligkeit Zusäße zu verschaffen, und seinem Selbst alles aufzuopfern, was ausser ihm ist, und seines Freundes nicht zu verschonen, wenn er ihn unter die Füsse treten kann, um eine Spanne höher zu steigen, oder ihn seines Vermögens zu berauben, um sich in Besitz desselben zu setzen.

Fast sind keine gesellschaftliche Verbindungen und Verhältnisse, welche uns nicht täglich die Beweise geben, die uns den Menschen als das raubgierigste, schädlichste und gefährlichste Thier vorstellen, das unaufhörlich an dem Untergang anderer arbeitet, um sein Selbst, in welcher Begierde es auch hervorstechen mag, zu befriedigen. Dieser feindseligen räuberischen Neigung ist's zuzuschreiben,

daß

daß man Gesetze erfinden und geben muste, sobald
Menschen in gesellschaftlichen Verhältnissen beysammen wohnen sollten. Ohne solche Gesetze würde
man's unmöglich halten, daß Menschen unter Menschen in polizirten Staaten ihrer Ehre, ihres guten
Namens, ihres Vermögens, ihres Lebens, oder
ihrer Weiber und Kinder gesichert wären — —

O Menschheit! gepriesenes Looß, wie sinkst du,
von dieser Seite betrachtet, der beste Staat hat nichts
vorzügliches vor der Republik eines Ameisenhaufens,
als Gesetze und Handhabung der Justiz, und dieser Vorzug beweißt nichts mehr, als daß ihr Räuber und Teufel untereinander seyd, die bey aller ihrer gerühmten Vernunft und Empfindsamkeit des
Herzens, ihre Häuser und Güter vor einander ver-
schließen, ihre Weiber hüten, ihre Gedanken verbergen, ihre Worte auf die Waagschale legen, ihren guten Namen vor Beschmitzungen in Acht nehmen
müssen, und wenn ihnen, ihrer Vorsicht ungeachtet,
in dem einen oder in dem andern dennoch ein nach-
barlicher Eintrag geschiehet, die traurige Zuflucht
zu den Gesetzen nehmen können, deren Entscheidung
in manchen Fällen so zweifelhaft ist, daß ihr oft eben
so weise handeln würdet, wenn ihr euch mit eurem
Nachbar, mit dem ihr's auszumachen habt, welcher
von euch beyden der Wolf, und welcher das Schaaf
seyn soll, hinsetzet, und den Würfel zur Hand näh-
met, um zu versuchen, wer so glücklich ist, die meisten Augen zu werfen. Nehmen wir indessen das
beste, daß die kostbare Medicin gegen alle Anfechtun-

F 2   gen

gen im gesellschaftlichen Leben, die weiseste beste
Gesetze von solchen Aerzten applicirt werden, die un-
fehlbar seyn können, und es auch seyn wollen —
nun denn sind wir vor offenbare Gewaltthätig-
keiten sicher — denn kannst du sicher seyn, daß dir
nicht dein Haus, dein Acker oder dein Geld mit
Gewalt wird abgenommen werden; aber die Kabale
kann auch immer einen Anspruch drauf formiren, und
wenn dein Gegner ein schlimmerer Teufel ist, als
du mit deinem Sachwalter, so wirst du nicht der
erste seyn, der alles verliehrt, und die Kosten oben
drein bezahlen muß. Denn darfst du bey deinem
Weibe schlafen, und nicht fürchten, daß der Freund
des Hauses dich wird aufstehen heissen, um deinen
Platz einzunehmen, aber die Intrigue wird ihn von
der Stunde profitiren lassen, wenn du deinem löblichen Beruf nachgehest — denn darf ungestraft dich
niemand einen Schurken heissen, und nicht beschim-
pfen, aber du bist vor Schurken nicht sicher, daß sie
dich nicht verunglimpfen, und in dem leichten Hand-
werk des politischen Nasen- und Ohrenabschneiten an
dir ihr Meisterstück machen — denn kannst du sicher
über die Straße gehen, ohne geprügelt zu werden —
aber nicht sicher vor die Buben, die aus Respekt
vor die Gesetze sich hinter die Ecken der Häuser verstecken, und dich mit Koth und Steinwürfen be-
grüssen — —

Ueberall ist Kabale feine Spitzbüberey, und
Hinterlist beschäftiget, die Gesetze zu höhnen — oder
selbst sie zum Deckmantel zu brauchen, unter welche
die Tücke lauret, und die Bosheit, die Rachsucht,

der

der Eigennuß — oder Neid sein Werk treibt —
welches immer eigenen meist eingebildeten Vortheil
und anderer Nachtheil bezielt.

Ob in diesem Betracht die Höfe der Fürsten rei-
cher an Beyspielen sind, als andere gesellschaftliche
Verhältnisse, das will ich so ohne Unterschied nicht
behaupten, obs gleich schon so oft gesagt ist, daß
man's sich müde gehört hat.

Mehr Veranlassung mag da seyn, aber auch
nur an denen Höfen gilts, wo der Fürst schwach ist
— und der zuverläßig alles leiten und lenken kann,
der am besten den Zügel — der ausgefindigten
Schwächen zu führen versteht —

Das Heiligthum der Kirche ist nicht frey von
den Einflüssen der Intrigue — Im Konklave war
ich nie, und ich kanns euch nicht sagen, welcher Geist
sich über die Wahlherrn des Pabstes ausgießt, wenn
das veni creator spiritus gesungen ist.

In den meisten Wohlangelegenheiten könnt ihrs
euch leicht vorstellen, welcher Geist die Stimmen
sammlet — wenn ihr nur einmal auf die Wahl per
plurima gestoßen seyd, und sollts auch nur einen
Dorfküster oder Orgeltreter gegolten haben.

Am meisten herrscht die Kabale in Dienstfä-
chern nach ihrer verschiedenen Natur, in dem einen
mehr in dem andern weniger —

Sie verschont das Militair nicht, verfolgt auch
da ihre lange verborgene Gänge und maschinirt so
lange unter der Asche, bis das Haus endlich in
Brand geräth und sich nicht immer nach Soldaten
Art — — kurz und gut endiget.

F 3   In

In denen meisten übrigen, siehts nicht anders aus, als Knabenkriege, in welchen der eine dem andern sein in der Schule erhaltenes Laudabile nicht gönnt oder — ihn um sein grösseres Butterbrodt zu belauren sucht — — — Ein Schritt höher im Range — etwas Gehalt mehr — oder irgend ein Verdienst, das der andre nicht hat oder nicht haben kann — Das sind Butterbrodte, warum die Knaben sich scheel ansehen, und wenn sie's Herz nicht haben, sich drum zu prügeln, zum Präceptor laufen und dem den Kopf warm machen, bis sein Rechtspruch dem einen das Butterbrodt und dem andern zur Wonne der übrigen die Disciplin zuerkennt.

Dies ist der Weltlauf überall vom Größten bis zum Geringsten, mit dem Unterschied, daß nach Maaßgabe der mehrern äussern Verhältnisse auch die Nachstellungen, die heimliche Untergrabungen und alle niedrige Kunstgriffe der Kabale häufiger sind und die Schwierigkeit, ihnen auszuweichen, größer wird. (Ob gegen diese geheime Influenzen des Geistes der Intrigue, gegen die wahre Pestilenz, die durch alle Stände im Finstern schleichet, kein Recept, kein Präservativmittel ist?)

In welchem ausgearteten Zeitalter der teutschen Nation die Maxime gebohren ist: Den Fuchsschwanz streichen oder Füchse mit Füchsen zu fangen, das woll'n wir jetzt nicht untersuchen — ob's gleich eine schöne Gelegenheit darböte, der Welt durch eine gelehrte Deduktion was aufzubinden, wie durch die meisten Deduktionen, wodurch sich Publicisten und Staatsmänner bekannt machen,

zu

zu geschehen pflegt, als wovon ich euch manch erbaulich Exempelchen erzählen könnte, wenn ichs euch nicht zutraute, daß euch dergleichen ohne mein Erinnern, so viel ihr nöthig habt, beyfallen würden. Auch die eigentliche Genealogie und Abstammung dieser Maximen mag im Dunkeln bleiben. In gerader Linie von denen alten Teutschen, die mit dergleichen Kunstgriffen nicht bekannt waren, und anstatt sich heimlich Schlingen zu legen, und wie die Füchse einander zu fangen nur gewohnt waren, Arm gegen Arm zu setzen, oder gegenseitige offengelegte Anforderungen sich abzuwürfeln, sind solche mit guten Gewissen nicht herzuleiten. Sicherer gehen wir, sie vor gute ehrliche Bastarte zu halten, die ihre Existenz der Vermischung teutscher Abkömmlinge mit treulosen Dänen oder Franzosen zu danken haben.

Die Erklärung des eigentlichen Sinnes könnte zu komischen Karrikaturgemählden Stoff und Anlaß geben, aber wenn wir ihren Werth auf die Waagschaale legen, so erscheinen sie, wie alle kleine Bubenstreiche, zu verächtlich, um sich weiter dabey aufzuhalten. Und doch — was würde für die Satire übrig bleiben, wenn man über alles was nicht mehr Werth hat, im ernsthaften und verächtlichen Ton hinstreichen wollte? — Die französische Universalmedizin tromper le trompeur c'est double plaisir mag meinetwegen denen beyden vorigen teutschen Maximen den Rangstreit ankündigen, wir wollen nicht darüber urtheilen, welche die schlechtste sey, wenigstens gehört zur Ausübung des einen und an-

dern

dern so wenig — nur etwas Unverschämtheit, ein
ernsthaftes oder ein frommes Gesicht, hinter welches
sich der Teufel am liebsten versteckt, und Schurkerey
im Herzen — mehr brauchts nicht, und ihr braucht
nie weit um euch zu sehen, um das kennen zu lernen.

Glücklich, wer sich weit von dem Vogelheerd,
wo die Kabale ihre Netze stellt, entfernen kann!
wo es nur darauf angelegt ist, euch euer Stückchen
Brodtrinde abzujagen, oder wenn ihr euch umkehrt,
euch Sand darauf zu streuen, daß ihr euch die Zähne daran stumpf beissen sollt; da dächt' ich, würdet
ihr wohl thun, den versalzenen Bissen gutwillig hinzugeben, und mit Hinterlassung einiger ausgerupf-
ten Federn das Feld zu räumen, euch irgendwo in
einem unbeneideten Winkel der Erde, die denn doch
für alle Geschöpfe Gottes noch immer Raum hat,
euer eigen Fleckchen Land zu bauen, eure eigene
Bohnen und Rüben zu säen, und im Frieden zu
genießen.

Das ist nicht jedermanns Ding. So mancher
Große seufzte unter der glänzenden Bürde — wenn
er fürchtete, daß sie ihm abgenommen werden dürfte — und bedankte sich gar schön, wenn sich das
Wetter änderte, und ihm die Gnade wiederfuhr,
daß ihm eine neue mehr aufgepackt wurde. So
mancher winselt unter den Fesseln des Hofzwangs,
und würde gern in der Schmiede arbeiten, um sich
selbst neue Ketten zu machen, und sich auf dieser schön
gemahlten Galeere noch vester anzuschliessen.

So steigt Stufe vor Stufe tiefer herab, durch-
lauft alle Stände und alle Verhältnisse der menschlichen

lichen Gesellschaft, überall werdet ihr Jeremiaden
hören, und Klagen, daß Intriguen einem jeden
seine Tage vergällen, und's Leben blutsauer machen;
vorausgesetzt, daß ihr Leute hört, die unter Kame-
leonen nicht selbst Kameleon's sind, nicht die Gabe
haben, die obige Maxime — den Fuchsschwanz zu
streichen; auszuüben, und für jeden, der ein Liebhaber davon ist, ein Zuckerplätzchen in Bereitschaft
zu halten, oder was sonst seinem Appetit behagt —
und dennoch werdet ihr so wenig finden, die ihre Last
freywillig abwerfen und ihre Ketten zerreissen, und
ein erseufztes Ruheplätzchen sich suchen, und unter
denen wenigen, die es thun, von der schwedischen
Königin Christina angerechnet, bis zum geringsten Diener des Staats, dürftet ihr noch weniger
antreffen, denen ihr ausgeführter Entschluß nicht
leid würde.

Also — und wenn euer Gestirn euch nicht verstattet, oder ein unbezwinglicher Hang, der euch an
gesellschaftliche Verhältnisse oder an das geschäftige
Leben ankettet, es nicht will, daß ihr euch loßreißt,
und — ganz von der Sphäre, wo die Intrigue gebietet, entfernen könnt; was ist denn zu thun? Nun,
denn machts wie ihr könnt. Oefnet die Augen und
sehet, nicht auf den Schein, der auf der Oberfläche
schwebt, sondern wenn euer Sehensvermögen dazu
fähig ist, durch und durch — und möchtet ihr so viel
Augen haben als Seiten und Winkel sind, aus welchen die verdorbene Maschine der Kabale auf euch
spielen kann — und kombinirt, um nach dem ganzen Zusammenhang der Umstände richtig schließen

F 5   zu

zu können, wie lange ihr sicher scheinen könnt, ohne
es zu seyn, und wenn ihrs mit dem kühnen Blick,
der die Intrigue selbst in Verwirrung setzt, zeigen
müst, daß ihr die Dupe nicht seyd. Bey alle dem
glaubt nicht, daß Vorsicht, Rechtschaffenheit, und
wenn ihr alles thut, was ihr zu thun schuldig seyd,
die Gewähr leisten könne, nie im Netze zu fallen,
die euch gestellt werden. Wenns anders wäre, so
hätte nie ein ehrlicher Mann als Sklave auf der
Galeere seine Zähne an ausgedörrten Zwieback und
seinen Arm am Ruder geübt — nie ein treuer Für-
stendiener Ungnade, Fall — und Schadenfreude erfahren — kein Patriot sein Leben im Exilio beschlossen, und Wittwen und Waisen zu Grunde gerichte-
ter Familien würden in geringerer Anzahl nach
Brodt seufzen. Den Vorhang nieder! dergleichen
Scenen darf man euch nicht vormalen, ihr könnt sie
täglich mit eigenen Augen ausfindig machen. Vergeblich werdet ihr ein Recept suchen, euch gegen die
schleichende Gift ganz zu verwahren, und wo es eingewurzelt ist, da gleichts dem fressenden Krebsschaden, und höhnt die Kunst der Aerzte —

Jetzt, meine Herren, sollte ich sie in den Vorsaal der Herzinischen Geheimnisse führen, wie
ich's im Vorbericht zum zweyten Stück versprochen
habe, und das versichere ich Ihnen, Sie können
nicht so begierig seyn, hinein zu schauen, als ich ein
herzliches Verlangen trage, Sie hineinzuführen —
aber Sie sehen selbst, wie mir der Raum des dritten
Stücks unter der Feder hingeschlüpft ist, und dies
dritte Stück kein neues Gemählde mehr fassen kann,

so

so sehr ich die Vorstellung des Schattenspiels an der
Wand abzukürzen bemüht war, und ganze Scenen
und Episoden überhüpft und aufgeopfert habe.—
Sie sollen indessen um nichts verkürzt und selbst für
die Ertheilung einer vierwöchentlichen Dilation reichlich entschädiget werden — In dem nächsten vierten
Stück werde ich mich meiner Schuld mit doppelten
Interessen entledigen, und diese Zwischenzeit ehrlich
anwenden, mit meinen Teufeln, die den angekün-
digten Vorsaal zieren, noch vor die Toilette zu gehen
und ihre Stellungen, Mienen und Drapperie in ge-
nauere Ordnung zu bringen, damit sie mit desto
mehr Anstand vor ihren Zuschauern, unter welchen
sie viel alte Bekannte und gute Freunde antreffen
dürften, erscheinen mögen —

Der wenige übergebliebene Raum mag durch
den anderweitig versprochenen litterarischen Artikel
ausgefüllt werden.

Litterarischer Artikel.

Den hätt' ich mir nun freylich ersparen können,
und ich weiß nicht, welcher Dämon es mir eingab, euch in dem Vorbericht zum zweiten Stück einen
litterarischen Artikel zu versprechen — Es war ein
gutherziger wohlmeinender Gedanke, der mir so gerade in die Feder fuhr, um das Publikum wegen
eines besondern Bogens zu entschädigen, der nicht
jedermanns Ding seyn kann, und nur einigen meiner Leser bestimmt ist —

Gerade

Gerade als wenn eine Mutter ihrem verzogenen und liebsten Kinde einen ausgesuchten Bissen von ihrem Teller giebt und denn fürchtet, daß die übrigen weinen möchten, und dem Mißvergnügten, der schon grämlich aussieht, zuspricht: Still! mein Püpchen, du sollst auch was haben! Und weil's nun der Geschmack des Jahrhunderts mit sich bringt, daß alles litterarisch seyn will — so dacht ich damit einen jeden am besten zu befriedigen — Eben so gut hätt' ich im Hintergrunde jeglichen Stücks etwas vom Prospekt des Blocksberges selbst — und von den kleinen Begebenheiten ausserhalb denen Zelten irgend einen Hexentanz hinzeichnen können — — dabey wäre wenigstens nicht halb so viel gewagt, als bey dem kühnen Schritt, unter dem Heer der zünftigen Litteratoren von Profeßion zu erscheinen, ohne von denen Zunftmeistern einen Gildebrief oder Kundschaft beybringen zu können. O weh! es ist ein gefährliches Abentheuer, das schäumende Meer der Litteraturkenntnisse zu befahren, auf welchem die Winde aus allen vier Ecken der Welt beständig gegen einander blasen, Ströme sich einander durchkreuzen und Korsaren die Fahrt noch unsicherer machen, so, daß so mancher sein bischen Ladung in augenscheinliche Gefahr setzt, und von Glück sagen kann, wenn er nur mit dem Verlust von ein paar Anker, mit einem zerbrochenen Mast und zerlappten Seegeln wieder den Hafen gewinnt, und an der sichern Küste sich hinsetzen kann, um all dem Wüthen und Stürmen und Gefechten ruhig zuzusehen, ohne an der Gefahr weiter Theil zu nehmen. Man muß

muß es machen wie man kann, wenn sein Geschick
einen fortreißt, einen Kreutzzug auf Abentheuer zu
thun, und sich über die mögliche Unfälle im voraus
zu beruhigen suchen.

Der cervantische Held verlohr nie den Muth,
wenn er noch so zerbläuet worden war, in der Hofnung, den Wunderbalsam zu finden, dessen Wirkung ihn keine Schläge weiter würde fühlen lassen.
Unsere heutige Ritter von der traurigen Gestalt
schütteln ihre Schellenkappen gegen einander, um
den Strauß zu beginnen, rennen mit ihren kritischen
Speeren einander durch die Rippen, heben sich wechselsweise aus dem Sattel — und endigen nach aller
Ritterart mit einer Umarmung, wovon ihr Beyspiele wissen werdet, falls sie nicht Lust haben, ihre
Stärke zum zweytenmal zu messen und einen frischen
Gang zu wagen — Andere bekommen eine Ritter-
zehrung, eine gute Ladung Prügel, Schleudersteine
an den Kopf, oder, wie der arme Sancho, eine
Prelle, und in diesem Jahrhundert, wo der Teufel
und alle Zauberer und Hexen wieder loß sind —
werden einige gar in Affen, in Esel, in Gänse, in
Staarmäße verwandelt *) — aus ihren Betten in
Plutos Wohnungen gezaubert, wo sie noch am besten wegkommen, und blos mit einem derben Wi-
scher wieder heimgeschickt werden. Das Grausen
möchte einem ankommen, auf die Art die Herren
Litteratoren gerathen — Vergleichungsweise ists
Kleinigkeit, mit dem Teufel anzubinden.

Ich

*) Man sehe die drolligte Farce: Prometheus, Deu-
calion und seine Recensenten.

Ich will Ihnen keinen Eintrag thun, meine Herren. Die weite litterarische See, in welcher Sie die mannigfaltige Ströme ihrer Journale, Magazine, Sammlungen und Bibliotheken hineinführen, auf deren gedultigen Rücken so manche Ladung ungeheurer Ballen für Rechnung Merkurs und Kompagnie und ganze Lasten griechischer Kontrebande und einheimische litterarische Kontrefaktionen von Jonischen Sitten und alten entschlafenen Helden mit gutem und bösem Winde segelt — Diese See wird denn ja auch mein Tröpfchen, das ich hineinfallen lasse, fassen können.

Dabey dürfte dieser Artikel ein so wenig litterarisches Ansehn haben, als ich, mit allem Respekt für die Herrn Kritiker, Sammler, Kompilatoren, Antiquarier, und wie sie alle heissen mögen, welche die Litteratur mit eigenen oder fremden Produkten bereichern — mir keinen zum Muster genommen habe — ich folge gern meiner eigenen Nase, und wer nicht Lust hat, auf den Fußpfad, wo die mich hinführt, mir Gesellschaft zu leisten — der sey so gut und folge der seinigen – also ohne weitere Vorrede.

Ich will nur meinen Teufel unter euch suchen, liebe Herren; er ist mir entlaufen, und wie er nicht leicht eine Menschenklasse unbesucht läßt, und das Gewebe der Kabale überall zum Gebrauch empfiehlt; so dürfts leicht seyn, daß er auch in's Reich der Litteratur zu Zeiten sein Werk habe. An Geschmack fehlts ihm nicht, er liebt das Genie — war einst selbst der Apoll des berühmten Machiavels, und ist Autor mancher Staatsschriften und —geheimer,

mer, blos aus Versehen gedruckter aber auch weißlich konfiscirter Instruktionen für junge künftige Regenten. Auch war dieser Dämon immer
ein Freund von gelehrten Kriegern — war der geheime Rathgeber beyder Partheyen, die er mit rü-
stiger Feder gegen einander fechten lehrte, und ver-
schafte jedem seiner Alliirten Anhänger und Verehrer, damit keinem so leicht der Muth entsinken
möchte, die gelehrte Klopffechterey oft ziemlich un-
philosophisch — durch Chikanen und gar sonderbare Kunstgriffe fortzusetzen. *) Ich zweifele, daß
die

---

*) Als der berühmte Kanzler Wolf zuerst durch seine
Philosophie die theologische Fakultät zu Halle allar-
mirte, und die Erfahrung machte, was das heißt,
fromme Leute von Lammessinn gegen sich zu haben;
focht dieser Philosoph nur mit Gründen, die ihm
nicht wiederlegt wurden. Aber schon damals war's
Mode, daß derjenige nicht allezeit am besten wegkam,
der die besten Gründe und das Recht vor sich hatte.
Die fromme Männer hatten ihre Gönner am Berliner Hof, welche im Fall der Noth das durch ihren
Einfluß und durch ein Wort zu seiner Zeit geredt
suppliren konnten, was auf der schwächern Seite an
Gründen und an Wahrheit fehlte. Der vorige
König von Preußen wollte einst wissen, was es mit
der Harmonia prästabilita, die Wolf lehrte, und
worüber so viel Lärm wäre, auf sich hätte? Nichts
weiter, sagte Natzmer, als daß wenn einer aus Eur
Majestät großen Garde desertirt; so war das von
Ewigkeit her bestimmt — Es steht nicht in der Willkühr des Deserteurs, nicht zu desertiren — die Handlung war absolut nothwendig, und es kann keiner
deshalb gestraft werden, und wenn alle Großen
wegliefen. So ein schröckliches Lehrgebäude harmo-
nirte

die Aristarchen unserer Zeit nicht bisweilen in ihren Aussprüchen von diesem Geist, der sich überall einmischt, gelenkt werden sollten, wenn sie auf die Waage ihrer Beurtheilung den Werth oder Unwerth gelehrter Produkte bestimmen.

Wie solls erklärt werden, daß das Schicksal der Gelehrten und ihrer Schriften mit ihrem wahren oder falschen Verdienst oft so wenig im Gleichgewicht steht? Manches kleinen Geistchens kleine Blättchens hebt der Wind hoch den Sternen entgegen, und sie werden, als wenn sie wirklich vom Olimp aus dem Schoos der Musen herabfielen, mit lauten Zujauchzen gesammlet — und so manch erhabnes Genie ward erst nach Jahrhunderten in seiner Größe erkannt.

Die Pariser Akademie der Wissenschaften hat denn doch zuverläßig unter ihren Mitgliedern manchen seichten wäßrichten Kopf. — Der Dichter Piron konnte nie zu dieser Ehre gelangen und aufgenommen werden — da andere, die ihm nicht gleich kamen, diesen Vorzug erlangt hatten. Zu seinem Trost machte er daher auf sich selbst die Grabschrift:

C'y git Piron qui n'étoit rien
Pas même Academicien!

In denen Urtheilen der Akademien der Censorämter, der Sorbonnen — herrschen so viel Geister — die bey einigen Mitgliedern dieser Synodalver-
sammlun-

nirte nun so wenig mit dem System des Königs, daß Wolf Befehl erhielt, die Universität sofort zu verlassen und seinen Gegnern das Feld zu räumen.

sammlungen im Gehirn residiren, welches wäßriger,
feuriger, leichter oder dicker pflegmatischer Natur
seyn kann — andere haben ihren Sitz im Herzen,
in der Galle, in der Lunge, in einer verhärteten
Milz, oder im verdorbenen Magen — Da verlasse
sich einer auf solche Urtheile, denen die Beyträge
zur Litteratur und die Werke der Genies unterworfen sind, die — zu Zeiten in Paris verbrannt und
anderwärts tolerirt oder vortreflich befunden werden.

Die Stimme des allgemeinen Publikums ist ein
ziemlich zweydeutig Ding — immer vielzüngig, und
wer will das ausmitteln, wohin die meisten Stimmen entscheiden — und wenn dieses Publikum nun
ganz einstimmig wäre, so würd's oft blos die Einigkeit eines Tages seyn. So manches mit großem
Geschrey und Jubel von seinen Zeitgenossen in dem
Tempel der Unsterblichkeit aufgehangenes Werk ist
wieder herabgefallen ins Grab der Vergessenheit —
sein Verfasser überlebt die Frucht seines Geistes noch
lange — um Zeit übrig zu haben, den Tod seines
einem ewigen Leben geweiheten Kindes zu beweinen.

Heute zu Tage — die Stimme des schönen Publikums — eine allgemeine von Damens applaudirte Lektüre — Dies Urtheil, um welches Schriftsteller ihr ganzes Leben hindurch buhlen, wird denn
doch einen unstreitigen und zuverläßigen Werth bestimmen? Also ein Werkchen, das auf allen Demens
Toiletten zu finden, blos für Toiletten — versicht sich
für Toiletten des Geistes geschrieben ist — und es
giebt dergleichen — eben so wohl als Schönheits-
wasser für Runzeln, Sommerflecken und Sonnen-
brand — oder Schminken, die allen Gesichtern eine

Drittes Stück.   G   ein-

einförmig gemahlte Schönheit ertheilen — so ein
allgemein introduzirtes, empfohlnes und gebrauchtes
Werkchen kann doch unmöglich an innerer Güte ermangeln? Ich habe allen Respekt für den allgemeinen Geschmack der Damen — Die Toilette mag also bis aufs weitere entscheidend seyn.

Ein gewisser allgemein akkreditirter Damens-
minister, der die Zeugnisse der Glaubwürdigkeit wegen gehabten Zutritts in die geheimste Kabinetter,
mittelst Podagra und dergleichen kostbaren Denk-
mälern seiner rühmlichen Thaten vorzeigen konnte.—
dieser versicherte, daß er immer hundert gegen eins
wetten wollte, daß die Lektüre, welche bey Damens
von Stande, die ihren Thee im Bette zu frühstücken,
und dabey ein Buch zur Hand zu nehmen gewohnt
wären, in ihrem Nachttisch dem Nachttopf zur Seite
zu liegen pflegte; entweder Morgen- und Abendan-
dachten — oder Sotisen, oder neben einander bey-
des, in guter Verträglichkeit enthielte.

Dies beweise denn doch wenigstens, daß man
von der Stelle, wo ein Buch angetroffen wird,
auf das Buch selbst einen Schluß machen kann —
warum sollte man also nicht auch von der Toilette,
von diesem Altar, wo der Verschönerung gedient
wird, auf Schönheit der Bücher, die darauf liegen
und die Dame beschäftigen, wärend der Friseur sie
ein paar Stunden in Unthätigkeit erhält, geschlossen
werden können?

Nein? das Urtheil des Oberappellationsge-
richts des erleuchteten, vernünftigen und geschmackvollen Publikums, worauf alle Autores
provociren, wenn sie ihren Angreifern und Kriti-
fern

tern troß bieten, dies allein, sagt der Aristarch, bestimmt den Werth oder Unwerth litterarischer Effekten und das Verdienst der Schriftsteller!

Es ist schlimm, daß man nicht weiß, wo dies
hohe Kollegium anzutreffen ist? welches sammt und
sonders die Glieder sind, aus welchen dieser erleuchtete Senat zusammengesetzt ist — und wenn man's
wüste; so ist wahrer entschiedener Werth nicht immer ein zuverläßiger Beförderer guter Litteraturwer-
ke, und decibirter Unwerth setzt dem alles über-
schwemmenden Strom wenig bedeutender litterarischer Frivolitäten keine Dämme entgegen. So oft
läßt sich aus dem innern Gehalt keine Ursach entwickeln, wodurch ein fliegendes Blatt allgemein ge-
schätzt und das Steckenpferd ist, das jeder reitet —
in diesem Fall muß der Teufel sein Spiel haben.

Ich übergehe, was der Zufall wirkt, oder irgend
eine Begebenheit, welche allgemeine Aufmerksamkeit erregt, eine Schrift geltend zu machen — es ist
ganz begreiflich, daß ein Gazettier Kürasse, der die
Farce des französischen Hofes liefert, allgemein willkommen war — und auch il Conclave &c. wenn so
auf dem Theater der Welt ein neues Stück aufgeführt wird, das in sich selbst komisch ist, und denn
noch burlesker unter einer launigten Feder geräth,
wer wollte einem solchen Schauspiel nicht zulaufen?
Neugier ist angebohrne Erbsünde aller Sterblichen
— — auch herzliche Neigung zur Bizarrerie, die
ich nach dem modernen Geschmack unsers Zeitalters
einst näher karakterisiren werde, kann dieselbe Wirkung haben — ungefähr wie ein Komet, der schnell
in unserm Gesichtskreiß erscheint, seine sonderbare

Gestalt

Gestalt durch den weiten Himmel trägt und — wieder verschwindet, unterdessen aber nicht blos den Naturforscher, sondern auch alle Liebhaber mit abendtheuerlichen Erscheinungen beschäftigte — von allen dem ähnlichen Phänomenen im Reich der Litteratur sey indessen jetzt nicht die Frage — ich bleibe blos bey der litterarischen Kabale stehen, die in unserm lieben Teutschland oft kräftigere Wirkung hervorbringt, als Verdienst, und durch ihr Gepräge den Kours besser befördert als — innrer Gehalt. Selten erscheint ein neues Stück auf dem Theater zu Paris, ohne daß für oder wider dasselbe eine Kabale gemacht würde, die das Stück hebt oder fallen läßt. Dank sey's dem Geist der Intrigue, der im Parterre die Oberhand hat, daß zum Trost des Dichters sein persiflirtes Drama nicht immer schlecht ist, und er noch Hofnung hat, die Bewunderung der Nachwelt und den Beyfall so manches auswärtigen Publikums zu erhalten — und auch, daß nicht jedes durch bestellte Applaudissements (die im Parterre so leicht zu erkaufen oder zu erschwatzen sind, als im Parlement oder auf Reichs- und Wahltagen und anderweitig, wo's auf Mehrheit ankommt, die Stimmen —) erhobenes Stück gut ist — und sein Verfasser die Erfahrung machen kann, daß es leichter ist, auf diesem Wege sich eine Partie zu machen und Ruhm zu erlangen, als ihn auf die Dauer zu erhalten.

So manche Litteraturbeyträge befinden sich in demselben Fall.

Ehedem, als die Litteratoren noch so gütig waren, blos des Ruhms wegen zu schreiben, ihre Federn in Dachstuben zu zerkäuen und nebenbey von denen Buchhändlern

händlern abzuhängen, welche die Grade der Kälte und
des Hungers berechneten, die ein Autor aussteben
konnte, ohne das Feuer seines Geistes erlöschen zu laf-
sen – damals war's blos der Ruhm, der Partien machte, und die Kabale in Bewegung setzte. Das Monopolium des Gewinnstes von dem Trafik mit gelehrten
Waaren beruhete allein in denen Händen der Verleger, welche die Maxime gewisser grossen Herren angenommen hatten, die ihrer Officianten Gehälter so karg-
lich bestimmen, daß sie zu viel zu sterben und zu wenig
zu leben haben — sie verfuhren mit denen Autoren,
wie mit denen Vögeln, die nicht zu viel Futter haben
müssen, wenn sie ihren Gesang nicht vergessen sollen—

    sie nährten Dichter kümmerlich.
  Warum? denn singen sie am besten

                    Gellert.

Der ewige Sekretair einer berühmten teutschfranzösi-
schen Akademie der Wissenschaften eines grossen Prinzen, der mit völliger Resignation auf schriftstellerischen
Ruhm nur für seinen Nutzen alles schrieb, was sich
schlafend und wachend ohne Nachsinnen leicht schreiben
läßt, und nur auf die Menge der Bogen sah, die er seinem Verleger für einen mäßigen Preiß lieferte – und
blos durch die Menge sich ein Vermögen zusammen-
schrieb – war eine seltene Ausnahme von dem traurigen Schicksal der übrigen, die blos zur Behauptung ihrer Sätze arbeiteten und Kabalen machten, auf alle
andere zeitliche Vortheile Verzicht thaten, und lieber
ihr Manuscript umsonst hingaben, als daß sie ihrem
Gegner das letzte Wort sollten gelassen haben.

  In der Folge fiengen die Litteratoren an, solider zu
denken, und auch für ihren Nutzen zu schreiben, und

          G 3   nunmehr

nunmehr **Ruhm** und **Nutzen** — waren zwey Anlo-
ckungen für den Geist der Kabale im Reich der Litteratur, wobey bald dieser, bald jener, und nicht selten
das ganze liebe Publikum, hintergangen wird.

Voltaire war der erste, der sich ganz vorzüglich
auszeichnete, und ernstlich drauf Bedacht nahm, nicht
blos die Mühe seiner Finger, sondern auch sein Genie
bezahlt zu bekommen. Er strebte nach dem Verdienst,
die Werke des Geistes auf einen höhern Werth zu
setzen, und so ein schlechter Katholik er immer seyn
mag; so dürfte er dieses verdienstlichen Werks wegen
allein über seine litterarische Sünden — zum Beyspiel,
über seine historischen Unrichtigkeiten, und daß er uns
immer wieder auftischt, was wir schon hundertmal
verdaut oder auch unverdaulich gefunden haben, Ab-
laß erhalten: und vielleicht gar noch einmal kanonisirt
werden, wenn dereinst sein rühmliches Beyspiel das
goldene Zeitalter der Autoren nach sich ziehen sollte.

Seine Intriguen hatten nun zwar freylich nicht
das feinste Gepräge, und sahen offenbaren Betrüge-
reyen sehr ähnlich, aber sie waren ungemein lukrativ.
Der Streich, da er eines Philosophen Werke, die ihres grossen Verfassers wegen allein schon merkwürdig
waren, ohne ihren innern Werth zu rechnen, ent-
wandte, und auswärtig sein Kommerz damit trieb,
war mehr kühn als fein, und bewies nur, was man ihm
ohnedem schon zutraute, daß sein Vortheil sein einziges und höchstes Gesetz sey, dem sich alle übrigen sub-
ordiniren musten. Nach diesem Grundsatz verfuhr er,
da er seine beste Werke an verschiedene Buchhändler
zugleich verkaufte, wodurch jedoch nur diejenigen rui-
nirt wurden, welche das Loos traf, kein ächtes Manuscript

script von ihm erhalten zu haben. Dem sey wie ihm
wolle, er ist der erste, der seine ganze Erfindungskraft
anspannte, um das Schicksal der Autoren zu rächen,
die mit Heulen und Zähnenklappen als Tagelöhner
überm sechsten Stockwerk arbeiteten, und sich im ganzen Ernst fast blos mit Götterspeisen nährten, wobey
jedoch die irrdische Söhne Apolls ziemlich entkräftet
und hager zu werden pflegen.

Nach ihm fiengen teutsche Gelehrte an, mit ihren
litterarischen Bemühungen auch ernsthaftere Hand-
lungsspekulationen zu verbinden, ohne sich, wie Voltaire, von allen Gesetzen der Ehrlichkeit zu entfernen —
Klopstock lehrte und vertheidigte einen neuen Plan
zum Selbstverlag, und Wieland übte ihn nach seiner
eigenen Manier aus — und mit dieser Epoque eröfnete
sich ein neues Feld zu neuen Kabalen im Reich der
Litteratur.

Die Buchhändler, als zeitherige Monopolisten gelehrter Waaren, bewegten sich gegen solche offenbare
Eingriffe in ihre Rechte — Es erschienen von beyden
Seiten Deduktionen, Plakate und Vertheidigungen
alter Gerechtsame, wie dergleichen dem Ausbruch des
Krieges immer vorzugehen pflegen — Die Fehde begann, und Räubereyen, Plünderungen und Nachdrü-
cke nahmen überhand, wenn auch dabey eingebüßt und
nichts weiter gewonnen wurde, als dem Feinde Selbstverleger eine Schlappe anzubringen. Die Kabale, wie
immer, schloß mit jeder Parthie Allianze, es gieng wie
mit dem Glück des Krieges, heute hatte der eine und
morgen der andere den Vortheil.

Das Abonnement ward die Zuflucht der Litteratoren gegen die Beeinträchtigungen der Nachdrucker.
Dies

Dies machte eine nähere Verbindung der Geisterwelt nothwendig, sie schlossen Kommerzientraktaten mit einander. Der gemeinschaftliche Vortheil brachte Feuer und Wasser beysammen, und gegenseitige Dienstleistungen machten, daß Pilatus und Herodes mit einander Freunde wurden. Einer schafte dem andern Abonnenten, und der kleine Dichter, der sich schon einmal todt gesungen hatte, lebte wieder auf, da er sich unter den Flügeln eines größern, den er sich verpflichtet hatte, wieder erwärmte. Zaunkönige setzten sich ins Adlers Gefieder, wurden gelegentlich mit zur Höhe des Olimps hinaufgetragen und zwitscherten von neuom ihre himmlische Liederchen auf die armen Erdenbewohner herab, die durchs Telescop hinaufsahen, um das Kastel des Ruhms zu entdecken, wohin mit seinem Stimmchen der frostbringende Sänger seine Zuflucht genommen hatte, um das horchende Publikum aufs neue durch diesen Kunstgriff für eine Weile zu täuschen.

Die Fortsetzung künftig.

Gallerie

der

Teufel,

bestehend

in einer auserlesenen Sammlung

von

Gemählden

moralisch politischer Figuren,

deren

Originale

zwischen Himmel und Erden anzutreffen sind,

nebst

einigen bewährten

Recepten

gegen die Anfechtungen der bösen Geister

von

Pater Gaßnern dem Jüngern,

nach Art periodischer Schriften

Stückweise herausgegeben.

Viertes Stück.

Berlin 1784.

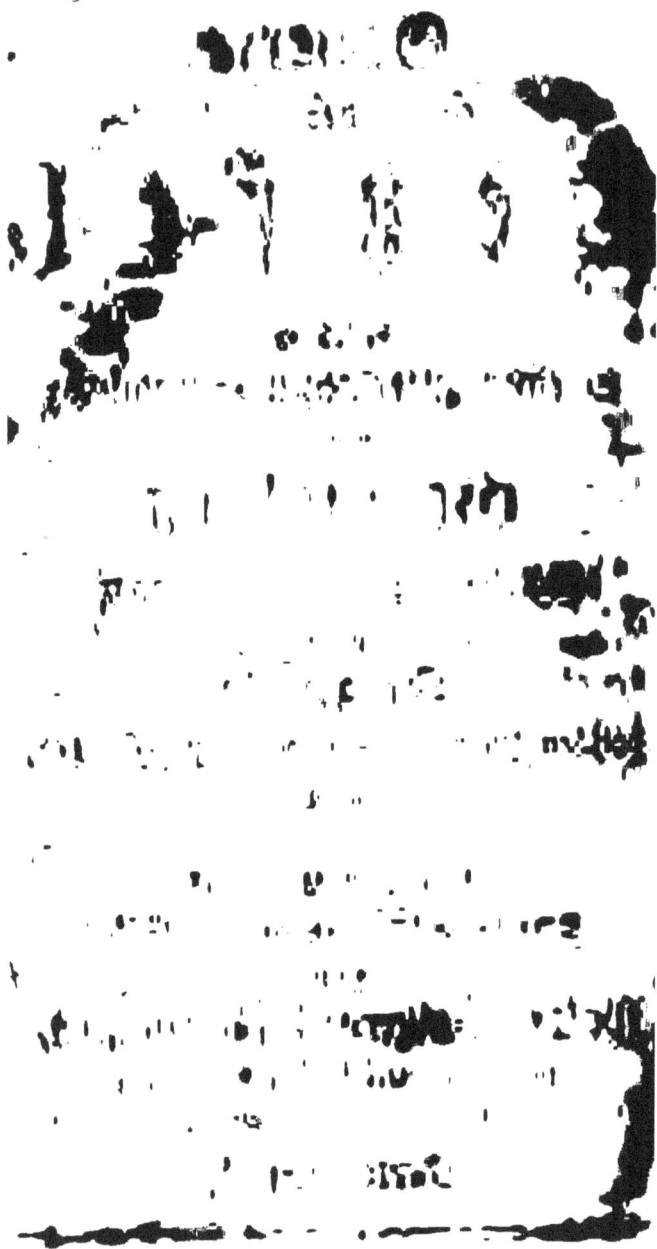

Vorbericht

zum vierten Stück

Bey der Ausgabe des vorigen Stücks meiner Gallerie hatte ich meinen Lesern nichts zu sagen, weil ich nicht bey Laune war — diesmal hätte ich ihnen vieles zu sagen, ohne darum weniger broullirt mit meiner Laune zu seyn.

Es ist ein wunderlich Ding um den Geist des Menschen — und um seine ganze Maschine, die er regiert, und wechselsweise von ihr wieder regiert wird — Ein wahrer Barometer — so lange der Geist in seinem engen Gefängniß eingeschlossen ist, merkt man, im Grunde betrachtet, wenig oder keine Selbstthätigkeit an ihm. Wie eingewickelt liegen seine Kräfte in einer langweiligen Ruhe — nur ein machtloses Bestreben, sich hervorzuarbeiten, und die sich selbst verschlossene Triebfedern in Bewegung zu setzen. Der geringste Hauch des Windes wirkt von aussen auf unser Nervensystem und dieses auf den Geist — Immer Einflüsse von aussen treiben uns wie ein Mühlrad herum — bald oben, bald unten — ernsthaft und leichtsinnig, schwermüthig und frölich, verdrieslich und scherzhaft — dogmatisch und launigt, alles das sind wir — nicht weil wir's sind; sondern — weils der Wind, das

A 2   Wetter,

Wetter, das Klima, Regen oder Sonnenschein so haben wollen — O Selbstständigkeit des Menschen, wo bist du?

Obs der Teufel ungnädig nahm, daß ich ihn mahlen wollte? ob er um deswillen nach meines ältern Bruders, des Elwangenschen Gaßners System seine Cirkumseßionsübungen mit mir vornahm? das weiß ich nicht. Genung ich war krank, und hätte euch, wenns wer weiß was gegolten hätte, an der Gallerie keinen Strich mahlen können. Freylich mochte der Teufel wohl schuld dran seyn — wenigstens setzt er einem oft genung böß Blut, die Natur muß sich dann gewaltig schütteln, ehe sie's wieder los wird — und das geht denn freylich ohne Unbequemlichkeit nicht ab. Es wäre das eine gute Gelegenheit gewesen, die Geschicklichkeit meines Bruders Senior zu Elwangen in der Kunst, die körperliche Wirkungen des Teufels zu bannen, auf die Probe zu stellen. Da indessen seine Methode ist, den Paroxismus erst öfters kommen zu lassen, ehe er ihn gehen heißt, und mit den Wiederholungen mir nicht sowohl gedient war, als mit einem kräftigen gehen heissen, so hielt ich mich lieber an die Vorschrift eines vernünftigen Arztes, und kann nunmehr dem Teufel das Zeugniß geben, daß er mit aller seiner Hartnäckigkeit den Wirkungen natürlicher Arznymittel und besonders bitterer Latwergen nicht widerstehen kann — ich fühls, wie er in seinen Cirkumseßionsübungen mit welchen er mich plagte, ermattet, in seinen Angriffen immer kraftloser wird — und ich setze mich

wieder

wieder vor meine Galleriestücke, um sie vollends
auszumahlen.

Dieses zur freundlichen Nachricht für alle diejenigen, welche über die kurze Pause, welche die
Ablieferung dieses 4ten Stücks verzögerte, schier
ungeduldig wurden — und deren Nachfragen und
Erinnerungen für mich ein Kompliment ist — auch
zur tröstlichen Nachricht für alle Preßhafte in der
Gegend von Augsburg und überall, welche Schaa-
renweiß bey meinem Bruder Teufelsbanner Hülfe suchen, und eben so klug wieder heimkehren als
sie zu ihm kamen — sie werden wohl thun, sich
künftig an meinen Arzt zu wenden und sich von den
Tropfen verschreiben zu lassen, die ohne Zauberey,
aber darum nicht weniger ihre kräftige Wirkung
thun — und endlich zur Nachricht vor jeden Teufel, dem's etwa einfallen möchte, mich mit einer
neuen Anfitzung in meiner Mahlerey zu stöhren —
meine bittere Latwerge steht noch neben mir, und
welcher Satan die nicht vertragen kann, wird eben
so wohl thun, mir vom Leibe zu bleiben.

Doch dies ist nicht die Hauptsache, womit ich
meine Leser in diesem Vorbericht unterhalten wollte, obs mir gleich wichtig war, es ihnen gelegentlich beyzubringen, daß — ohne meine Schuld das
vierte Stück etwas später erscheint, als man's erwartete.

Ehe ich sie in den Vorsaal der herzinischen Ge-
heimnisse einführe, und ihnen in demselben die
Manege sehen lasse, wie in wahren unerdichteten
Weltgeschäften ein Teufel den andern herumtum-
A 3 melt;

melt; habe ich mit einem kleinen Prolog oder Intermezzo, oder wie man's nennen will, aufwarten
wollen.

Schon lange hab ich's versprochen, das liebe
Publikum mit der Beurtheilung meiner Gallerie,
so wie sie aus manch wüstem Gehirn zur Welt gebohren wird, zu amüsiren. Ich habe Zeit und
Gelegenheit gehabt, eine Menge von dem Nonsen-
se solcher Urtheile zu sammlen, die schönen Stoff
zu einer Farce von der Art geben, wie eine Farce
seyn muß, die blos bestimmt ist, vernünftigen Leuten eine lustige Stunde zu verschaffen und ihren
Ernst zum Lachen aufzuheitern und — Narren, die
unter der Satire sind, beym Hans Wurst in die
Schule zu schicken, um sich von dem Wahrheiten
sagen und mit dem Pritschholz begreiflich machen
und einprägen zu lassen. Das wesentliche Kennt-
zeichen, wodurch sich diese kritische Harpien, die ihre
Nothdurft überall verrichten, und auch auf diese
Gallerie ihren Koth fallen lassen, unterscheiden,
ist dieses — daß sie nichts davon gelesen haben,
und auch wohl daran thun, weil sie nichts davon
verstehen würden — wie ich denn bisher nur noch
von wenigen verstanden — nur von wenigen in
meinem eigentlichen Gesichtspunkt ausgefindiget
worden bin — von wenigen, auf deren Urtheil ich
jedoch stolz bin — so wie ich selbst über den Beyfall mancher meiner schielenden Leser schon oft ganz
bekommen mich gefühlt habe.

Schon getrauete ich mir von diesen fremden
Beurtheilungen fünf Briefe oder Kapitel voll zu
schreiben,

schreiben, alle luſtiger zu leſen, als fünf Briefe, die
Wieland mit eigenen Beurtheilungen über ſein
eigen Werk vollfüllte. Als eine Parodie wäre das
Ding nicht übel — aber ein Originalgeiſt hat dieſen Exceß der Vaterliebe zu ſeinem ſchwerfällig ge-
zeugtem Kinde ſchon gerügt — und die kleinen Nach-
richter krähen daſſelbe hinterher — das ſind zwey
Urſachen, warum ich dieſe Gelegenheit, fünf Briefe
über nichts zu parodiren, aufopfern und über andere Punkte bey dem Herrn Briefſteller mir näch-
ſtens eine öffentliche Audienz ausbitten werde.

Es mag alſo blos bey den Vorträgen, Berathſchlagungen und Projekten der Herren Schildbürger bleiben, welche dahin abzweckten, wie dem
Unweſen dieſer Gallerie zu ſteuren ſey. Dieſe zu
geben, hab' ich verſprochen, und wenn ichs nicht
bald thue; ſo vergeß ichs, wodurch nach Autor
Manier ich nun zwar meines Verſprechens entlediget wäre, denn was iſt menſchlicher als verſprechen,
und autorhafter als nicht Wort halten? aber meine Leſer würden dadurch verliehren und das iſt mein
Wille nicht. Originell iſt der Aktus, dafür ſtehe
ich euch — und auch dafür, daß die meiſten Raths-
deliberationen und einſtimmige Konkluſa zu Schilß-
de nach demſelben Leiſten geformt ſind.

Beyläufig iſt nöthig zu erinnern, daß auszugs-
weiſe des Schildiſchen rathhäuslichen Seßions-
journals, bey Menſchen Denken kein Rathsherr in
Pleno Kopfſchmerzen bekommen hat, als wovor
dem lieben Gott tauſendmal gedankt ſey!

Gut! und nunmehr empfangt meinen Schilb-
bürgerdialog — Dies wahre Gemählde einer politischen Kannengießerzunft, die Gott bey übler Laune zusammenraffte, um ihnen die Direktion über
das sündige Schilde zu übertragen, wo sie nun ungefehr eben so regieren, als Sancho Pansa regiert
haben würde, wenn ihm sein guter Herr die versprochene Insel geschenkt hätte, um ihn wegen seiner erschrecklichen Prelle und anderer ausgestande-
nen ritterlichen Kalamitäten zu entschädigen.

Mit derselben Gravität, als dereinst Englands
Ritter von der runden Tafel sich versammleten,
pflanzten sich auch hier Beysassen des hohen Raths
von Schilde um ihren Schultheiß, um mit der
Wage des blinden Glücks und unverbundenen Augen (denn die Herren waren von Natur mit dem
Staar behaftet, und die Okulisten, die ihn stechen
wollten, wurden aus'm Kirchspiel vertrieben) das
Wohl der Einwohner abzuwägen und zu untersuchen,
wie den Landplagen zu wehren sey — der Viehseu-
che zum Exempel, denn diese Herren wünschten
nicht in der Hälfte ihrer Tage weggerafft zu werden.

Nach den ersten gewechselten Alltagsbegrüs-
sungen und Nachfragen nach dem Befinden seit gestern, nach dem gehabten Gewinst oder Verlust
beym Spiel — nach höflicher Erkundigung, wie die
Frau Gemahlinnen sich befänden — und wie den
Herren Kollegen der Rausch bekommen wäre,
und dann nach gestillter Neugier über die Stadt-
historchen, die in den Weinhäusern, Thee- und Kof-
feekloubben ausgebrütet waren; erhob sich Beysaße
Spre-

Sprecher, setzte ein Amtsgesicht auf, als wenn
er nichts geringers als eine Landesverrätherey oder
irgend ein Verbrechen beleidigter Majestät anzuzeigen hätte — und die Farce nahm ihren Anfang,

Sprecher, Beysaße.

Da ist ein Avertissement ausgestreut worden, ich habs gestern auf'm Koffeehause gefunden — steht drinn, daß alle Teufel in Le-
bensgrösse sollen gemahlt werden. Es ist ein
freches schrecklich Unternehmen, und wenn
das nicht gegen den Glauben angeht, so ist's
doch wenigstens gegen den Staat, ich hab's
pflichtmäßig im hochweisen Rath anzeigen
wollen, um allenfalls nöthige Vorkehrungen
machen zu können.

Meister Ueberklug, Beysaße.

ein Schneider von Physionomie, der die Gabe
hatte, den Eierkuchen zu riechen, der ihm erst
übers Jahr gebacken werden sollte, und im ge-
schwinden Decidiren überaus keck war, nahm
das Wort auf:

Es hat sich was mit dem Glauben, der uns endlich
auch nicht angeht — wenigstens ist mir nicht bekannt, daß jemand unter uns das Glaubensdepar-
tement hätte — und eben so mit dem Staate, der
sehen mag, wie er fertig wird, müssen wir doch auch
sehen, wie wir fertig werden, so lange wir leben,
wird der Staat wohl halten — aber wir, meine
Herren, wir sind gemeint — einer nach dem andern, wie wir hier vor Gottes Angesicht versammlet sind, kömmt an die Reihe.

A 5   Veit

Veit Unwitz, Beysaße.

ein Geschöpf, das immer mit dem leidigen Schnupfen geplagt war, weil die Zirbeldrüse in der ersten Anlage schon einen Mangel bekommen, und er daher einen schwachen Geruch — und an der Stirn, vor der's wunderlich aussahe, kein Gefühl mehr hatte — verlies sich auf andere Leute, die für ihn riechen und fühlen mußten, stimmte treulich bey, that seinen Mund auf und sagte:

Ja freylich.

Obadja Blasius.

ein Heiliger in Petto, der die nächste Anwartschaft hatte, nach seinem Tode vor allen seinen Kollegen kanonisirt zu werden, seines Handwerks Vorbeter im Schildischen Konventikel, bey dem sich die Frommen versammleten, um alles Gottlose, was im Sprengel vorging, zu erzählen, um's im Gebet unserm Herre Gott gebührend zu denunciiren.

Ich habs auch gehört, 's ist ein böß Ding, will uns abmahlen, abmahlen uns alle, wie wir nun so du sind — ist nicht erlaubt, muß g'straft werden.

Tiresillus Sternguck er.

kein Salomo im Senat zu Schilde — kein Demosthenes im reden — kein — — kein nun eigentlich gar nichts — man lies ihm blos Ehren halber sprechen, was er mit Schweißtropfen an der Stirn herausbrachte — sagte auch was:

Muß

Muß kurze Wendung mit machen, 's ist so breit
als 's lang ist — Wenns recht angegriffen wird,
muß's schlecht von der Fechtschule wegkommen —

Schultheiß der nicht wußte, was er aus
dem allen machen sollte — so lange um sich
herum sah, bis er zuerst recht viel, und am
Ende nichts sah — und herum hörte bis er
taub war — und taub und blind sich selbst
vom Tiresillus herumführen lies.

Von allem, was ihr da sprechet, meine Herren,
versteh ich noch nichts — Eine Schrift soll erschienen seyn? Wer hat sie gelesen, und was steht denn
eigentlich drein?

Bonifacius, Beysaße und Apotheker zu
Schilde — Seine Büchsen waren eigentlich
leer, aber er verfertigte noch Pillen, welche
der Magistrat zu Schilde in der Gerichts-
barkeit allein auszutheilen und gegen Niese-
wurzel einzutauschen das Monopolium sich an-
maßte — Dieses Amt verschaffte ihm einen
Platz im hohen Rath — Auf die Frage des
Schultheiß erhub er seinen Spruch und sagte:

Man kann nicht eigentlich wissen, was drinn steht,
denn es hats noch niemand gelesen — und gekauft
auch nicht, denn ein Gulden vors Stück ist viel
Geld, aber man kann sich doch leicht vorstellen, was
drinn stehn muß, der Titel klingt gleich ganz got-
teslästerlich und heißt (indem er ein Kreutz schlug)
Gallerie der Teufel — — auch soll sich der Verfasser haben verlauten lassen, daß er Pillen austhei-
len will, welches eine offenbare Kontrafaction ist,

und

und gegen mein Privilegium anläuft, als worüber
ich ohnmaßgeblich in Vorschlag bringe, ihn fiskali-
firen zu laſſen.

Nicolaus Purzelbaum.

Eine Originalfigur, ſtark in Schlußreden,
ebirte lauter ſilloaiſtiſche Hinterſätze, und war
Diktator zu Schilde.

Wir ſind, ſagte er, die wahre ächte Originale zur
Gallerie — es heißt ja offenbar, daß die Originale zwiſchen Himmel und Erden anzutreffen ſind,
und das trift nur klar auf uns. —

Beyſaß Tonne.

Ein Mann von weiter Peripherie und
großem Faſſungsvermögen — dabey ſpruch-
reich wie Salomo, hat eine Diſſertation geſchrieben, worinn er ſehr gründlich beweißt,
daß die afrikaniſche Negers, die nach den
amerikaniſchen Kolonien verhandelt wurden,
in gerader Linie von Ham dem jüngſten Sohne Noah herſtammten, und aus keiner andern Urſache zur Sklaverey beſtimmt wären,
als aus gerechtem Gericht über ihre Uran-
herrn, weil der für ſeinen Vater keinen Reſpekt gehabt, als er trunken dagelegen und
ſeine Blöße gezeigt hätte — Dieſer Diſſertation iſt die praktiſche Anmerkung beygefügt;
daß man einen ehrwürdigen Rathsherrn nie
anſehen noch über ihn lachen müſſe, wenn
unter gewiſſen Umſtänden ſeine Pudenda zum
Vorſchein kämen — als ohne welches es
beym Weintrinken, oder auch), wenn man öffentliche

sentliche Angelegenheiten gar zu nüchtern betriebe, nicht allezeit abgehen könnte — Dabey bemerkt er sehr gründlich, wie bey einem Senator die physikalischen Pudenda von den moralischen und politischen müßten unterschieden werden, und pflegte zu sagen: daß die Errores in Kallulo nur arithmetische Pudenda und solche Pekkadillen wären, die man schon ungestraft dürfte beobachten lassen — alle übrigen, von höherer Extraktion — sonderlich des Eigennußes, der Kabale — oder auch — die zu Seiten verunglückte Pudenda des Verstandes erforderten Ehrerbietigkeit, und könne man mit weggewandtem Angesicht, nicht Kleider und Decken genung drauf werfen, um so ein Spektakel den Augen der Spötter zu entziehen und — sich den Segen der Väter in dem hohen Rath zu Schilde zu verdienen.

Er greift unser aller Pudenda an, samt und sonders hochzuehrende Herren, schrie Beysaß Tonne, will intrigante und dumme Teufel mahlen, wie öffentlich soll publicirt worden seyn, und das glauben Sie mir, meine Herren, damit zielt er gerade auf unsere Pudenda — Selbst auf die dicken Teufels hat ers angelegt — und damit liegt's klar zu Tage, daß er uns kopiren will. Bisher hat man noch von einem rechtschaffenen Bauch Ehre und Ansehn gehabt — und er kömmt einem, wie der liebe Gott weiß, auch theuer genung zu stehen, dergestalt, daß man nicht nöthig hat, sich
damit

damit auslachen zu lassen. Was brauchen wir weiter
Zeugnis, daß es ein Läſterer iſt — haben wir doch
über ſo manche Sache decidirt, die weit wichtiger
war, und die wir weit weniger unterſuchten und
kannten — Ja! da hätten wir viel zu thun, wenn
wir uns um alles ſo gar genau bekümmern und auf
den Grund der Sache gehen wollten — Genug,
es geht in Caſu über unſere Pudenda her, wie ich
geſagt habe, und das können wir nicht leiden.

Chriſtoph Schulterblat.

Ein Abkömmling des großen Chriſtophs,
der ins Waſſer ging, und vor die Traggebühr
manchen durchſchleppte — ſtark von Schultern und kam immer gut durch, wenn er noch
ſo viel auf ſich geladen hatte — Da er ſchon
oft vorgeweſen war, und manche Operation
überſtanden hatte, ſo waren ſeine Pudenda
abgehärtet, wie ſich auch aus ſeiner Rede
abnehmen lies:

Meinetwegen, ſagte er, mag der Teufel und ſeine Mutter gemahlt werden, und meine Pudenda
oben drein — was frag' ich darnach, ich thu' doch,
was ich will —

Schultheiß.

So viel ich aus dem allen begreife, halten die
Herrn davor, daß ihre Pudenda in Gefahr ſtehen, öffentlich abgemahlt zu werden — ich wollte, Sie hätten keine Pudenda, oder hätten
ſie wenigſtens nie blos gegeben — unterdeſſen, was
meinen Sie denn, daß mit ſolchen ärgerlichen Gemählden zu thun ſey?

Peter

Peter Heering, dünne von Seele und
Leib, gab seine Stimme dahin, daß:

Wenns nur auf die dicke Bäuche abgesehen
wäre; so könnte man's ja immer laufen lassen,
maßen doch auch anderwärts mehr als zu Schilde
ganz ansehnliche Wänste in Rathsversammlun-
gen säßen, dergestalt, daß es die Dickbäuche
zu Schilde nicht so sehr brauchten zu Herzen zu
nehmen.

Beysaße Tonne, war über diese Meinung fast aufgebracht und sagte:

Der Herr Kollege Heering ist da ziemlich par-
theyisch, weil er ganz dünnleibicht beschaffen ist, so
hat er vor einen Wanst von Bedeutung keinen Respekt. Es heißt hier wohl recht: Ars non habet
Odorem nisi odoriferantem, (das war Schild-
bürgerlatein, und soll wohl heißen: Ars non habet osorem nisi ignorantem.) Ich meiner Seits
habe den meinen mit Ehren, und des dicken Teufels wegen allein muß die ärgerliche Gallerie nicht
tolerirt werden. Eine runde volle Leibesgestalt ist
auch Gottesgeschöpf und Gabe, und ein Beweiß
daß einem alles wohl gedeiht. Wer nun einen
dicken Bauch lästert, der lästert Gott, der ihn
gemacht hat, atqui, ergo &c.

Meister Ueberklug.

Unmaßgeblich muß ich dem Herrn Kollegen Gewissens halben beystimmen, unterdrückt
muß das Scandal werden, weils ein Scandal ist — mit unserer Ehre vor der Welt
siehts ohnedem etwas mißlich aus — die
Welt

Welt — so weit wir bekannt sind — ist voll
von Schildbürgerhistörchens und alle Schöp-
penstedter und Schwabenstreiche werden uns
auf die Rechnung gesetzt — Ammen und
Wärterinnen erzählen sie den Kindern, um
sie im Schlaf zu drummeln, und der Mund
der Unmündigen und Säuglingen lall't sie
nach — dabey ist uns ohnedem im Herzen
niemand gut, weil wir unsere Schaafe schee-
ren und ins Reine bringen und da freylich
bisweilen etwas tief schneiden, welches meines Wissens doch nur geschieht, wenn irgend
ein's von den unruhigen Schöpfeln nicht
recht stille halten will — Nun will ich nicht
läugnen, daß beym Schaafscheren die Pudenda immer etwas zum Vorschein kommen,
aber eben darum müssen wir so eine Gallerie,
worauf sie abgemahlt erscheinen sollen, unterdrücken.

Ignatius **Heimlich**, Senior, sonst Je-
suita genannt, mochts zur Unzeit mit keinem
gern verderben, sehr ehrbar, und liebreich von
Ansehn, hielt viel auf die Ehre des Schildischen Magistrats, erklärte sich dahin:
Ich fürchte, daß wir uns leicht prostituiren können, wenn wir uns um Dinge bekümmern, die
uns vielleicht nicht angehen, und zur Unzeit Lerm
machen — Wir sollten's erst abwarten, ob von
unsern ächten und alleinigen Schildbürger-
streichen, die sonst auf keine Menschen passen,
was drinn ist, und wenn's wäre, so thäten wir
eben

eben so gescheut, uns nicht zu melden, sonst wirds erst recht lautbar und denn ist's noch schlimmer — ich meines Theils habe meine Pudenda so gut verwahrt und bin so ziemlich sicher, daß sie nicht leicht eplüschirt werden können —

Schultheiß wandte sich zum Beysaßen Veit, welcher, wie's ihm oft wiederfuhr, eben so aussah, als ob er was sagen wollte. Was ist ihre Meinung, Herr Rathsherr? fragte der Schultheiß.

Veit.

Ich trete dem Urtheil der beyden Herrn Kollegen völlig bey, antwortete er.

Schultheiß.

Welchem Urtheil von beyden, daß man's Scandal unterdrücken soll?

Veit.

Ja freylich.

Schultheiß.

Oder daß mans unbeobachtet soll laufen lassen?

Veit.

Ja, das denke ich auch, erwiederte Beysaße Veit.

Schultheiß.

Wir haben, deucht mir, über diese Sache lange genug deliberirt und der beste Schluß wird seyn: Mische dich nicht in fremde Händel, was haben wir mit der Gallerie zu thun — Was unsers Amts nicht ist, davon bleibe doch ja unser Vorwitz — zu andern Sachen — —

Viertes Stück.   B   Anton

Anton Queckſilber Beyſaße.

Ein rüſtiger Mann, immer oben heran
und nirgends heraus — der Teufel ſelbſt
hätte ihn nicht firirt — wenn er ſonſt nicht
wie das Metall, von welchem er den Namen
führt, unfähig wäre im Feuer auszuhalten —
nicht in Rauch und Dampf evaporirte, ſo hätte noch wohl aus ihm was werden können.

Der Herr Schultheiß wird ſich doch kein De-
ciſivum anmaßen? Ich habe meine Stimme noch
nicht gegeben, und hier in Schilde haben wir das
Recht, wie das Parlement zu London — die Mehrheit muß entſcheiden, ſonſt nichts — und die
Mehrheit wird gewiß für ein Auto da fé ſeyn —
In Spanien iſt dem Himmel ſey Dank! das H.
Inquiſitionsgericht auch wieder hergeſtellt — Eine Parthie geſammleter und in einem finſtern Zimmer verſchloſſener Johannisthürmer, die dem Könige daſelbſt wie lauter hölliſche Feuerflammen ge-
ſchienen haben, ſind die mächtige Reſtauratores
dieſer herrlichen Juſtitz — Und wir werden doch
wohl nicht auch erſt himmliſche Erſcheinungen verlangen, ehe wir unſere läßige Hände nach dem
Schwerd der Gerechtigkeit ausſtrecken — kurz, die
Gallerie muß verbrannt werden, und das nach dem
Beyſpiel anderer unſerer Kollegen, die mit andern
Büchern ſo ein Auto da Fee hielten und ſich drauf
in den Zeitungen prächtig loben ließen, daß ſie
noch Leute wären, die auf Zucht und Ehrbarkeit hielten, welches denn noch immer ganz fein klingt,
wenn man's auch nicht eigentlich iſt. — —

Gilbert

Gilbert Erdenkloß Beysaße und Victualienhändler zu Schilde — 's ist sonst nichts weiter von ihm zu sagen — und seine Genealogie verliert sich auch ins Dunkle — noch ehe sie ans Tages-Licht kömmt.

Wenn's, sprach er, gleich zum Auto da fé geht, so bin ich dabey — und vor die Einrichtung des Galgens, der zu einer solchen Ceremonie erfordert wird, laßt mich sorgen — nur zum weitläuftigem Prozeß muß es nicht kommen, denn dabey kömmt doch am Ende nichts heraus. —

Sebald Springinsfeld, Beysaße.

Auch ein Mann bey der Stadt, ein guter Schwimmer — wenn's nicht anders seyn konnte, mit dem Strom hinab — und so weiter, wohin Gott wollte.

Ich wollte doch lieber zu einem gelindern Weg rathen, sprach er — Wie wenn wir nur Makulatur daraus machten? Der Herr Kollege Erdenkloß wäre wohl so gut, sie vor ein billiges an sich zu kaufen, um seine Victualien darein zu wickeln — Ich höre, der Handel soll gut gehen, er wird also viel Makulatur nöthig haben.

Erdenkloß.

'S hat sich was mit dem Gutgehen! Der Handel wird immer schlechter, die Herren hier sollten bessere Mandate geben, wenn's Kommerzium prosperiren sollte — aber wie's hier geht, möchte einem die Lust ganz und gar vergehen — Makulatur indessen brauche ich nicht — Denn mein Handel geht en Groß.

B 2   Ignatius

Ignatius Heimlich der Senior ließ sich ferner vernehmen:

Wenigstens müssen wir vor's erste behutsam zu Werke gehen und nur so unter der Hand dagegen arbeiten, wie wir bey Sachen zu thun pflegen, die wir öffentlich paßiren lassen müssen. Der Nachtwächter könnte allenfalls in geheim instruirt werden, es nicht auszurufen, und denn müssen wir auflauren, ob nicht was Anzügliches drinn vorkömmt — wobey man den Herrn Teufelsmahler fassen kann.

Springinsfeld.

Wenn er sich aber in Acht nimmt und gar nichts auf uns sagt?

Heimlich.

O das hat gute Wege, wer suchet, der findet — Wir haben bisher noch immer Gutes gefunden, wo es nicht war, und auch Böses, je nachdem wir's brauchten, und es müßte schlimm seyn, wenn wir gerade in dieser Gallerie nicht so viel antreffen sollten, als nöthig wäre, um sie nach wahren Schildbürgerrechten zu verdammen und den Verfasser in Bann zu thun.

Schultheiß.

Gut denn! Herr Senatssekretair, nehme er allein nur das einstimmige Konklusum zum Protokoll.

Sekretair —

— eine Figur, die fünf Finger an der Hand hatte — und im Kopf einen Behälter, worinn die Rathsherren ihre Sentiments legten, damit nicht ein Unglück entstünde,

entstünde und eins davon für die Welt verlohren ginge.

Was hat denn der gesammte hochweise Senat
einmüthig resolvirt?

Schultheiß.

Nun, meine Herren, sagen Sie doch, worüber Sie einig geworden sind —

Senior, Ignatius Heimlich, Jesuita.

Daß man's vor der Hand soll laufen lassen, bis
man's wie Donnerwetter erschlagen kann. —

Tonne.

und daß man dem Thorwächter Befehl gebe,
es nicht einzulassen.

Hering.

daß man die Lektüre als ein gefährlich Wesen
überall verbiete.

Ueberklug.

Recht so! und in allen Gesellschaften muß
man sagen, daß gar nichts dran sey —
unwerth des Anschauens weiser, redlicher
Schildbürger!

Springinsfeld.

Ich meine, daß man's sorgfältig prüfe.

Quecksilber.

Und öffentlich verbrenne.

Erdenkloß.

— — Sogleich Befehl gegeben werde, Holz
zum Galgen anfahren zu lassen.

Apotheker.

— — Wenn Pillen drein sind, solche in
emolumentum mei totiusque magistratus
Schildensis zu confiseiren.　　　　　Die

Die übrigen Herren von Schilde erklärten sich, daß sie diesen einhellig gefaßten Entschlüssen beytreten.

Veit.

Ich auch, Herr Sekretair, ich trete auch bey!

Sekretair schrieb — — unter den Herren ward eine Stille — sie sahen einander an — und jeder dachte an seine Pudenda.

Schultheiß.

Hat er protokollirt, Herr Sekretair?

Sekretair.

Ja, hochweise Herren.

Schultheiß.

Nun so leß' er!

Sekretair.

Geschehen im Senatu zu Schilde den 1ten April 1776.

Dato wurde im hochweisen Senat hieselbst gebührend angezeigt, wie nächstkünftigen ersten May laufenden Jahres eine ärgerliche Schrift erschienen sey, Gallerie der Teufel genannt.

Welcher Gestalt nun die darinn vorkommende Figuren eine ganz genaue Aehnlichkeit mit den hochweisen Herren hiesigen Senats zu Schilde haben sollen, auch nach reiflichen Ueberlegungen befunden wird, daß diese Schrift, welche zwar noch niemand gelesen, auch einen Gulden davor hinzugeben, jeder Bedenken trüge, nichts anders als die Pudenda der hier versammleten Herren bezweckte; als wurde von samt und sonders hochweisen Herren einmüthig beschlossen, die ganze Schrift,

als

als unbedeutend laufen, ihr jedoch den Zutritt und
Eingang von der Thorwache verwehren zu laſſen,
gar nicht davon zu ſprechen, gegentheils überall
auszuſtreuen, daß es ein Werk voller gefährlichen
Säße und ganz und gar nichts drinn ſey, abſeiten
des hochweiſen Senats wolle man es indeſſen ſcharf
verbieten und es ſelbſt nicht leſen, aber doch ſorgfältig prüfen und ohne Umſtände und lange Unterſuchung verbrennen, um der Welt einen öffentlichen Beweiß von den Züchten und der Ehrbarkeit der hochweiſen Herren zu geben, zu welchem
Behuf die Herbeyſchaffung des Galgenholzes
ſchleunig müſſe veranſtaltet werden, nachdem vorher
die in dieſem Werk befindliche Pillen zum Nußen und Frommen des hohen Senats und zur
Konſervation ihrer Pudenda wären konfiſcirt worden. — Alſo einſtimmig verabredet und konklu-
diret — wie oben. —

Schultheiß.
Iſt denn das nun ihr aller Meinung, meine
Herren?

Ein jeder verſicherte, daß ſeine Meinung drinn
wäre.

Springinsfeld.
Das iſt ſonſt nicht immer die Eigenſchaft unſerer Protocolle — —

Senior.
Deſto beſſer! wir haben alſo jeßo wirklich einen
völlig einſtimmigen Entſchluß. — —

Veit Unwitz.
Ja freylich.

B 4   Die

Die Herren beschlossen den Aktus, ein jeder mit seiner Unterschrift — endigten die Seßion, denn der Mittag war während solcher wichtigen Deliberationen herangerückt — wünschten einander eine wohlschmeckende Mahlzeit, Beysaße Veit trat diesen Wünschen mit bey, desselben gleichen auch ich meine Herren Schildbürger! wünsch gute Verdauung dieser Farce.

P. Gaßner Junior.

Epilog
des Verfassers an seine Leser.

— — Und da hättet ihr nunmehr das euch versprochene Schildbürgerstück, meine Leser! es ist kein Gemählde, das zur Gallerie gehört, höchstens ein Treppenstück vorm Eintrittsaal aufzuhängen, damit eure Bedienten, die draussen euer warten, während ihr in den innern Zimmern euch an den Tableau's ansehnlicher Teufel weidet, auch was zu betrachten haben, wie's dem Geschmack dieser armen dienstbaren Klasse, der man auch eine fröliche Stunde gönnen muß, angemessen ist — Ihr meine eigentliche Leser, sehts en paßant an — geht lächelnd vorüber, wie ihr beym Hans Wurst und Scapin oder beym Spiel hölzernkomischer Marionetten mit einem drauf geworfenen lächelnden Blick vorüber geht — mit mir in die Säle der Gemählde, auf welchen Gegenstände, mehr eurer Aufmerksamkeit würdig, gruppiren — Noch einmal, um alle Mißverständnisse zu vermeiden — Für jemand, der in der eng und verwirrt eingezäunten Schildbürgersphäre denkt, ist diese Gallerie nicht

nicht geschrieben — nach dem evangelischen Rath, wie er eigentlich im Grundtert heißt, und rein übersetzt wird, wollt ich meine Perlen nicht vor die Schildbürger werfen. — Es fehlt diesen guten Leuten an Geisteskräften, halb oder verhüllt gesagte Wahrheiten zu verstehen, die auch nicht jeder zu verstehen nöthig hat, die der vernünftige Mann von Welt- und Geschäftskenntnissen in höhern Sphären durchschaut — und es fehlt ihnen an Abonnementskräften — Wehe dem Autor, der sich's im Kopf setzte, für Schilde zu schreiben, wenn er nicht etwa einen Eulenspiegel schriebe — und wehe ihm, wenn er nur ihr Sujet behandelte und durch ihre unbedeutende Gestalten, die man höchstens nur im Vorübergehen ansieht — sich denkende Leser wegschreckte. —

Nur diesem höhern Theil ist diese Arbeit bestimmt, und das Wachsthum der Anzahl solcher Abonnenten muntert mich auf, Schritt vor Schritt tiefer in das Innere der Angelegenheiten und mancher frappanten Wahrheiten hineinzugehen. —

Selbst Nero hatte seinen Satirenschreiber am Petron — die heutigen Großen hatten lange keinen Mahler der — ihnen nicht schmeichelte und sie mit Wahrheit und scharfem Salz drauf gestreut regalirte — — Wer wird sich das auch unterstehen? —

Ich, meine Herren, und damit Gott befohlen.

P. Gaßner Junior.

Zu=

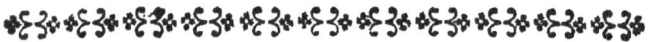

Zuschrift
an mich selbst.

Wird wohl hoffentlich niemand etwas einzuwenden haben, wenn ich mir selbst ein Stück meiner Gallerie dedicire. Ein jeder, der andere gute Freunde zur Tafel bittet — jedem Freyheit verstattet, zuzugreifen, was für den, der Lust und Belieben hat, öffentlich hingesetzt wird — seinen Lieblingen besonders einen ausgesuchten Bissen darreicht, wie ich dem Herrn Senior Götz in Hamburg, dem Herrn Doktor Jung in Elberfeld, und dem Herrn von Moser, Verfasser der Beherzigungen, Reliquien ꝛc. jedem seine besondere präsentirt habe — der wird, mit euer aller Erlaubniß, sich selbst mit an seinen Tisch setzen dürfen, auf welchem, nach alt patriarchalischer Weise, Brodt und Salz aufgetragen ist, um auch für sich selbst sein Theil zu nehmen. Mir selbst also dedicire ich dieses Stück — ich habe diesmal nur wenig Raum zu meiner Zuschrift, und Höflichkeit halber muß ich schon die kleinste Portion für mich behalten, wie's allen Vorlegern geht, die andern reichlich mittheilen und dann vor sich mit dem Ueberrest zufrieden seyn müssen.

Daraus aber folgt nicht, daß ich die kleinste Portion verdiene — das will ich mir ausbitten, mir mehr Gerechtigkeit wiederfahren zu lassen. Ein
Mensch

Mensch, der sich hinsetzt und seine Laune abzäumt, und sie nun wild über Hecken und Gräben setzen und in anderer Leute Territorium herumspringen läßt — ein Mensch, der mit juvenalischer Laune oder — mit seiner angebornen Laune, die nach keines andern Schnitt gemacht ist, aber immer mit scharfer Laune der Welt Wahrheiten sagt — der's im voraus weiß, daß er keinen kuriren wird, und sich oft mit einem einzigen Einfall mehr Feinde zuzieht, als er Lacher auf seine Seite bringt — mit einem Wort, ein Satirenschreiber verdient der nicht die allerlachendste beißendste Satire über sich selbst?

Wenn's das noch alle wäre, was ihm vor seine Müh und Arbeit zu Theil wird — Gott sey mir gnädig! wenn ich einmal den Schildbürgern in die Hände fiele! auf'm Brocken witterten mich die Teufel aus, als sie kaum wahrnahmen, daß ich ein Auge auf ihre Pudenda gerichtet hatte, mit denen war noch auszukommen — Aber die Schilds bürger — die Schildbürger! —

So eben schwebt mir ein trauriger Vorfall vor Augen — Herr Hofrath Schubart von Ulm, Verfasser der teutschen Chronik, dessen freye Laune einen guten Theil Teutschlands bisher unterhalten hat, ist auf eine Würtembergische Festung gerathen — muß wohl vermuthlich was geschrieben haben, was dem Herrn Kommendanten so gut gefallen hat, daß er ihn gern bey sich behalten will, um in so einer angenehmen Gesellschaft nicht hypochondrisch zu werden.

Ein bekannter teutscher Fürst machts vor einigen Jahren besser — ließ eine auf ihm erschiene-
ne

ne Schrift in Frankfurt rein aufkaufen. Fünfhun-
dert Exemplarien auf einmal — Was das dem
Verfasser, wenn er selbst Verleger war, vor eine
herzliche Freude muß gewesen seyn!

Das ist leider nicht immer das Schicksal einer
satirischen Schrift. Meine Gallerie hat jeder bisher
nur nach Nothdurft, immer nur ein einzig Exem-
plar an sich gekauft. Indessen kund und zu wissen sey hiermit für Fürsten und Herren im h. r.
Reich, daß derjenige, der meine Gallerie gern aus
der Welt wissen möchte, meinen ganzen übrigen
Vorrath — und auch die zunächst zu veranstalten-
de neue Auflage nebst der Kontinuation haben kann,
und ich einem so raisonablen Liebhaber noch ein
Drittheil Rabat obendrein will angedeyen lassen —
der Accord muß aber nicht in den Würtenber-
gischen Landen geschlossen werden, wenn's nicht
per mandatarium geschehen könnte — etwa durch
den Herrn Hofrath Schubart, welchen ich, weil er
nun einmal da ist, und wohl so eben mit Geschäften nicht überhäuft seyn wird, die Kommißion übertragen wollte.

Dem Ritter d' Eon — dem Verfasser des
Gazettier Curaße, der sich jetzt durch seinen Cou-
rier de l'Europe empfiehlt, und andern wollte ich
doch bey alle dem nicht rathen, der Bastille zu nahe
zu kommen — und ausserhalb den Landen meines
Souverains, wo ein freyer Geist noch frey athmen
darf — wo Voltaire, wenn er wie ein Weltbürger schreibt, und nicht gar zu sehr bavardirt, einen
gekrönten Freund findet — ausserhalb dem freyen
Eng-

England — und wenigen andern aufblühenden
grosen souverainen Staaten der Freyheit des Verstandes, giebts noch mehr Bastillen oder hypo-
chondrische Censoren, an welche man erst Dedika-
tions richten kann, wenn man sich ausser ihrer Ein-
athmungssphäre befindet.

Alle Kalamitäten wohl erwogen, denen ein Satirenschreiber von den Kommendanten, Fiskälen,
Censoren, und — ganz leise sey's gesagt von den
geistlichen Korps, die unsers Herrn Gotts Uniform
tragen — und unter den Menschen, wie in Feindes Land auf Diskretion leben und die Freunde des
Himmels am meisten brandschatzen, ausgesetzt ist —
verdiene ich die allerbeissendste Dedikation meiner eigenen Gallerie, weil ich Thor genug bin, der un-
dankbaren Verrichtung mich zu unterziehen, Narren
zu züchtigen, und wie Beysaße Tonne sagt, groß-
achtbaren Leuten ihre Pudenda zu mahlen. Dem
sey wie ihm wolle, ich wünsche mir alles Wohler-
gehen, auch weil ich eben krank bin — gute Besserung und bin wie bisher

Mein

eigener Feind und
Freund

P. Gaßner Junior.

———

Vorsaal

Vorsaal
der
Herzinischen Geheimnisse.

Fünftes Gemählde.

Worauf ein lit de Justice vorgestellt wird, bey welchem verschiedene Teufel gruppiren.

———

Mit Gunsten aller der braven Männer, welchen, wie ich weiß, diese Gallerie nicht behagen will, weil so viel vom Teufel drinn verkömmt, und die demohngeachtet von Herzen an ihn glauben — oder ihm mit Leib und Seel ergeben sind; so lange man mir nur noch das Evangelium gelten läßt, worinn denn doch der Teufel öffentlich als der Fürst dieser Welt producirt wird; so lange werdet ihr's mir nicht verüblen, wenn ich ihn in Weltgeschäften als eine wichtige Person, der's nicht an Einfluß fehlt, ansehe, und ihm in der Fabel vom Brocken, die Rolle des vornehmsten Helden zutheile.

Im Grunde sieht das ganze Lehrgebäude vom Teufel und seiner Gewalt einem modificirten Manichäismus nicht unähnlich, als welches Problem-
chen

chen ich den Herren Theologen zum weitern Er-
messen anheimstellte — desto besser! daß dieses System von den mächtigen Einflüssen böser Geister allgemein angenommen, und jedermann bekannt ist,
um so begreiflicher muß meinen Lesern die bil-
derreiche Fabel seyn, welche die Gestalten und Farben zu meiner Gallerie hergiebt.

Die alten Griechen und ihre moderne Schüler
bedürfen Götter und Halbgötter, um irgend ein
Gewebe von Handlungen vorzustellen, und um un-
erklärbare Ursachen begreiflich zu machen — oder
irgend eine wunderbare Wirkung hervorzubringen,
muß ein Gott aus der Maschine springen —
glücklicher Weise bedarf ich aller dieser Umstände
nicht — habe nicht nöthig, zu diesen heidnischen
Greueln, zu der alten Rüstkammer der griechischen
Fabellehre meine Zuflucht zu nehmen, und kann,
als ein guter Christ mich schon einmal mit dem
Teufel behelfen. Daben wird Fabel und Fabel
wohl so ziemlich auf eins hinaus laufen, und so
lange Jupiter, als der Monarch der heidnischen
Welt, mit seiner ganzen Schaar von Göttern und
Göttinnen, die olimpische Prinzen vom Geblüt und
Halbgötter mit eingerechnet, bis zum Silen mit
seinem Esel noch in der christlichen Welt tolerirt
werden, und uns bald etwas zu weinen und bald
etwas zu lachen geben, so lange werdet ihr so gut
seyn, mir den Teufel mit seiner ganzen Herzinischen
Gesellschaft auch paßiren zu lassen, ohne daß ich
nöthig hätte, ihm erst noch mehr Apologien zu halten, als ich ihm bereits gehalten habe.

Nun

Nun was soll denn das geben? rief Satan, ich glaube, daß ihr zwey dort euch einander die Hälse zu brechen Luft hab't, wißt ihr, daß dergleichen wider das Duellmandat läuft? was habt ihr zu zanken?

Zwey der vornehmsten Bassen, denen die wichtigste Gouvernements anvertraut waren, befanden sich in einem lebhaften Streit mit einander, wahrscheinlicher Weise hatten sie sich bereits solche beleidigende ehrenrührige Sottisen gesagt, daß die Sache nicht anders als durch einen Zweykampf ausgemacht werden konnte — durch dies herrliche Mittel, wodurch der Beschimpfte sofort wieder ehrlich erklärt wird, sobald er beweißt, daß es ihm nicht an Muth fehlt, sich noch einer mäßigen Portion Rippenstößen zu exponiren, die den empfangenen Schimpf ihm wieder aus dem Leibe jagen können. Sie präsentirten einander schon die Handschuhe, und waren im Begriff, die hohe Gesellschaft zu verlassen, und draußen ihre Sache ohne Advokaten und Richter auszumachen, und folglich den allerfürzesten Weg zu nehmen — um sich bald wieder als Freunde umarmen zu können, als es Satan gewahr wurde und die Sachen für sein Forum haben wollte, um über ihren Zwist rechtlich zu erkennen. Mächtiger Gebieter in der Hölle und auf Erden! sprach der Bassa von drey Roßschweifen, es gilt die Ausbreitung und Befestigung der Grundgesetze deines Reichs in den souverainen Staaten Europens, über welche deine Majestät mir das Gouvernement anzuvertrauen geruhet hat — hier dieser mein Nachbar

bar ist ein Ehrenschänder, und will mich beschul-
digen, daß ich mein Devoir nicht thäte, und nicht
zur Aufrechthaltung deines Reichs aktiv wäre. Ich
habe dir, wie ein ehrlicher Kerl gedient und habe
Atteste von dem Sohn eines berühmten Publicisten, von dem großen Geisterseher Karl Friedrich
von Moser, der von meinen Thaten in einem ansehnlichen Reich so überzeugt und so voll ist, daß
es ihm genug Seufzer, Verwünschungen, milz-
süchtige Beherzigungen gekostet hat — Ich brauche
nur diesen Rechtsgelehrten und Staatskundigen
Mann, der sich beynahe gegen mich zu tode geeifert
hat, zu citiren, um meine treue Dienste ins Licht
zu setzen, und eben dessen Schriften lassen genug-
sam folgern, daß hier mein Gegner, der das Gouvernement über die Freystaaten groß und klein hat,
eben sowohl als über die kleine Herrschaften, deren
kleine Regenten nicht ausser ihrem Bezirk reichen
können, nur schlecht auf die Ausübung deiner Gebote hält, und Religion, Volksfreyheit und allgemeine Glückseligkeit ungestört läßt, wenn gegentheils in meinem Gouvernement nach dem Zeugniß
meines Autors, des Herrn von Moser, der selbst
mein Feind ist und folglich desto mehr Glauben verdient, der Unglaube, der Despotismus, die Knecht-
schaft und allgemeines Seufzen und Wehklagen unter unerträglichen Lasten blüht, und deine Herrschaft einem jeden überall in die Augen leuchtet.
Aber dieser Teufel, mein Gegner, ist davon gewiß
auch überzeugt und muß mir im Herzen Gerechtigkeit wiederfahren lassen, im Grunde ärgerts ihn

Viertes Stück.   C   nur,

nur, daß da etliche Stückchens von Pohlen, die
sonst auch zu seinem Kreise gehörten, jetzt unter
mein Gouvernement gekommen sind, und das ist
der Grund, warum er mir über meine Administration Impertinenzien sagt, wofür ich ihm mit Deiner
Majestät hohen Genehmigung draussen lehren wollte, mir Kavalierssatisfaction zu geben. —

Die kann er haben, gnädigster Satan und
Herr, sagte der andere Bassa von zwey Roßschweifen, der Kerl ist doch nur ein Poltron, an großen
Worten und Lerm fehlt's ihm nicht, aber mit seinen gerühmten Thaten siehts mislich aus, und sie
dürften wohl schwerlich die Probe aushalten. At-
testate von Moser mag er auch haben, das ist so
die Zuflucht derer, denen es an reellen Dokumen-
ten fehlt; sie gleichen den Ueberschriften über den
Werken eines Kleckmahlers — über den Portraits,
die über den Wirthshäusern zum Zeichen aufgehangen werden und keinem lebendigen Menschen gleichen, wenns nicht mit goldenen Buchstaben drüber
geschrieben stünde, was es seyn soll — etwa der
König von Portugal oder von England, und
das glaube nun einer auf solche Atteste, die der
Aussteller für eine mäßige Erkenntlichkeit ertheilt.
Was den guten Moser betrift, der mag sich nun
mit seinen Schriften, worauf dieser Teufel als
Gouverneur souverainer Staaten so stolz ist, weil
sie freylich viel rühmliches für ihn enthalten, wenn
nur alles wahr wäre, irgendwo insinuiren und ein
Gratial verdienen wollen, aber dabey hat er auch
mit ziemlich umnebelten Augen gesehen, und seine

Ein-

Einbildungskraft, die schon von Natur etwas warm
ist, machte, daß er, wie alle Ritter von der traurigen Gestalt, ganz gemeine Dinge für Zaubereyen,
einen unschuldigen Balbier mit seinem Becken auf
den Kopf für einen tapfern Ritter, und gute ka-
tholische Christen, die bey Nacht eine Leiche begleiteten, für lauter Teufel ansahe. Es läßt sich
also leicht urtheilen, was auf solche Zeugnisse zu
halten ist. Wenn mans beym Lichte betrachtet, so
hat der Herr Gouverneur nichts gethan, als etwa
beym Gott der Winde eine Lektion gelernt, die er
nun auswendig kann, und sie aller Welt, die nicht
so viel Verstand hat, Sachen gründlich zu prüfen,
vorleyert. Vor seinen schön etablirten Unglauben,
woran er nicht einmal Theil hat, gebe ich noch keine
Auster und unser Reich hat mit dem Dinge, dem
sein Gewährsmann Moser diesen Namen in der
Hitze seiner Schwärmerey beylegt, noch kein Haar-
breit gewonnen, gegentheils unsern kräftigen Einfluß ansehnlich vermindert und lächerlich gemacht —
Sein Despotismus sieht dem Ungeheuer, das diesen Namen wirklich verdient so ähnlich, als mein
englisch Windspiel einer Hiäne — Seine Knecht-
schaft ist noch so ziemlich leicht zu ertragen, die Leute
arbeiten sich nicht zu tode, lassen sich eben nichts
abgehen, man sieht noch ziemlich ruhige und frohe
Gesichter, und was das Seufzen und Wehklagen
betrift, das er für die Wirkung seiner Lasten ausgiebt; so giebts der Unzufriedenen überall, ohne
daß irgend ein Teufel dran schuld ist. Ich kann
dir dagegen einen Despotismus in meinem Depar-

C 2   tement

tement vorzeigen, gnädiger Herr, der aus andern
Augen aussieht — Barbarische Reliquien in freyen
Staaten, daß es eine Freude ist — heimliche
Blutsaugereyen von Ygeln, die sich die Leute selbst
ansetzen und sich einbilden, daß es ihnen gut thun
wird, wenn sie mit ihren Familien mager und die
Ygel fett werden — gegen den sogenannten ver-
schrienen Unglauben habe ich bisher noch immer
kräftige Vorkehrungen gemacht, weil ich finde, daß
wir dabey schlechterdings zu kurz kommen, aber desto
fleißiger habe ich der Bigotterie und des Aberglaubens gepflegt, und den Fanatismus in Schutz
genommen — und dir und deinen Beystand, unter welchem ich meinem Departement redlich vorge-
standen habe, sey es gedankt! daß meine eifrige
Bemühung für dich und für die Ehre deines Namens bisher nicht ohne Erfolg gewesen ist. Leider
sind meinem Gouvernement Gebiete entzogen, und
großen souverainen Staaten einverleibet worden,
über welche dieser pralerische Bassa die Aufsicht
hat, ohne etwas von Bedeutung drinn auszurichten, was unserm Reich ersprießlich wäre, und es
wird sich bald zeigen, daß deine Macht, die bisher,
wo ich nur die Direktion gehabt habe, verherrlichet
worden ist, auch in diesen abgerissenen Stücken
meines freyen Pohlens in Verfall gerathen wird.
Ich habe also nicht nöthig zu dulden, daß man mir
über die Verwaltung meines Gouvernements Vorwürfe macht — ich kann Rechenschaft ablegen,
daß die Hölle meinen unscheinbaren Thaten, die
aber von Gewicht sind, mir zujauchzen, und dein

durch-

durchlauchtiger Erbprinz selbst mich beneidens-
würdig finden wird — und ich wette, gnädger
Herr, daß dieser Baſſa, der von ſeinem Eifer ſo
viel Geräuſch macht, kaßirt zu werden verdient,
wenn gehörig geprüft werden ſollte, was für Rea-
litäten zu deinem Dienſt er ausgerichtet hat.

„Ihr ſollt beyde von der Verwaltung eurer
Gouvernements Rechenſchaft ablegen, ſprach Satan, und weil ihr denn doch einmal in Streit und
Kontrovers gerathen und gut diſponirt ſyd, die
Wahrheit ans Licht zu bringen; ſo ſoll jeder des
andern ſein Departement in meiner Gegenwart un-
terſuchen, einer des andern Ankläger ſeyn, jeder
vertheidige ſeine eigene Sache, ſo gut er kann —
ich will über dieſen Punkt ein beſonderes lit de Juſtice halten, mir iſt ohnedem daran gelegen, einmal
gründlich informirt zu ſeyn, wo meine Macht mehr
oder weniger blüht, und wo ſie ganz in Verfall gerathen iſt? ihr könnt euch alſo gefaßt machen, die
nöthigen Dokumente und Beweißſtücke zu euch nehmen und euch allenfalls auch mit Zeugen verſehen. — —

Ich werde, ſagte der Baſſa von drey Roßſchweifen, meinen Gewehrsmann den Herrn von Moſer
mitbringen, und ſonſt einige Schriftchens, die allgemeinen Beyfall haben und von der Irreligion
meiner Philoſophie und vom Despotismus handeln.

Und ich, fiel ihm der Baſſa von zwey Roßſchweifen ein, ich werde meine Amtleute — Rahts-
herren, Droſſarts und andere meiner treuen Diener aus Freyſtaaten und kleinen ſchutzberechtigten

C 3   Herr-

Herrſchaften produziren — die mögen beichten — hergezaubert hier auf den Blocksberg ſprechen ſie vom Herzen weg, und meine ſonſtige Urkunden ſind in den Konſtitutionen und in den Akten ſelbſt enthalten — ich hoffe immer ſolche Sachen ans Licht zu bringen, welche allen hohen Anweſenden bey dieſem lit de Juſtice Satisfaktion geben werden.

Werdens ja ſehen, verſetzte Satan, der Akt ſoll ſofort ſeinen Anfang nehmen — nur ein klein wenig laßt mich noch in Ruhe — ſolche ernſthafte Beſchäftigung erfordert Vorbereitung, Sammlung der Geiſteskräfte und Aufmunterung, damit man nicht vom Schlaf übermannt wird, wie's den Richtern bisweilen geht, wenn ſie lange ſtill ſitzen und den Partheyen zuhören müſſen, wobey mein Intereſſe jedoch in der Welt nichts verliert, denn wenn die höchſten Beurtheiler nicht zu Zeiten ſo feſt ſchliefen, daß alles Rütteln der Wecker, und die laute Stimme der Wahrheit vergeblich wäre, ſo würde manches nicht unbemerkt und ungerügt bleiben, wo mir doch dran gelegen iſt, daß es ſeinen ungeſtörten Lauf behalte als — wäre es nicht da.

Satan erhub ſich von ſeinem Thron, und begab ſich in das geheime Cabinet, das ſeiner Ruhe, ſeinen Vergnügungen, und ſeinen geheimſten Berathſchlagungen über die wichtigſten Angelegenheiten, die meiſt bey einem Glaſe Rheinwein abgemacht wurden, beſtimmt war. Er winkte ſeinem geheimen Sekretair Uriel, ihm zu folgen, legte ſich aufs Ruhebett, dehnte ſich und ſprach: Er hat geſehen, mein lieber Uriel, wie heftig die beyden

Baſſen

Vaffen gegen einander erhitzt sind — das Ding
thut nicht gut in die Länge, jeder hat zwar sein be-
sondres Departement, aber sie gränzen zu nahe an
einander, und bey Uneinigkeiten sowohl als —
bey zu nahem Einverständniß leidet mein Dienst —
Einer also muß fort, und während ich eine Stunde ruhe, mag er sich hinsetzen und die Sentenz
machen. —

Gnädigster Herr, fragte Herr Uriel, soll ich
die Sache nicht etwas näher untersuchen?

Ach was will er sich so viel Mühe geben —
mache er nur das Urtheil gut, daß es apparent und
specieuse ausfällt, das übrige wird sich finden. Ein
vor allemal merke er sich das: das wesentliche Karakteristische derjenigen feyerlichen Handlung, die
man ein lit de Justice nennt, besteht darinn, daß
mit der Publikation des Urtheils angefangen wird.
Pro Forma hört man die, gegen welche es gerichtet ist — aber es behält darum bey unserm Urtheil sein Bewenden. Es ist nur der Ordnung
wegen, und damit man den Leuten keine Ursach sich
zu beschweren läßt, daß man sie hört. In Frankreich wirds eben so gehalten — der Anfang des
erklärten königlichen Willens und der Schluß sind
immer gleich, und die Zwischenscenen von Re-
monstrationen des Generaladvokaten dienen blos
zu Supplirung der Akten — und überall, wo Ordnung in der Justiz ist, wird dem Verurtheilten noch
immer mit dem Seelsorger auch ein Defensor geschickt, ohne daß der eine oder andere mehr aus-
richtet, als daß der zum Galgen Verdammte mit

C 4

dem

dem Trost gehangen wird, daß ihm doch alle Rechts-
wohlthaten und in jedem Verstande die letzte
Oelung gegeben worden ist, und weil wir denn nun
einmal doch unsern Willen haben; so kann man den
Leuten ja die kleine Freude noch wohl gönnen.

„Und welchen von beyden soll ich denn verdammen und welchen freysprechen? fragte Uriel weiter.

Seh' er, Herr Sekretair, das war nun eine
einfältige Frage — mach' er die Sentenz nach seinen Einsichten, er weiß, daß ich mich auf ihn
verlasse — meine Pflicht ist zu unterschreiben, das
übrige ist seine Sache. Uebrigens begreift er doch,
daß drey Roßschweife mehr sind, als zwey — und
wen wir einmal mit einer so überwiegenden Würde distinguirt haben, den müssen wir auch dabey
schützen, es würde sonst lassen, als wenn wir uns
vorher geirrt hätten, und es schickt sich nicht, daß
wir uns ein Dementi geben, überdem hat der Gouverneur der kleinen Staaten schon Unrecht, daß er
in Konsideration des dritten Schweifs, den der andere Bassa vor ihm voraus hat, nicht mehr Respekt beweißt — auf einen Schweif mehr oder weniger, Herr Sentenzenmacher! kommt in der Welt
sehr viel an, darnach muß er sich immer ein bischen mit richten, und — damit warf sich Satan
auf die Seite und hub an ein wenig zu schlafen. Der
Bassa von drey Roßschweifen unterhielt sich in
der Zwischenzeit, daß Satan seinem Sekretair die
Anfertigung der Sentenz aufgetragen hatte, mit
der hohen Familie. Er flisperte dem Neide in
die Ohren, daß sein Gegner ein Kerl wäre, der
über

über jeden eine Prise voraus haben wollte, dem
Hochmuth versicherte er, wie der blos zweischwei-
figte Bassa selbst für ihn, den erhabensten Sohne
Satans keine Egards hätte — dem Betruge bot
er seine Dienste an, und erkundigte sich sorgfältig,
womit er ihm aus seinem Departement gelegentlich
aufwarten könnte? er vergaß nicht, sich an die Dames
zu adreßiren— man sah es an der vergnügten Miene der Mademoiselle Verläumdung, mit der er
vieles heimlich zu reden hatte, wie viel schöne Sachen er ihr von seinem Antagonisten beygebracht
hatte, die so recht nach ihrem Geschmack waren,
und sie versprach ihm, den gehörigen Gebrauch
davon zu machen. Der Infantin List und der
Prinzeßin Kabale empfahl er sich als ein alter
treuer Diener zu Gnaden, und gelobte der Fräulein
Wollust und ihrer ältern Schwester der Weichlichkeit, ihnen beyden sein ganzes Leben zu wei-
hen — zur Dame Sünde sprach er: Ew. Gnaden
kennen mein unveränderliches Attachement für ihre
Person, ich hoffe, daß Sie mich nur gegen die
Nachstellung ihres Kammermädchens, die mir
überall sachte nachzuschleichen, und jetzt besonders
ihre Absichten auf mich auszuführen willens zu seyn
scheint, in Schutz nehmen werden. — „Das nun
wohl eben nicht mein lieber Freund, antwortete
ihm die alte Mutter Sünde; aber da du mir von deiner Jugend an treulich gedient hast, und einer der ältesten Sünder im Reich bist, so werde ich um mein
selbst und meines Interesse wegen auf deine Konservation, so lange mir möglich, Bedacht nehmen,

und

und du kannst dich meiner Gnade völlig versichert halten — Während sich dieser die ganze hohe Familie zu Freunden machte, schlenderte der Bassa von zwey Roßschweifen ruhig unter dem Haufen umher und amüsirte sich nach seiner eigenen Manier — er lachte dem dummen Teufel beyläufig in die Nase, maß den Wanst eines dicken Teufels, und berechnete, wie viel Wein dieser gebohrne Oxhoft wohl fassen möchte — er ging vor dem geizigen Teufel vorüber, der da stand und immer den Klingelbeutel den Passanten hin hielt — und gab ihm nichts drein — und sein ganzes Betragen gabs zu erkennen, daß er nach dem Teufel und seiner Mutter nichts früge. –

Jetzt kam Uriel in den Saal zurück, und forderte von den beyden streitigen Bassen das schriftliche Detail vom Zustande eines jeden Departements und von ihrer geführten Direktion, er war im Begriff, nach seinen Expeditionszimmer zu gehen und die Sentenz anzufertigen — bey der Abwesenheit Satans hatte jeder seinen Sitz verlassen, und flankirte im Saal herum. Man schloß einen Kreiß um ihn, nahm ihn in die Mitte, und da hatte ihm dieser und jener etwas zu sagen, und ein jeder wußte etwas auf den Bassen von zwey Roßschweifen, und was es für ein verteufelter Kerl sey — o! sprach Uriel, ich brauche nicht mehr zu wissen, seine Sentenz ist schon gesprochen, der ist heut gewiß das letztemal als Gouverneur auf den Blocksberg gekommen.

Ich

Ich fürchte doch, fiel ihm ein alter schlauer Teufel in die Rede, daß er seine Sache nicht so übel gemacht hat — er wird viel vor sich haben — Possen! rief Uriel, darauf kömmts nicht an — alles, was er vorbringt, wird vor unbedeutend erklärt, der Schluß ist gefaßt, und dabey hats am Ende immer sein Verbleiben — — und damit machte Uriel sein Kompliment, und nahm Abtritt, um in der Stille zu arbeiten.

Es gereichte sämtlichen Prinzen und Prinzeßinnen, nicht weniger den übrigen Senatoren nicht zum geringsten Aergerniß, zu sehen, wie der Bassa von zwey Roßschweifen mit einer Selbstgenügsamkeit herumwandelte, so sein Wesen vor sich hätte, ohne weder des einen noch des andern Protektion zu suchen, und sie traten zusammen, um ganz ernstlich zu rathschlagen, ob im geheimen Konseil so ein Teufel länger zu dulden sey? und der Schluß fiel einmüthig dahinaus, daß Satan disponirt werden müßte, ihm sein Gouvernement abzunehmen, und ein Lettre de Cachet zuzustellen, wodurch er beordert würde, nach Amerika überzugehen, und zum besten der Engländer im Kongreß Uneinigkeit zu stiften, es bey alledem nicht zum Vergleich kommen zu lassen, den Ausschlag der Sache in die Länge zu ziehen, die Engländer in immer mehr Weiterungen einzuflechten, sie zu reizen, immer kostbarere Anstalten zur Unterjochung der Amerikaner zu machen, zu deren Bestreitung neue Auflagen auf die Bahn zu bringen, dadurch Mißvergnügen und Empörung unter den

Pöbel

Pöbel zu erwecken, sich selbst zu schwächen und sich dergestalt zur Lockspeise für ihre Feinde zu präpariren — alsdenn andere Mächte in Bewegung zu bringen, und so allgemeine Verwirrung bey sehr ordentlich gegeneinander abgewogenen Off- und Defensivallianzen in den europäischen Staaten zu veranlassen, bey diesem Auftrag aber eine Probe seiner Treue abzulegen und sich wegen seines Eifers zu legitimiren. Noch war nicht daran gedacht, durch wen der Platz des Bassen von zwey Roßschweifen wieder besetzt werden sollte.

Unbemerkt hatte bis dahin ein dummer Teufel in einem Winkel gesessen, der mit sich selbst herzlich vergnügt war, und weils ihm blos an Geschick, aber gar nicht an Neigung fehlte, sich im Gefolge der Kabale durch einige Arglist hervorzuthun, und jetzt eben überlegte, ob von so einer Gelegenheit nicht für sich Nutzen zu ziehen sey, so erhob er sich aus seinem Winkelchen; rieb sich, ganz entzückt über ein so glücklich ausgebrütetes Projekt, und mit eigenem Wohlgefallen an sich selbst, Hände und Knie, schlich hinter die berathschlagende Gesellschaft und zupfte einen der Senatoren am Ermel, und bat bey dieser Gelegenheit, ihm das vakant werdende Bassaämtchen gütigst zukommen zu lassen. Der Senator winkte ihm, sich nur stille zu halten, und sich unterdessen zurückzuziehen — und darauf that er seinen vorläufigen Vortrag: Es muß, sagte er, doch auch ein neuer Bassa in Vorschlag gebracht werden — und können Ew. Hoheiten etwa nicht einen dummen Teufel zu diesen Posten emploi-

emploiren? — Ich kenne einen, deſſen ganze
Klugheit in einem ſehr biegſamen Rücken ſitzt —
dabey von leichten Schenkeln und laſibar, wie ſolche Herren ſeyn müſſen — er hat ſchon eine Zeitlang über einem Schornſtein als Wetterhahn gedient, und ſich ſehr gut gedreht, kann auch den
Rauch ſo ziemlich vertragen, ohne daß er ihm ſonderlich in die Augen beißt.

Je dummer je beſſer, votirte der Neid, als
Erbprinz der Hölle — mit deſto wenigerm Verdruß kann man ihn anſehen — die Qualitäten eines
ſo beſchriebenen Rückens machen ihn meiner Stimme vollkommen würdig, ſprach Signor Hochmuth,
— hat er was zuzuſetzen? fragte der Geitz, und
iſt er traitable? der Betrug — ich kann vor bey-
des garantiren, antwortete der Senator — aber
fiel die Prinzeßin Kabale ein, ich werde indeſſen
vor ſeinem Eſprit, der bey ihm nur im Rücken
wohnen ſoll, wenig Dienſte zu erwarten haben —
Doch! gnädigſte Prinzeßin, ſagte der Senator —
auch dumme Teufels haben etwas in der Zirbel-
drüſe, was den Raum anſtatt des Gehirns aus-
füllt, ſo eine Art von Verſchmitztheit, welcher
der Verſtand eines geſchmeidigen Rückgrads nur
zum Succurs kommt, und weil man ſich für ſolche
einfältige Tropfe nicht ſonderlich in Acht nimmt, ſo
ſind ſie in der Ausführung ihrer Streiche oft glücklicher als mancher andere, der von Intrigue Profeßion macht, aber auch davor bekannt iſt, — der
Bauer mit dem einfältigſten Geſicht, den die Dummheit gezeuget, gebohren und groß gebracht hat, betriegt

triegt oft den klügsten, der in allen Arten von Ränken eine professormäßige Geschicklichkeit besitzt —

Das wäre also unser Mann, stimmte die
ganze Gesellschaft — und ohngeachtet Satan, dem
das Regale, Gouverneurs zu ernennen, allein zu-
kam, noch schlief; so war der neue Bassa doch
schon fertig, wie an manchen — auch teutschen
Höfen selbst Ministers abgesetzt, und in dem geheimen Kabinet der Kabale andere kreirt werden,
wovon nun der Fürst noch kein Wort weiß — auch
seine Gerechtsame schon zu behaupten glaubt, wenn
ihm zu rechter Zeit nur die Patente vorgelegt werden, um Ehren halber sein gnädigstes Placet dar-
unter zu setzen.

Nachdem auf solche Weise alles fein ordentlich regulirt war, hielt man's vor Zeit, den Herrn
Satan zu wecken, damit er das vorhabende lit de
Justice nicht verschlafen möchte, um so mehr, da
noch mehr Sachen von der äussersten Wichtigkeit
in derselben Walpurgisnacht abzumachen waren.

Wie das alles in einer einzigen Nacht vorgehen
konnte? So eine Frage kann nur ein Mensch
thun, der in den wichtigsten Glaubensartikeln ganz
unkundig ist, und nicht weiß, daß im Reich des
Teufels lauter Tausendkünstlerey ist, die freylich
gemeiner Menschenverstand nicht begreifen kann —
Solchen Sceptikern empfehle ich eine einzige Be-
reisung der Domkirchen in unserm lieben Teutschland, und in jeder beym Küster ein Kollegium
über die wunderbare Reliquien und aufbehaltene
Denkmäler der christlichen Feengeschichte zu hören,

ren, um Zweifel und Unglauben auf ewig aufzugeben. Wenn der Teufel in derselben Zeit, daß der Mönch seine Messe lieset, als Estafette nach Rom reisen, und eine Säule aus der St. Peterskirche stehlen kann, so ist auch leicht möglich, daß er in einer Walpurgisnacht mehr Geschäfte machen kann, als auf Reichs-und Landtägen in etlichen Monaten nicht zu Stande gebracht werden.

Die Verläumdung, Satans jüngste Tochter, übernahm es, ihrem Herrn Vater zu sagen, daß es Zeit sey, das lit de Justice zu eröffnen, um gelegentlich noch vorher eine geheime Unterredung zu halten, und ihm noch einige kleine Konfidenzen zu machen.

Nun hatte Satan, wie mir dergleichen mehr bekannt sind, und gewiß Leute vom Range, die liebe Gewohnheit, sich beym Schlafengehen, und ehe er aufstand, alle gesammlete Neuigkeiten erzählen zu lassen — und da er nach seinem Karakter gerade die schlimmsten immer am liebsten hörte, und alles böse, weil er's wünschte, auch am ersten glaubte, so war seine liebe Tochter, die Verläumdung auch seine liebste Erzählende, die ihn beym Einschlafen, und des Morgens beym Kaffee am angenehmsten zu unterhalten wußte.

Kaum erblickte sie Satan vor seinem Ruhebette, und hörte, daß es Zeit wäre, sich von seinem Lager zu erheben, wenn er das lit de Justice nicht verschlafen wollte, als er ihr ein väterliches Lächeln entgegen grinsete, sie bey sich niedersetzen hieß und sie bat, während er noch ein wenig liegen bliebe, pour se dodiner, ihm etwas neues zu erzählen.

Made.

Mademoiselle Verläumdung lenkte ihren
Rapport durch eine geschickte Wendung auf den
Baßen von zwey Roßschweifen. Es ist unbegreif-
lich sagte sie, wie dieser Teufel sich noch unterstehen
darf, an unserm geheimen Konseil Theil nehmen
zu wollen. Er ist so wenig teuflisch gesinnt, daß
er diesen ehrwürdigen Titel kaum mehr verdient.
Durch sein Betragen hat er sich unserer Kongrega-
tion, und der Gemeinschaft mit uns ganz unwürdig
gemacht. Unserm ältern Herrn Bruder, dem Neid,
macht er unsäglichen Verdruß, und will immer andere und richtigere Einsichten in die Angelegenheiten
unseres Reichs haben, geht gegen Entschlieffun-
gen, die vom ganzen Konseil genehmiget sind, oft gerade an, und besteift sich auf Gründe, über welche der
Neid knirscht und vor Wuth zerspringen möchte,
wenn er sie nicht mit gleicher Stärke widerlegen
kann. Dein zweyter Sohn, der Hochmuth ist be-
ständigen Demüthigungen ausgesetzt — es ist der
einzige Teufel, der ihm nicht mit dem schuldigen Respekt begegnet. Bruder Geitz empfängt nie den Tribut von ihm, welchen, dem uralten Herkommen gemäß
die übrigen Baßen aus ihren Gouvernements ihm
liefern, und dein Stiefsohn der Betrug, kann gar
keine Affaires mit ihm machen — Kurz er ist unser
aller abgesagter Feind, und in seinem Gouvernement siehts recht wild aus. Nirgends ist mehr
Geläute der Glocken, wodurch die Leute zur Kirche und zum Gebet gerufen werden, als wo er
Statthalter ist — Man hörts gleich, wenn man
an so einen Ort kömmt, denn da bimmelts den ganzen

zen Tag, und selbst des Nachts kann man nicht
vor schlafen.

Kaum daß einer unserer Anhänger an solchen
Orten freygeistisch denkt, oder ein Schriftgen her-
ausgiebt, das nur etwas nach Seelengift schmeckt;
so ist gleich die Inquisition hinterher. Von dieser Seite genommen, findet man fast in seinem
ganzen Kreise nichts als Gebet und Gesang, und
wird mit dem englischen Gruß in dem Thor, wo
man hineinkommt, bewillkommt, und aus dem
andern eben so fromm und andächtig wieder her-
ausbegleitet. Wie fahrläßig muß nicht ein Gouverneur seyn, der unsere Reichskonstitutionen so
wenig vor Augen hat, um alles dergleichen zu dulden.

Der Umgang mit dem schönen Geschlecht ist in
den meisten Gegenden, wo er die Direktion hat, so
eingeschränkt, daß mans selbst auf den leeren Pro-
menaden merkt, und die Frauenzimmer sind so züch-
tig und so scheu, über einen kleinen Zeitvertreib mit
einem artigen Menschen ertappt zu werden, daß man
von dergleichen Anekdoten, die in die scandaleuse
Chronik gehören, fast nichts gewahr wird. Was
endlich die Liebhaber des italiänischen Geschmacks
nach der Weise des Sokrates angeht, die werden
gar mit Feuer und Schwerdt verfolgt, wenn gegentheils im Departement des weit würdigern Baßen
von drey Roßschweifen dieser Geschmack du bon ton
ist, ohne daß jemand drüber im geringsten genarrt
oder angefochten würde.

Alle Einwohner und Bürger in den Städten
seines Gouvernements sind trotzig, setzen den Huth

Viertes Stück.   D   aus

aus den Augen, und dünken sich als freye Leute,
so gut wie Fürsten, zum Beweiß, daß keiner weiß
was Druck ist, und daß sich ein jeder wohl befindet. Ein jeder kennt und hält auf seine Gerechtsame, und dem würde es den Hals kosten, der sie
im mindesten aufhalten oder beeinträchtigen wollte.
Was das schlimmste ist; so versieht er sich sogar
mit den Obrigkeiten seiner kleinen Staaten, und
steht selbst mit der Geistlichkeit im guten Vernehmen. Man sollte schwören, daß er selbst mit allen diesen gegen dich und gegen unser ganzes Reich
kabalirt, und nächstens durch eine Empörung uns
alle diese Staaten können entzogen werden. —

Satan ward bey diesem schönen Detail immer
wärmer vor der Stirn, und weil bey einem hohen
Alter, Leichtgläubigkeit bey dergleichen vertraulichen Insinuationen nicht sein kleinster Fehler war,
sonderlich wenn so etwas von irgend einem seiner
Lieblinge ihm recht scheinbar gemacht wurde, so
nahm er das alles für völlig richtig an, und faßte
auch sofort seinen Entschluß so blocksbergsmäßig,
daß nichts in der Welt ihn wieder davon hätte zu-
rückbringen können.

In dieser ersten Aufwallung des Bluts fühlte
er in sich Kraft, mit aller Majestät sein lit de Justic
zu eröffnen, und wenigstens — Beweise seiner höchsten Autorität zu geben, ohne daran zu denken, daß
er nur das Kind war, das von seiner Familie durch
unsichtbare Seile geleitet wurde. Es wurde Befehl gegeben, daß alles zur großen Ceremonie sollte in Bereitschaft gesetzt werden, und es wurde allen

Waffen

Waffen, Befehlshabern und Deputirten aus den
Ständen angedeutet, sich nach ihren Ordnungen
und Range in den großen Versammlungssaal zu
begeben. Der Zug ging mit der größten Feyerlichkeit vor sich, und ein Theil der Haustruppen
Satans begleiteten die Stände, und faßten Posto
vor dem Saal, um im voraus anzudeuten, daß sich
Satan bey dieser Feyerlichkeit in einer absoluten
Gewalt zeigen würde.

Nach der Grundverfassung seines Reichs beruhete die höchste Gewalt und die gesetzgebende
Macht nicht bey ihm, dem Fürsten des Blocksbergs
allein. Er war bey der ersten Gründung seines
Staats nicht der einzige Empörer gewesen, und die
Hauptleute und Mächtige aus seinen Unte befehlshabern der abgefallenen Legionen hatten durch gemeinschaftliche Berathschlagung, durch zusammen-
gesetzte Kräfte, in einer förmlichen Konföderation
das ihrige zur großen Revolte mit beygetragen —
darauf gründete sich ihre Mitregentschaft und die
Ansprüche — daß Satan ohne Zustimmung seines
Parlements nichts wichtiges beschließen und ausführen könnte.

Satan indessen, um sich von den gemeinen
Teufeln desto besser zu unterscheiden, errichtete einen Hofstaat, in dessen Mitte er glänzte. Ein
Theil der vornehmsten Geister seines Reichs besorgte die Angelegenheiten, und der andere diente
blos zum Lüstre des Hofes, und war müßig. Die
Hofparthey prätendirte den Rang vor der Volksparthey und zuletzt — auch Einfluß, alleinigen

D 2

Einfluß

Einfluß in die Geschäfte des Staats. Man hielt
davor, daß ein Fürst — der seine Plaisirs liebte,
seine geliebte Tochter, die Verläumdung, gern
sprechen hörte, und den die Prinzeßin Rabale sehr
gut einzunehmen wußte — ein Fürst, der seine Bequemlichkeit liebte, und dankbarlich zusahe, wenn
andere für ihn arbeiteten, und ihn zu Zeiten schlafen ließen, während wichtige Staatssachen abgemacht werden mußten, daß so ein Fürst souverain
seyn müsse — um gar nichts zu seyn, und der
Hofparthie alle Gewalt zu überlassen. Man rieth,
eine Leibwache zu errichten, weil das zum Glanz
seines Hofes nöthig sey — aus der Leibgarde wurden Haustruppen und ein hinlängliches Korps, um
die Volksparthie in Respekt zu setzen, und alles dem
Willen der Hofleute mit guter Manier zu suborbi-
niren.

Das Parlement behielt nach den ersten Grundverfassungen alles Ansehn — und es geschah nichts,
als was der Hof wollte, und Satan zu wollen
sich einbildete.

Wie schon angemerkt, beschäftigte er sich sehr
mit Kinderzeugen, und die Stunden, die er seinen
anderweiten Vergnügungen abbrach, unterhielt er
sich mit seiner kleinen Familie, während seine erwach-
sene Prinzen und Prinzeßinnen und die Vornehmsten des Hofes neue Systeme entwarfen, und auf
Mittel dachten, solche unter der Autorität Satans
und durch den Nachdruck der ansehnlichen Leibgarde
dem Parlement annehmlich zu machen.

Dabey

Dabey behielten die Glieder des Parlements
ihre Gerechtsame ungekränkt: frey zu sprechen, und
ihre Meinung zu sagen, nachdem ihnen der Wille
ihres Fürsten bekannt gemacht war, und Satan,
nachdem er überaus gnädig alle Gegenvorstellungen
angehört hatte, bestätigte seinen bekannt gemachten Willen, um sein Hoheitsrecht zu conserviren, dergestalt, daß die gegenseitige Vorrechte in einem vortreflichen politischen Gleichgewicht standen.

Aus diesem vorläufigen kurzen Detail von der
Reichsgrundverfassung, nach welcher sehr ord-
nungsmäßig bey einem lit de Justice verfahren wurde, werdet ihr die nachfolgende ceremonienreiche
Rechtspflege und Staatshandlung, welche zu den
Misterien des herzinischen Reichs gehören, desto er-
klärbarer finden.

Dem Thron gegenüber hatten sämtliche Baſ-
sen, die Reichsbeamten und Stände der verschiedenen Provinzen, in welchen Satan die Regent-
schaft zu behaupten suchte, nebst ihren vornehmsten
Offizianten, ihre Sitze im Parquet genommen,
man sahe allen eine ruhige Erwartung der Dinge,
die da kommen sollten, an der Stirn geschrieben,
der Bassa von zwey Roßschweifen, dessen Fall bereits beschlossen war, und der ohnedem seine eigene Sache führen mußte, wurde einmüthig zum
Generaladvokaten und zum Sprecher für das allgemeine Beste gewählt — er war rüstig und bereit,
die Sache des Parlements wie seine eigene vor dem
Thron und der ganzen Hofparthie des Satans zu
führen.

Satans

Satans Gefolge erschien zuerst im Saal, und der ganze Train seiner Räthe — die sich in ihrer Qualität durch einen spanischen Schritt, durch erhabene Nasen, durch einen gravitätischen Gang und durch einen kompletten Pedantenton — durch Schnitt in Kleidern und Peruquen von den eigentlichen Hofleuten auf eine sehr merkliche Art unterschieden. Sie setzten sich unten an den Stufen des Throns auf Tabourets, die für sie besonders hingesetzt waren, da ihr steif gewöhnter Rücken keiner Lehne bedurfte, wobey jedoch angemerkt zu werden verdient, daß die Steifigkeit des Rückens schlechterdings von der jedesmaligen Stellung abhing — Wenn diese Herren den Thron hinter sich hatten und das Gesicht nach dem Volke gerichtet war, so hätte aus dem ältesten Stamm einer Eiche kein unbiegsamerer Rücken gemodelt werden können, wenn sie sich dagegen umkehrten, und mit dem Gesicht nach den Thron sahen, gesetzt, daß auch nur des gnädigen Herrn Affe darauf herumhüpfte, so gab das den Rücken der Herren Räthe eine ganz wunderbare Geschmeidigkeit.

Und hier bey diesem wahr karakterisirendem Zuge wünschte ich, daß meine Leser ihre Aufmerksamkeit ein wenig verweilen ließen, um beym Anblick dieser Rückens ad officium, ein herzinisches Geheimniß en Miniatüre zu beobachten, und solches in seiner Tiefe gründlich zu studiren.

Ich habe euch im 2ten Stück bereits eine teutsche National-Nasentheorie in einem praktischen Muster vorgezeichnet — Aus dem Anschauen obiger

ger lehrreichen Figuren könn't ihr euch die so nöthi-
ge als tiefsinnige Wissenschaft vom zweckmäßigen
Gebrauch des Rückgrads und — eine originale
Rückentheorie abstrahiren.

Als einen unstreitigen Lehrsatz mögt ihr immer
voraussetzen, daß ein jeder, der das Interesse
seines Landesherrn und sein liebes Vaterland nutzen will, ohne eben aus politischer Bigotterie dem
einen oder dem andern Nutzen schaffen zu wollen — daß ein solcher mit gutem Gewissen sich von
der verdrießlichen Theorie des Verstandes schon
paßiren, und noch mehr alle übrige mühsame Theo-
rien so mancher anderweitigen Staatskenntnisse füg-
lich entbehren kann, wenn er nur die Theorie des
Rückens wohl gefaßt hat, und die heilsame Grundsätze desselben in Ausübung zu setzen versteht.

Wer einen blos paßiven Rücken hat, sollte von
rechtswegen nur auf den Stand eines gemeinen
Soldaten Anspruch machen, dessen Rücken nichts
weiter zu thun hat, als — sich dem lieben Gott
zu empfehlen.

Wer dagegen von der Natur ein vorzüglicher
Rückengenie empfangen hat, dessen erhabenere Talente activ und paßiv zugleich sind, darf solches
dreist als einen göttlichen Beruf und als die nöthige Ausrüstung zu einem Civilposten im gemeinen
Wesen ansehen. Ihm wird's leicht werden sich zu
bücken, und leicht, eine gravitätische Perpendiku-
lairhaltung anzunehmen — die kluge Biegsam-
keit wird ihn durch alle eingeengte Situationen mit
der Dexterität eines Aals sich durchwinden und

D 4   durch-

durchſchlüpfen laſſen — und eine wohl angebrach-
te Steifigkeit wird ihm ein Anſehn verſchaffen.
und — ihn nicht verlaſſen, wo's drauf ankommt,
ſich mit Nachdruck gegen die ſubordinirte Klaſſe
immer vorwärts zu poußiren — auch durch vereinigte active und paſſive Kräfte wird er den Ruhm
des Verdienſtes erobern, wird ſtille halten, und
ſich aufpacken laſſen, um ſeinen Brüdern, den
Lehrern der Geduld, unter dem laſtbaren Volk —
nachzueifern, und dann ſeine ganze Kraft der Laſt
entgegenſetzen und — tragen, was ihm aufgelegt
wird, und was ihm von den Treibern, ſo die
Theorie nervigter Arme ausüben, noch beyläufig von hinten zugezählt wird.

Mit dieſem herziniſchen Geheimniß einer wohl
kultivirten Rückentheorie hilft Gott manchen
durch die Welt — und wenn vollends die Theorie
geſunder und geläufiger Finger und zu ſeiner
Zeit die nicht weniger empfehlende Theorie activer
Lenden zu Hülfe genommen wird, ſo könnt ihr
ſicher auf erſtaunliche Progreſſen in der Karriere,
gerade zum Baſſen an, Rechnung machen — euch
eures Tabourets und eurer Stimme erfreuen, wenn lit
de Juſtice gehalten wird, und in Frieden zu der Würde
gelangen, öffentliche Lehrer der großen praktiſchen
Wiſſenſchaft von dicken Bäuchen zu werden, als
von welchem letztern vollwichtigem Gradus ich euch
gelegentlich ein beſonders Kapitel liefern werde.

Nur Geduld, Freunde! das lit de Juſtice wird
doch fertig werden, ob ich gleich in dieſer kleinen
Abſchweifung zu eurem wahren Heil, und zu eurem

rem Unterricht und Erbauung, euch diese Vorle-
sung über die Theorie eines wohlgeschaffenen
Rückens ad officium, gehalten habe. Die Herren Räthe, welche die Avantgarde Satans bey
seinem wichtigsten Exploits ausmachen, haben wir
bereits wohl behalten, im Saal hineintransportirt,
und sie dem Sprecher für die Volksparthey gegenüber auf ihre Tabourets gesetzt, wo der Thron,
den sie im Rücken hinter sich haben, ihnen zur Lehne dienet — wie lange? Nun so lange es dem Teufel belieben wird, ihnen nicht den Fuß — wies
manchmal zu geschehen pflegt, vor den unverschanz-
ten Hintern zu geben. Auf jeder Seite des Throns
etwas vorwärts gerichtet; befanden sich zwey Pul-
te — eins zur rechten für den Großsiegelbewahrer,
und eins zur linken für den Staatssekretair —
Beyde erschienen jetzt im Saal — der Sekretair
Uriel mit dem Buche der Gesetze, daß durch einen dienstbaren Geist vor ihm hergetragen, und
auf das Pult zur linken gelegt wurde — und der
Siegelbewahrer des Reichs, der bey dieser Handlung Satans despotischen Willen öffentlich der
ganzen Versamlung, und dem Hause der Gemeinen erklären sollte — Satrapen begleiteten diese
beyden Staatsbediente — aber wie erstaunte der
Sprecher des Unterhauses, der Bassa von zwey
Roßschweifen, als er in der Person des Siegelbe-
wahrers, welcher einer der vornehmsten Reichsbe-
dienten war, und immer die nächste Anwartung
zum Vezier hatte — seinen Gegner, den Bassa
von drey Roßschweifen erblickte.

D 5 Das

Das war ein Avanzement, das endlich noch
geschwind genung — und auf der kurzen Route von
Satans Schlafkabinet zu einem Versammlungs-
zimmer, wo er von seiner Familie erwartet wurde,
um ihn nach dem großen Audienzsaal zu begleiten,
fertig geworden war. Satan sahe mit Vergnügen, wie der Bassa von drey Roßschweifen bey allen Hofleuten, und besonders bey seinen Prinzen
beliebt war — und befahl sofort ihm das Patent
auszufertigen, worinn ihm mit Beybehaltung seines Gouvernements, das Amt eines Großsiegelbewahrers auf dem Reichstage bestätiget wurde,
als welches der expedite Sekretair Uriel, während
Satan eine Tasse Chokolade zu sich nahm, auch
sehr prompt bewerkstelligte.

Jetzt erschien in voller Majestät Satan selbst,
begleitet von Satrapen und den ersten seines Hofes, und setzte sich auf den Thron — ihm folgten
die Prinzen und Pairs seines Reichs, welche sich
zur Hofparthey geschlagen hatten, und rangirten
sich auf beyden Seiten des Throns.

Die Teufel im Parket waren von ihrem Sitz
aufgestanden, um ihrem Fürsten bey seinem Eintritt die gebührende Ehre zu bezeigen.

Der Großsiegelbewahrer deutete ihnen auf
Ordre seines Herren an, daß ein jeder Platz nehmen, und sich setzen dürfte.

Satan eröffnete das lit de Justice mit folgender
Anrede: Ich habe euch hier versammlen und zu-
sammenrufen lassen, um euch, als den geheimen
Ausschuß der Stände und Amtleute meines Reichs,
meinen

meinen Willen zu eröffnen. — Mein Großsiegelbewahrer, der Bassa dreyer Roßschweifen und Statthalter einiger souverainen Staaten, wird ihn euch deutlicher zu eurer Nachricht und Achtung vortragen. —

Der Großsiegelbewahrer stieg auf die Stufen des Throns, beugte sich vor dem Gebieter der Höllen — als wenn er seine Befehle empfangen wollte, die jedoch Satan, so die vom Staatssekretair Uriel mit Zuziehung der Vornehmsten von der Hofparthie aufgesetzt waren, nur allein noch nicht gelesen hatte, und jetzt selbst zum Theil als etwas neues anzuhören im Begriff war.

Nach dieser Formalität trat er zurück an sein Pult, und hielt der Versammlung im Parket folgende Anrede:

Vom Anfang an, da unser weites und mächtiges Reich ist gestiftet worden, haben Er. Majestät, unser großer Gebieter, unabläßig und unermüdet Sorgfalt getragen, zu befördern, und jedem seiner getreuen Vasallen die Freude zu verschaffen — an dem Verderben unserer abgesagten Feinde der Menschen seine Lust zu sehen.

Zu aller Zeit haben Höchstdieselben auf die bequemste Mittel Bedacht genommen, den großen und letzten Zweck seiner Macht dahin anzuwenden, aus dem einen Theil der Erdgebohrnen kapitale Bösewichter, und den andern — unglücklich und elend zu machen.

In dieser Absicht hatte man sich nicht darauf eingeschränkt, einzelnen und unbedeutenden Menschen

schen nachzustellen, sie zu Thaten, die unsers
Reichs würdig sind, anzureizen, und dann mit
Anfechtungen, mit Schreckbildern und Gespenster-
erscheinungen zu quälen — dergleichen Possen sind
unter unserer Würde, und was man uns in der
Welt davon nachsagt, ist Geschwätz.

Freylich entschuldigt sich manches Mädchen,
wenn sie zu viel süsse Sachen genossen hat, und
dann das Bauchgrimmen davon bekömmt, daß sie
der Teufel genöthiget und verführt hätte — und
wenns ehrlich untersucht wird, so ist jeder Teufel
an dergleichen unschuldig — Wo's nicht an Gelegenheit und nicht an gutem Appetit zu geniessen
fehlt, da würden wir die edle Zeit verliehren, wenn
wir sie bey solchen Anlässen mit nöthigen zubringen
wollten. Ausserdem findet eine jede, was diesen
Punkt betrift, hinreichende Anreizung in dem Verbot und in der Wachsamkeit, wodurch Mütter und
Ehemänner das hindern wollen — die Begierde,
alle diese Schwierigkeiten zu besiegen, würde vermindert werden, wenn wir uns damit abgeben
wollten, diese Geschöpfe, über welche weder ein
guter noch böser Geist etwas vermag, und die sich
blos durch ihre Kaprice regieren lassen, irgend wozu
verführen zu wollen — der Verführer sitzt bey ihnen im Blut und im Humor, unsere Mitwirkung
selbst bey müßigen Stunden würde unnütz und
überflüßig seyn — was von selbst kommt, braucht
man nicht zu rufen — unterdessen können wir's
leiden, wenn man uns Verdienste beymißt, woran
wir völlig unschuldig sind.

So

So mancher Dieb, wenn er gefangen, und so mancher Mörder, wenn er gehangen wird, und nun seine Thaten mit andern Augen ansieht, schreibt das alles auf unsere Rechnung — da hatte ihn der Teufel verblendet, wenn er that, wozu sein natürlicher Hang ihn verleitete — Wir hätten noch viel zu thun, wenn wir uns in alle solche Lumpereyen mischen wollten.

Hie und da wird sonderlich von alten Weibern, von Landstreichern und von Priestern ein Gerücht ausgebreitet — und von obrigkeitlichen Personen bestätiget, daß einige von uns aus Besitzungen ihr Werk machten, und hier und da jemanden in den Leib führen, und dann durch den Bannspruch eines Kapuciners sich wieder herausbannen ließen — Satan, unser durchlauchtigster Gebieter hat das Zutrauen, daß keiner von seinen Vasallen so niederträchtig seyn wird, um sich in den Residenzen der Verdauung herum zu treiben, vielmehr hofft man, daß dergleichen Leute, die vor Besessene gehalten werden, nur von Winden geplagt sind, und daß der Pfaffe, der sich mit exorciren abgiebt, auch nichts weiter abtreibt, als Winde, um so mehr, da bey dieser heiligen Operation allezeit ein großes Geräusch und ein abscheulicher Geruch soll bemerkt werden.

Noch weniger wird erwartet, daß einer von euch so treulos handeln sollte, Gespenster zu agiren, und dadurch die Leute zum Beten zu bringen, und fromm zu machen, und um in Absicht alles dieses, den Willen und Befehl unsers Beherrschers

kurz

kurz auszudrücken — alle diese Possen sind keine Beschäftigung, die sich für unser einen schicken, und dem System zur Konservation unseres Reichs angemessen wären. Immer haben unser mächtiger Fürst nach den Grundsätzen seiner weisen Regierung für gut gefunden — ins Große zu gehen. —

Die allgemeine fruchtbare Grundsätze, welche am fähigsten sind, die Reiche der Welt nach dem Wohlgefallen unsers Souverains zu dirigiren, sind keine andere als die, welche ich in meinem Gouvernement selbst befolget habe — Nemlich:

Diejenige philosophische Erleuchtung zu befördern, welche den Unglauben am besten ausbreitet. Einschränkung und Herabsetzung der Geistlichen und Diener der Religion, welche das Volk sonst wie ein Heiligthum betrachtet und ihnen blinden Gehorsam leistet.

Despotische Regierungsform durch hinlängliche Macht gedeckt, um das Volk in Zwang zu halten.

Anwendung dieser Macht, um über die Personen und über das Vermögen der Unterthanen zu gebieten — alte Lasten zu erhöhen und neue aufzubringen, damit die Leute so lange gedruckt werden, bis sie sich dem Teufel ergeben.

Schonung der Laster und Freyheit, moralisch so böse zu seyn, als man will, um den Leuten vergessen zu machen, wo es ihnen wehe thut.

Um deswillen eine gelindere Justiz, damit unsere Bösewichter auf Erden desto sicherer leben, sich mit Hülfe geschickter Sachwalter aus den Händen

ben der Richter allenfalls wieder losmachen und
uns länger erfprießliche Dienfte leiften können, und
endlich:

Erweiterung der mächtigen souverainen Staaten, wo nur Gelegenheit da ift, und Anfprüche
an benachbarte kleine Staaten geltend gemacht werden können, damit alles, wo Freyheit, Wohlha-
benheit, Muth beym gemeinen Mann und heiliger Religionseifer wohnt, unter das eiferne Joch
des Despotismus gebeuget, der gemeine Mann
entnervt werde, und unfere Plagen fühle, und
die Pläße der geweiheten Andacht öbe, und der
Seckel des Heiligthums verkürzt werde.

Dies find die Gefeße, welche zur Ausbreitung
und Befeftigung unferes Reichs einregiftrirt werden follen, um allen Baffen, Gouverneurs, Auf-
fehern und Amtleuten zur Richtfchnur zu dienen.

Gerade nach diefen Grundfäßen, habe ich in
den fouverainen Staaten, die meiner Sorgfalt
anvertraut find, gehandelt. Unter dem blendenden Titel von Toleranz — ein Grundfaß, welchen
auf mein Eingeben die größten Regenten adoptirt
haben, und welchen Freund Voltaire in Kompagnie mit den berühmteften Geiftlichen und
größten Geiftern diefer Zeit geprediget — nicht ohne Erfolg geprediget hat — unter diefem empfeh-
lenden Schußbrief für die Gewiffensfreyheit zieht
frey und im herrlichen Triumph der Atheismus
umher, und nimmt von den Pläßen Befiß, wo
fonft Religion ihr Gebiet hatte. Aus diefem Grunde feufzt Mofer über das tolerante freygeifteri-
fche

sche Berlin, *) als über dem Hauptsitz der Irreligion — seufzt über Regenten, die selbst zu Priestern des Unglaubens **) sich aufwerfen, und beweißt durch sein Seufzen, daß Satans Gesetze beobachtet werden, und unter meiner Aufsicht im Flor kommen. Wenn man aus diesem Gesichtspunkt meine Staaten examinirt, so wird man finden, daß unter den großen und unter den geschicktesten Leuten im Reich, wo Toleranz herrscht, alle kirchliche Orthodoxie zu Grunde gegangen ist, und auf die Orthodoxen nicht mehr gedacht wird — ich habe mir selbst unter den Theologen in Teutschland einen Mann, einen neuen Luther erweckt, der die alte Theologie umwirft, den Kanon mustert, wie ihn Luther schon einmal gemustert hat, und Schriftstellen aus der Bibel streicht, die ihm nicht anstehen. Wenns länger so fortgeht und der Kanon noch ferner reducirt wird, so bleibt endlich gar nichts dran, die Beweißstellen kommen aus der Welt, und die Lehrsätze, die darauf beruhen, fallen hinter drein. Was aber das herrlichste Werk dieses großen Mannes ausgemacht ist, daß er den Leuten die Furcht für uns großentheils benommen hat, nichts von Teufeln in der Welt will gelten lassen, unsere Einflüsse gering schätzt, und für Phantasterey ausgiebt, dergestalt, daß wir frey unter den Menschen umher wandeln und mit ihnen sprechen können, ohne daß sie sich etwas übles versehen —

*) Mosers Beherzigungen S. 82.
**) Dieselbe S. 84.

ſchen — Selbſt Damens fürchten ſich für uns
nicht mehr, und ein närriſcher Teufel, wenn er
ſonſt nur einen guten Ton hat, iſt überall willkommen, und wird für den vernünftigen Mann faſt immer Vorzug haben.

Alles dies ſind die treflichе Wirkungen der
philoſophiſchen Erleuchtung, welche unſer gnädigſter Fürſt überall eingeführt wiſſen will — die
um deswillen jetzt in Geſetzes Kraft übergehen ſoll,
ſo wie ſie in meinem Gouvernement ſchon tiefe Wurzel gefaßt hat.

Der Despotismus und deſſen fernere Ver-
breitung iſt das zweyte Geſetz, das der heutigen
Legislation Ehre macht. Freyheit iſt der Menſchen
edelſtes Eigenthum, das ihnen die Natur gab,
und unſere Pflicht iſt's, dieſe Freyheit zu kräſfen
und unſern Feinden das zu rauben, worauf ſie am
meiſten eiferſüchtig ſind. Aber dieſer Despotismus
muß Nachdruck haben und hinlängliche Macht —
in kleinen ſouverainen Staaten kann er ſo wenig
ſtatt finden als in freyen Republiken — der Unterthan muß keinen Willen haben und — auch nicht das
Vermögen haben zu wollen — die ganze Macht
muß in den Händen des Souverains beruhen,
damit ſie dem ganzen Haufen des Volks recht fühlbar werde.

Auch hier bey dieſem Punkt merkt Moſer, mein
Gewährmann und mein Antagoniſt, in einer Per-
ſon ſehr wohl an, daß im Lande der Freyheit der
Bauer, den er um ſeinen Weg gefragt habe, den
Huth in die Augen gedrückt und ihn grob angelaſſen

Viertes Stück.　　　　E　　　　und

und geantwortet habe: Der Nase nach! und
nun wuste Moser, wo er seinen Weg hinnehmen
sollte, und freute sich, weil er aus diesem Wahr-
zeichen der Grobheit schließen konnte, daß er noch
bey sich zu Hause sey.

Der gute Moser war kaum über die Gränze — so witterte er schon den niederdrückenden
Despotismus — da ihm der erste Bauer, so ihm
begegnete, mit dem Huth unterm Arm eine ganze
Strecke Weges begleitete, um ihn zurechte zu weisen,
und Moser seufzte erbärmlich über das Elend einer
despotischen Regierung, welche überall in Gang zu
bringen, hiemit euch allen sammt und sonders empfohlen wird — und das sage ich euch, wenn Satan, wie zu Hiobs Zeiten, das Land weit und breit
herumziehen wird, und noch grobe Bauern antrift,
so sollt ihrs alle zu verantworten haben.

Der Despotismus und die unbeschränkte Macht
einer souverainen Regierung muß, um das Elend
der Menschen vollkommen zu machen, über ihre
Personen und über ihre Güter gebieten, sonst ists
nichts. Wenn der Unterthan kaum gebohren ist;
so muß er schon nicht mehr sich selbst gehören, muß
schon bestimmt seyn, auf den ersten Wink der Fahne
zu folgen, — und keiner muß einen Bissen geniessen, ohne Abgabe davon zu entrichten — sonst
seufzen die Leute nicht, und Seufzen ist Musik in
unsern Ohren — auch sind dies solche Arrange-
ments, die dem Herrn von Moser nicht anstehen,
und worüber sogenannte Patrioten murren, und
welche in freyen Ländern erschrecklich gefunden wer-

ten

ben, sie müssen also nothwendig den Grundprin-
zipien unseres Reichs gemäß seyn, und deshalb hab
ich sie auch eingeführt — in meinem Gouvernement muß ein jeder Soldat seyn, nicht weil er will,
sondern weil er zur Musquete tauglich ist, und weils
das Geburtsrecht so mit sich bringt — und keine
Prise Tobak darf jemand nehmen, ohne davon den
gehörigen Tribut entrichtet zu haben, und damit
jeder weiß, daß seine Nase nicht ihm, sondern seinem Herrn angehört.

Nur in der Justiz muß die souveraine Gewalt
nicht zu promt seyn. Die Justiz, welche die Verbrecher bestrafen soll, muß gelinde und durch Gesetze eingeschränkt, durch einen sehr bedächtlichen
Rechtsgang geleitet werden.

Der Verbrecher, der Mörder, der Räuber
muß Aufmunterung und Hofnung behalten, daß
er nicht so ohne Umstände zum Galgen geht, daß
er wieder frey oder wenigstens mit dem Leben davon
kommen kann, wenn er auch künftig seinen Verdienst auf den Wällen der Festung nachsuchen muß.
Die Tortur muß ganz abgeschafft werden, weil sie
die Leute zu Bekenntnissen zwingt und — die zu
harte Todesstrafen von lebendiger Verbrennung
und dergleichen müssen wir suchen so viel möglich
zu hindern, es ist zu schrecklich, und wenn das
Rechtens seyn sollte, so möchte der Teufel ein Spitz-
bube seyn.

Besser wäre es, wir schafften die ganze Justiz
ab, da das aber schwerlich angehen dürfte, so müssen wir wenigstens die barbarische peinliche Halsge-

richt

richtsordnung Kaiser Karls des fünften aufzuheben
trachten — sie ist unsern Sündern gar zu empfind-
lich, so viel Laster wie möglich, müssen wir den
Händen der Justiz zu entziehen suchen, und kein
Urtheil muß ohne den Willen des Souverains
vollzogen werden, denn der macht noch manchen
frey, um einen Unterthan zu behalten, oder
mildert sein Urtheil, um Arbeit und Nutzen von ihm
zu haben.

In meinem Departement kommt schon vieles nicht mehr zur Frage, was denn eigentlich
auch dem Staat nichts angeht, und jedes eigene
Person nur selbst betrifft. Vieles geht unter einer
neuen Titulatur durch, wie manches alte vergessene
Buch, dem auch ein neuer Titel vorgedruckt wird —
und um dergleichen, wodurch sonst die ganze heilige
Justiz allarmirt wurde, und das wohl gar ein
Feuerwerk veranlaßte, bekümmern sich jetzt die Richter nicht, wo ich zu sagen habe. Unter dem Frey-
brief der Galanterie paßirt allerley — was man
jetzt nicht mehr achtet.

Satan will, daß diese Einrichtung überall soll
eingeführt werden. Höchstdieselben haben mit
großem Mißfallen wahrgenommen, daß in allen
diesen Artikeln der Bassa von zwey Roßschweifen
seine ihm anvertraute kleine Staaten und freye Republiken äusserst vernachläßiget hat. Statt der uns
so heilsamen und zum Unglauben führenden philosophischen Erleuchtung, gestattet er eine eben so feste
als blinde Anhänglichkeit an die Religion. In
seinem Gebiet glauben die Leute solche unglaubliche
Dinge,

Dinge, daß man darüber erstaunen muß. In der ganzen Gegend von Elwangen, Augsburg und dort herum sind wir alle, so wie wir hier auf dem Reichstage versammlet sind, prostituirt. Tausende sind seit einiger Zeit mit einer heiligen Andacht einem gewissen Gaßner zugelaufen, der dort allerley närrisch Zeug macht, und unsern Namen dazu mißbraucht. Dieser Gaßner entblödet sich nicht, vor allen ehrbaren Leuten seinen wirklichen oder verstellten Patienten allerley konvulsivische Bewegungen machen zu lassen, und den Krankheiten, welche er kommen und gehen heißt, unsere Namen zu geben, dergestalt, daß er der Welt weiß machen will, als wenn er Macht überaus hätte, uns, wie seinem Budel, nach Belieben Künste machen zu lassen. Es ist eine wahre schändliche Farce, die dort gespielt wird, und das Volk groß und klein glaubte, daß alles seine Richtigkeit hat, wiewohl denn doch auch in den dortigen Distrikten schon gescheidte Leute wohnen, die es wohl begreifen, daß der Teufel kein solcher Narr ist, um sich von diesem Pfaffen den Kappzaum anlegen und auf der Manege herumtummeln zu lassen.

Unter den Gelehrten indessen, welche über diese Harlekinade kontroversiren, leidet unsere Ehre von allen Seiten.

Der Lavater dort in der Schweiß, ein Mann dessen Schwärmereyen uns nützlich werden könnten, wenn sie einmal ihre Balanze verlöhren, und ein wenig überschnappten, der aber zu ehrlich fromm ist, und viele auf wirkliche Wege einer uns verhaß-

E 3   ten

ten Frömmigkeit führt — dieser beschimpft uns öffentlich durch die demüthigende Hypothese: daß wenn fromme Leute wollten, so müste der Teufel auf ihr Gebet auf dem Seile tanzen und allerley Meerkatzenstreiche machen.

Viel Ehre für uns! die wir sonst für Fürsten dieser Welt gehalten werden, wenn sich's drüber die Leute gar in den Kopf setzten, daß wir uns wie Murmelthiere herumtragen ließen, und a kommando allerley krumme Sprünge vor Geld machten, um den Menschen etwas zu lachen zu geben.

Nun hat zwar Semler in etwas unsere Parthie genommen und gezeigt, daß kein Teufel da sey, und daß Gaßner ihn auch nicht so zum Narren haben könne; aber er spricht doch überhaupt von uns mit zu wenigem Respekt, gerade wie sein Vorgänger Lutter, der uns auch zu sehr en Bagatelle traktirte, und bey weitem so viel Ceremoniell nicht machte, als selbst die Liturgie vorschreibt, wenn er sich einen von uns vom Halse schaffen wollte.

Mit einem Wort, wir sind bey dieser Historie gewaltig prostituirt — und in dem ganzen Departement des Baßen von zwey Roßschweifen sucht man uns noch immer bey alten Weibern, und unsere Einflüsse bey den niedrigsten und ekelhaftesten Begebenheiten, und wenn irgend eine Kuh an der Harnwinde stirbt, so wird gleich in Sachen des Eigenthümers contra den Teufel, der daran schuld seyn soll, bey einem Exorzisten plaidoirt, wir werden als schuldig verurtheilt, und meist ist das Oberappellationsgericht der gesunden Vernunft
von

von solchen Gegenden zu weit entfernt, um dorthin appelliren zu können.

In allen andern Artikeln, wo die Frage vom Glauben und Nichtglauben ist, sind noch ganze Gegenden, wo das Licht der Philosophie noch nicht durchgedrungen, wo Atheismus noch nicht Fuß fassen kann, wo die Leute noch so ungeheuer viel glauben, daß sie noch lange rabattiren und nachlassen können — ehe sie zu der mäßigen Portion reducirt werden, die nicht allem Menschenverstande schlechterdings zuwider ist.

Sieht man auf die Staaten dieses Baßen aus dem Gesichtspunkt des Wohlstandes, der Freyheit, der allgemeinen Glückseligkeit, so sollte man schwören, daß kein Teufel, sondern ein guter Engel über dieselben die Aufsicht hätte. In freyen Republiken findet sich fast alles im Stande einer gewissen Gleichheit — Wohl recht, sagt Moser, daß bis zum Bauer ein jeder den Huth in die Augen drückt, ans Abnehmen wird nicht gedacht, jeder fühlt sich Herr seiner Person und seiner Güter. Je nachdem es die Landessitte an jedem Ort und in jeder Gegend mit sich bringt, findet man überall Spuren des Wohllebens — In großen Handelsstädten verschwenderisch besetzte Tafeln, bey den vornehmsten Einwohnern — Bequemlichkeit bey dem müßigen Mittelmann — und die Geringen sieht man vom Morgen bis zum Abend wenig nüchtern — In andern Gegenden, und besonders auf dem platten Lande, sieht es in der herbstlichen Jahrszeit wie ein einziger Feyertag aus — in diesen

E 4   Tagen

Tagen des Wohllebens an den ländlichen Festen der Kirchmeß treiben alle Landleute dieselbe Wirthschaft, wie Hiobs Kinder, denen wir bey einer solchen Gelegenheit vor Zeiten das Haus übern Kopf zusammen warfen, ohne uns an die Opfer ihres Vaters zu kehren, welcher für ihre Schwelgerey täglich den Satz des Himmels erbat.

Bey diesen Festen sieht man den Ueberfluß, den frohen Muth und die Glückseligkeit in der geringsten Menschenklasse — von welchem allem man in meinem Departement keine Spur antrifft.

Neue Auflagen dürfen nicht zum Vorschein kommen — und wenn irgend ein Fürst sich eine kleine Erhöhung der alten Abgaben im Sinn kommen läßt; so sprechen seine mit dem Lande gemachte Verträge dagegen — er kann froh seyn, wenn ihm dann und wann aus dem Schatz seiner Unterthanen ein Geschenk gemacht wird, und muß seine ausserordentliche Bedürfnisse sich oft zweymal abschlagen lassen, ehe seine Unterthanen einmal so gnädig sind, sie ihm zuzugestehen. Auch aus diesem Grunde sind in solchen Distrikten die Einwohner des Landesherren, und es geht ihnen wohl — sollte man glauben, daß in solchen Provinzen ein Verderber aus unsern Mitteln zum Aufseher bestellt sey? Es ist, als ob der in diesen Gegenden verordnete Bassa sich in einen Schutzgeist verwandelt hätte.

Und die Justiz nimmt nach aller Strenge ihren Lauf, wenn nur irgend und im kleinen einer unserer Diener — ein Verbrecher ertappt wird — des Folterns und Hinrichtens ist kein Ende. Unsere

Anhänger

Anhänger werden bis aufs Blut verfolgt, und man findet Gegenden, wo ganze Dorsschaften ausgerottet sind, wo die Galgens voll hängen, und die Häuser leer stehen. Wenn's so fortginge, und diesem Unwesen nicht gesteuert wird — nicht diese Republiken und Staaten en Miniatür unter schärfere Aufsicht gezogen werden; so wird dort unser Reich bis auf den Grund zerstöhrt werden.

Noch sind vor andern die peinliche Gerichte in einem wichtigen Freystatt erschrecklich, wo die Bigotterie viel zu sagen hat, und wo aus Furcht für einen brennenden Schwefelregen, der vor alten Zeiten einmal gefallen seyn soll, die Professen einer geheimen Akademie, welche gewisse italiänische Künste treiben, mit Feuer und Schwerdt verfolgt werden — Diese Akademie, in deren Mysterien nur Männer von einem ganz besondern Geschmack eingeweiht werden, ist unsern Grundsätzen angemessen, weil sie das menschliche Geschlecht unter sich selbst herabsetzt, und der gesellschaftlichen Glückseligkeit nachtheilig ist — weil, wenn die Uebungen dieser Schule vom höchsten bis zum niedrigsten herabsteigen, und allgemein würden, unsere Feinde, die Menschen, sich selbst vertilgten — wie eine durch Pest und Fieber angesteckte Armee, dem Schnee gleich, an einem Frühlingstage wegschmilzt, ohne daß der gegenüberstehende Feind nöthig hat, einen Schwerdstreich zu thun.

So ein Institut, das nach den Regeln einer ordentlich formirten Gesellschaft und — akademisch besteht, welches seine Logen und geheimen Ver-

E 5   samm.

sammlungen hat, wozu die Mitglieder sich durch
ihr eigenes Schiboleth legitimiren, sollte überall
menagirt werden, so wie in meinem ganzen Gouvernement sich wenigstens kein Mensch drum bekümmert, und ein jeder ungenirt und ungekränkt
seinen Geschmack nach Belieben kultiviren kann.

Wenn ein rechtschaffener Teufel von solchen
Akademien sich zum Präsidenten und zum Protektor erklärt; so thut er seine Pflicht; aber wie straf-
bar muß derjenige seyn, der sich an die Spitze
derer stellt, welche diese Mysterien ausspähen
und zerstöhren, und die geweihten Brüder solcher Gesellschaften selbst zum Feuer verdammt,
oder doch diesen Blutgerichten ruhig zusieht, ohne
sie zu hindern.

Jetzt werdet ihr alle begreifen, daß die Gesetze, die ich euch im Namen unsers durchlauchtigen Fürsten vorher publicirt habe, unserer Reichs-
verfassung, der Befestigung und Ausbreitung derselben heilsam und ersprießlich sind, sie sollen nach
dem Willen unseres Souverains in das Buch unserer herzinischen Gesetze mit allen Formalitäten
eingetragen, überall in unserm Reich bekannt gemacht, zu jedermanns Nachricht und Achtung an
den Thüren unserer Tempel angeschlagen und
getreulich beobachtet werden — Satan, unser gnädigster Herr, hoffet, daß ein jeder seiner getreuen
Vasallen von der reichsväterlichen Sorgfalt für
unser aller Wachsthum im Bösen, und dessen kräftiger Ausbreitung durch solche herrliche Mittel und
weise Gesetze sich werde überzeugt halten, wie
denn

denn dieſerhalb ein beſonderes Dankfeſt ſoll gehalten und dieſer Reichstag mit einem feyerlichen: Te
Diabolum laudamus ſoll beſchloſſen werden.

Hier ſchloß der Großſiegelbewahrer, und nach
den Formalitäten, die bey einem lit de Juſtice ziemlich nach dem franzöſiſchen Fuß eingerichtet ſind,
wandte er ſich von neuem gegen den Thron, beugte ſeine Knie vor dem Fürſten des Blocksbergs,
empfing ſeine Befehle — begab ſich wieder auf
ſeinen Platz und ſagte:

„Satan erlaubt euch zu ſprechen.“ Der Generaladvokat in der Perſon des Baſſen von zwey
Roßſchweifen — jetzt in der Qualität als Sprecher des Unterhauſes von der Volksparthey erhob
ſich und begann ſeine Rede:

Mächtiger Fürſt, ſprach er, Deine getreue
Stände, Obrigkeiten, derer ihnen anvertrauten
ſpecialen Diſtrikte, Amtleute und Vaſallen finden
ſich von Schmerz durchdrungen, daß deine Majeſtät durch abſolute Gewalt ihnen Geſetze auflegt,
wodurch ihre Vorrechte gekränkt — und deine und
des ganzen Reichs Vortheile untergraben werden.
Für deine Ehre beſorgt und voll Eifer für die Dauer
und Befeſtigung deiner Macht, ſehen wir mit
Leidweſen, welche unglückliche Maßregeln auf
die ſchädliche Rathſchläge deines Großſiegelbewah-
rers deine Majeſtät zu befolgen befiehlt.

Treue gegen deine höchſte Perſon, Anhänglichkeit an deinen Stuhl und patriotiſche Wärme für
die Konſervation deines Reichs und der Hölle unſers gemeinſchaftlichen Erbtheils, macht es uns zur
Pflicht,

Pflicht, freymüthig zu reden, und ohngeachtet wir
überzeugt sind, daß es nichts helfen wird, dennoch
eine alleruntertänigste Gegenremonstration einzulegen.

Wir erkennen mit Dankbarkeit das Glück, daß
deine Majestät uns noch zu sprechen erlaubt, ob
wir gleich einsehen, daß dieses auch ganz allein
nur noch das Glück und das Vorrecht dieses Reichs-
tags ausmacht — Es ist ein Kompliment für uns,
das als der theure Ueberrest unserer alten Präroga-
tive noch den Werth eines Denkmals hat.

Die bezeichnete Sache ist nicht mehr, aber —
wir dürfen uns derselben doch noch erinnern — und
das ist schon viel werth.

Deine Majestät ist durch böse Rathgeber fehl-
geleitet. Ich weiß, daß ich deinem eigenen hohen
Sinn und deiner Absicht nicht widerspreche, wenn ich
die Rede des Großsiegelbewahrers, die so seicht —
so superficiell und von aller Gründlichkeit entfernt
ist, widerlege. Ueberzeugt, daß deine Majestät
keinen Antheil daran hat, darf ich, ohne den dir
schuldigen Respekt zu beleidigen, den wahren Wahnsinn des ganzen Innhalts darthun.

Es ist unerträglich, von einem Teufel, dem ein
so wichtiger Posten anvertraut ist, so ein elendes
politisches Geschwätz anzuhören — auch kömmts
nicht aus seinem eigenen Gehirn, denn alle diese
Gemeinsprüche habe ich mehrmals gehört. — Es
ist der alte ewige Leyerton, den die Esel in meinem
Departement, welche sich entweder von Amtswegen oder aus Geschmack auf die Politik legen, über
alle

alle diese Materien anstimmen — und doch ist mir
noch kein Esel vorgekommen, der so abgeschmackt
deraisonnirt hätte — als deiner Majestät Großsiegelbewahrer, der Bassa von drey Roßschweifen und
Gouverneur verschiedener souverainer Staaten.

Es ist nicht zu leugnen, daß nicht in seinem
Departement noch manches angetroffen werden sollte, was unser aller Beyfall verdient — aber wenn
wir's genau untersuchen, so hat dieser Prahler
dazu nicht das mindeste beygetragen. Hie und da
wächst Unkraut zwischen den Waizen, das aber
gerade er nicht gesäet hat. Er hat die Aufsicht
übers Ganze, und wenn er ein gescheidter und
rechtschaffener Teufel wäre, so würde er das Ganze besser zu dirigiren wissen. Eine Menge Teufel,
die sich mit dem Detail beschäftigen, thun noch zum
Theil ihre Pflicht, und es ist schändlich von dem
Bassen, daß er deren Meriten im Kleinen auf seine Rechnung setzt, und dann Fanforonaden macht,
um sich deiner Majestät Beyfall zu erschleichen.

Das schlimmste von allem ist, daß er Dinge vor
böse und unserm Reich ersprießlich beurtheilt, die
gerade das Gegentheil sind, und deiner bisherigen
Macht und dem wahresten Interesse der Höllen
zum alleräussersten Nachtheil gereichen — auch an
diesen Dingen hat er keinen Antheil. Sie sind das
Eigenthum solcher großen Köpfe unter den Menschen, die diesen Teufel weit übersehen und uns mit
ihren Einrichtungen gerade entgegen arbeiten.

Die unpassende Namen, die er vielen von diesen Dingen giebt, und die dem Ohre eines Teufels

fels noch alle harmonisch klingen, machens nicht aus — die Sache, die Sache ists, worauf es ankömmt — und die in ihrem Grunde und Folgen erwogen, ist von der Beschaffenheit, daß unser Reich in den meisten souverainen Staaten seinem völligen Untergange nahe ist.

Wehe uns! wenns wirklich in den größten weltlichen Reichen so aussieht, als man's aus seiner Beschreibung schließen muß. Zwar sein Gehirn hat die uns verderbliche Einrichtungen nicht zur Welt gebracht — aber sie sind da und — das ist darum für uns nicht besser.

, Und nach diesen Einrichtungen, die unserm Interesse so entgegen laufen, sind die neuen Gesezze gemacht, welche deine Majestät künftig überall zu beobachten befiehlt. — — Wenn wir so unglücklich sind, daß sie wirklich angenommen und befolgt werden sollen; so sind wir mit allen unsern bisherigen Einflüssen — alle zum Teufel.

Um nicht blos ins allgemeine zu reden, will ich eins nach dem andern in sein wahres Licht sezzen. Wahrheit und Licht sind zwar freylich nicht unsere Verdienste — so lange wir Teufel seyn wollen, aber unter uns müssen wir wahr seyn, und wenn unser Reichstag kein alt pohlnischer Reichstag seyn soll — aus welchem endlich unter fremder Garantie ein Conseil permanent wird, so müssen wir alles persönliche Interesse verbannen, und das allgemeine Wohl, das zur Befestigung unseres Reichs gereicht, allein reden lassen.

leider

Leider ist jetzt die Epoque da, wo alle gesellschaftliche Macht — alles was nur durch die Verbindung der Glieder untereinander und in seinem
Korps stark war, aus seinem Gleichgewicht gesetzt
wird und — zusammenfällt. Die Gesellschaft der
Jesuiten, die so fein und so fest untereinander ver-
sponnen war, ist zerrissen — Pohlens freyer Staatskörper, der seine eigene Stärke nicht kannte, und
wenn er sie gekannt und gebraucht hätte, unüberwindlich hätte seyn können, ist zertheilet — dort
habe ich selbst einen Staatsfehler begangen — ich
trieb die Verwirrung, bey der ich im andern Betracht meine Rechnung fand, zu weit — jetzt muß
ich zusehen, daß aus dem Chaos, in dem ich mein
Werk hatte, neue Welten voll Schönheit und
Dauer hervorgehen — um diesen Fehler gut zu
machen, habe ich ächten pohlnischen Saamen in englischen Grund und Boden gesäet. Land und Klima sind dort fruchtbar — aufgegangen ist er gut,
und ich verspreche mir eine herrliche Erndte.

Aber bey allen diesen vorlaufenden Zeichen ahn-
de ich für unser eigenes Reich nichts guts. Auch
unter uns ist die Uneinigkeit in vollem Wachsthum — von unsern mächtigsten Feinden werden
wir verachtet — Leute von Verstand unter den
Menschen sehen uns für Hirngespinnste an — Die
Theologen — diese verdiente Männer, denen wir,
um ehrlich zu sprechen, immer viel zu danken haben,
nehmen sich unserer nicht mehr mit dem alten Eifer
an — viele haben sich schon laut gegen uns erklärt, mehrere dürften es thun, sobald sich eine
Gele-

Gelegenheit dazu erbietet, und die, welche uns noch treu geblieben sind, machen uns mit ihrem Verstande gewiß nicht viel Ehre, und von ihrem Beystand haben wir wenig zu hoffen.

Wie gesagt, das Republikanische, wo Stärke in gemeinschaftlichen Banden besteht, nähert sich der Auflösung — Es ist eine kritische Epoque voll schlimmer Ahndungen für uns selbst — alles Stürmen von aussen läßt weniger befürchten als — innere Vorbereitungen und Anstalten, wodurch jedes Reich seinem Verfall oder Wachsthum entgegenreist, und den Grund zum Untergang unserer Macht legen wir selbst — wenn die heutige Gesetzgebung durchgeht.

Die Allgemeinmachung der philosophischen Erleuchtung, welche freylich in den größten Staaten aufgegangen und hervorgebrochen ist, wie die Sonne an einem heitern Tage, die alle Nachtschatten vor sich her vertreibet — diese ist das allerverderblichste Ding, das je ein uns feindseliger Geist ersinnen konnte, um uns in unserer ganzen Schwäche anzugreifen. Wir sind auch die Leute darnach die das Licht vertragen können, oder uns bey Tage dürfen sehen lassen! Mit aller Achtung für unsern Orden, gestehn wir's uns doch nur ja selbst, wenigstens hier, da wir unter uns sprechen, daß wir nichts mehr und nichts weniger als Nachtschatten und Gespenster sind — die kein heller, kein vernünftiger Mensch jemals gesehen hat, sobald's Tag in seinem Verstande wurde — wir Kinder der alten Nacht, wo Fabeln der weisen Mystiker die Wahrheit verhüllten

hüllten, weil sie für trübe Augen unfähig in der
Sonne zu sehen, zu blendend in ihrem Glanz war —
Wie Herrscher in der Finsterniß — in dieser Werkstatt, wo in einem dunkeln Winkel der Betrug,
und im andern das Vorurtheil wirkt, und da her-
vorgingen um Popanze der Weiber und Kinder
männlichen und weiblichen Geschlechts zu seyn —
von den Weisen in Qualität personifizirter Eigenschaften, Kräfte oder Wirkungen tolerirt und endlich unverdienter Weise unter den Menschen
Glück machten, als wirkliche wichtige Leute in dem
Reich der Dinge angesehen wurden — gerade wie
der Affe, der blos zur Lust seiner Excellenz Schlafrock
anzog, seine Peruque aufsetzte, und sich in seinem
Lehnstuhl niederließ, darüber aber von einem ehrlichen Bauer wirklich für einen großen Herrn angesehen, komplimentirt, und durch eine demüthige
Suplike um Beystand angerufen wurde. — Es
war halb dunkel, als das verging — der Kammerdiener brachte Licht herein und — weg war der
Minister. Es blieb doch noch etwas — ein Affe
wenigstens sprang aus der usurpirten Garderobe
heraus — Aber uns würd's noch schlimmer gehen,
wenn die philosophische Erleuchtung uns zu nahe
käme, denn von uns, wenn die Fabel — der Pfer-
defuß und Schwanz weg ist — bliebe gar nichts.
Noch haben wir unsere Gegenden, wo's dunkel ist,
wo die Eulen, die sonst sehr philosophisch aussehen,
ihren kläglichen Todtengesang schreyen, so bald's
Licht ihnen zu nahe kömmt. — Daß wirs ja dort
auch nicht helle werden lassen! sonst ist das ganze

Viertes Stück.   F   her-

herzinische Geheimniß von dem, was eigentlich un»
sere Existenz und Wesen angeht, verrathen —
Mein einziger Trost ist, daß der erste, ders wagt —
in meinem Gouvernement wenigstens, nur ein klein
Lichtchen anzuzünden, durch ein schrecklich Eulenge-
schrey von unsern dortigen guten Freunden wird
angefochten werden.

Ich will mich nun gerade bey dem Artikel von
unserer Persönlichkeit und Existenz nicht weitläuftig
aufhalten — Es war einmal ein Narr, der stiftete
eine philosophische Sekte — Ein Fall, der sehr oft
in der gelehrten Welt vorgekommen ist — man
nannte ihn Egoist, und er behauptete, daß er das
einzige existirende Wesen sey — alle übrigen wären
nur Ideen, die sich in ihm, dem einzigen, repräsentirten — Neu ist's wenigstens, wenn wir unter
allen philosophischen Wesen weise genung sind, zu
gestehen, daß wir nicht existiren — aber dennoch
ists am besten und der Politik gemäß, diese Wahrheit unter uns zu behalten. — Schlimm genung,
daß man, was diesen Punkt betrift, uns schon auf
die Spur kommt und solche neue Lutters auftreten,
welche die Hieroglyphe, die von uns handelt, besser
zu beschiffriren und zu lesen anfangen. Noch ein
derber Beweiß, daß wir abkommen können, und
die Welt auch ohne uns bestehen kann — so ein
Beweiß, der unter meiner alleinigen Direktion indessen noch lange unverdaulich seyn dürfte — —
so haben sich in lichten Gegenden die Menschen von
einem Alp entlediget, der sie bisher drückte, da sie
nicht Muth hatten zu erwachen und die Augen zu
öfnen

öfnen. — — — Und was gewinnen wir mit der
gerühmten Toleranz, die — nicht dem Atheismus,
sondern dem bisher ausgesperrten Verstande und
der gesunden Vernunst mit der helleuctenden
Wahrheit, Thür und Thor öfnet? Nur wo Dumm‑
heit und Finsterniß herrscht, sind wir Fürsten —
Kluge Leute fragen nichts nach uns.

Die Toleranz leitet die Wahrheit mit der Fackel
in der Hand, bis — ins Heiligthum, wo bisher
mancher aus unsern Mitteln auch sein Aemtchen
hatte — und wir werden so einer nach dem andern
hinausgeleuchtet. Die Religion der Gottes‑
anbeter — die nicht schlachtet, nicht würget, nicht
unter die Füße tritt, und um ehrwürdig zu seyn —
keiner Grimassen und Alfanzereyen bedarf — die‑
se lautere Religion — die dem Menschen erlaubet,
Mensch zu seyn, nicht nutzende absichtsvolle Kräf‑
te der Natur zerstöhret — welche menschliche
Schwächen in ihren mütterlichen Schoos nimmt,
und ein strauchelndes Geschöpf liebreich aufgerich‑
tet, nicht mit Schande und Verachtung brand‑
markt — alles in einem Geist der Liebe verbin‑
det — deren Diener nicht Tyrannen und Räuber
seyn dürfen, um ihren Kindern ihr Erbtheil auf
dieser Welt zu entreissen und sich in deren Eigen‑
thum mit aller affektirten Verläugnung weltlicher
Güter einzustehlen — Diese uns gefährliche Re‑
ligion können wir nicht genung abwehren — in die‑
ser Absicht gegen alles, was fesselfreye Vernunft
sagt und schreibt, nicht intolerant genung seyn, nicht
genung Auto da Fee's verunstalten, und da leider

F 2   Dies

dies nicht ganz nach spanischen Fuß geschehen kann, nicht wachsam genung auf Schriften seyn, welche die Leute klug machen und aus Träumereyen zu Gedanken rufen können. Eben deshalb, weil wir kein gutes Gewissen haben — uns bewußt sind, daß Dummheit unsere einzige Schutzwehre ist, wohinter mit aller unserer Boßheit wir uns verstecken können, darf sich das Licht uns nicht nahen, und der Verstand nicht über die Gränze unsers Reichs kommen — Der Tag, den mit geblendeten Augen Moser Irreligion nennt, und der in den weiser gewordenen brandenburgischen Landen nicht allein *) aufgegangen ist — in dessen Licht die Freunde der Religion frey einhergehen dürfen, ohne wie beym Karneval zu Venedig, als Harlekins und Pantalons maskirt zu seyn. — Dieser Tag der Vernunft des letzten und edelsten Geschöpfs Gottes, scheint auch in meine Staaten hinüber, aber davor sorge ich, daß meine Leute die Fensterladen zuhalten, damit wir ungestöhrt mit den Menschenkindern fernerweitig unsere Lust haben, und blinde Kuh spielen können.

Der Beweiß, daß wir dabey mehr gewinnen, ist leicht — Wer nur einige Erfahrung und Weltkentniß

---

*) Ganz gewiß nicht! In England war es lange helle — auch in Frankreich der Sarbonne und Bastille zum Trotz — In Wien ist gesunde Vernunft unter mächtigen Beschützern zu Hause und die dortige Censur keine Pedantin — in Rußland ist Freiheit des Geistes willkommen — noch sonst hie und da aufgehende Morgenröthen. — —

kenntniß hat, wird zugestehen, daß im Reich des
Aberglaubens, wo mit eisernen verwüstenden Scepter der Fanatismus über den dummen Haufen —
gebietet und selbst in das betäubte schwärmende Gehirn eines Fürstensohns Einfluß hat, da wachsen
Ravaillaks und Damiens wie Schwämme — —
und geweihete Boßheiten vergisten — die Glückseligkeit der Familien und alle gesellschaftliche Freuden, — wenn gegentheils überall, wo die freye
Vernunft herrscht, die meine guten Freunde —
alle alle kleine Geister, welche sich blos mit dem
Glauben ihrer Ammen nähren, freygebig genug
für Unglauben und Irreligion ausschreyen — mehr
allgemeines Wohlwollen und Glückseligkeit des
Lebens wohnt — alles ein lachender Ansehn hat —
und die Söhne und Töchter der Freude in grösserer
Anzahl angetroffen werden, die wenigstens, wenn's
denn nun auch so ganz rein nicht abgeht, weit weniger Unheil anrichten.

Solche richtige und zuverläßige Beobachtungen haben mir nie erlaubt, den Geist der freyen Vernunft in meinem Departement eindringen oder doch
wenigstens allgemein werden zu lassen. So
eine gewisse fromme Wuth, die mit Ernst und —
bey Gelegenheit im eigentlichen Verstande mit dem
Prügel in der Hand für das Gözenbild irgend eines Nebukadnezars Respekt fordert — dürfte auch
noch eine Zeitlang unsere liebe Dunkelheit erhalten.

Hexereyen, Besitzungen und Gespenstergeschich-
ten sind freylich auch in meinen Wirkungskreisen
nicht Dinge, die uns mit Grunde angeschuldiget

F 3   werden

werden können, als weshalb sich unsere Unschuld
aus der Lehre von unserer Existenz am besten erklären läßt — es gereicht uns aber immer zur Ehre, daß man noch das demüthige Zutrauen in unsere Macht setzt — noch glaubt, daß wir durch
dergleichen Manövres die Menschen ein bischen
quälen können — daß man uns dabey bisweilen
in schmutzige Verrichtungen einmischt, kann unserer Ehre so sehr nachtheilig nicht seyn — welche
wichtige Geschäfte in der Welt werden doch wohl
gemacht, wo — nicht auch einmal etwas schmutziges
mit unterliefe? und welcher Rang und Stand unter den Großen hat nicht seine Pudenda? — Vollkommen ist nichts in der Welt — Wir müssens
uns also auch nachsagen lassen, daß uns ein recht
habiler Exorzist kommandiren und austreiben könne. Wenn ein in dergleichen Bannsprüchen allzeit
fertiger und taktfester Kapuziner aber aufrichtig
seyn will; so muß er auch bekennen, daß es ihm der
Teufel oft sauer genug macht, ehe er zum Weichen
gebracht wird — wobey das Abschiedskompliment
über das, dem Exorzisten nicht sonderlich zur Ehre
gereicht.

Casus specialis, den mein Gegner aus der Gegend von Augspurg anführt — der, seiner Angabe
nach, unter der Würde unsers Reichs seyn soll,
ist ein wahrer Beweiß, daß dort die Leute aus allen
Ständen noch auf uns halten. Der alte Pater
Gaßner würde nicht das halbe Reich in Bewegung
gesetzt, nicht einen Zusammenfluß von Menschen
bey tausenden veranlaßt haben, um seine Wunder

zu

zu sehen, wenn man uns dort nicht noch in Ehren
hielte, uns nicht für Götter der Welt vom zweyten
Range ansähe und — uns Wirkungen zutraute,
die das Erstaunen der Menge auf sich ziehen und
uns Ehrfurcht und Ansehn verschaffen.

Das Gerücht, daß sich einmal ausgebreitet
hatte und zum Nachtheil unserer Macht gelehrt und
geglaubt wurde, daß wir eine Hauptschlacht verlohren hätten, daß unserm alten ehrwürdigen Papa
der Hirnschädel zertreten und unser ganzes Reich
zerstöhrt sey — dies scandaleuse Gerücht kann nicht
anders widerlegt werden, als durch das beliebte
Gaßner - und auch Lavaterische System, und
ich hoffe, daß die Eindrücke solcher sinnlich fühlen-
den Männer auf den sinnlichen fürs Wunderbare
eingenommenen Haufen bessere Wirkung thun werden, als Semmlerische Gründe — welche zu
lesen noch größtentheils, wo ich zu sagen habe,
Ketzerey sind.

Auch ist ganz nicht zu befürchten, daß wir dadurch uns den Menschen verhaßt machen sollten,
wenn wir für solche Unholde paßirten, denen alle
Uebel, welche sich die Leute selbst oder einer dem
andern zuziehen, zugeschrieben werden.

Gegentheils erweckt gerade dieser Glaube uns
Freunde und Gönner. So mancher nimmt in dieser
Voraussetzung noch seine Zuflucht zu uns, wenn
er seinem Nachbar einen Streich spielen will, und
thut gern auf Seel und Seligkeit Verzicht, wenn
er nur seinen Willen haben — und sich dazu unsers kräftigsten Beystandes versichern kann.

F 4   Ein

Ein gewisser P...... Finanzier, dem's
sehr am Herzen lag, die Konsumtion in seinem Departement zu befördern, hatte sich viel Mühe gegeben, ein konfirmirtes Wunderbild zu enrolliren
und über die Gränze in sein Territorium zu locken
— er hatte schon das Plus auskalkulirt, was die
Karavanen der Pilgrimme mittelst der vermehrten
Konsumtion einbringen würden, aber sobald wurde
er nicht die tägliche und grössere Wahlfahrten zu
den Reichsteufelsbanner Gaßner gewahr, so gab
er das Projekt mit dem Wunderbilde auf, faßte
von uns eine weit grössere Meinung und soll wirklich bereits mit Gaßnern in Traktaten stehen,
um sich in seinem Departement seßhaft niederzu-
lassen, in der festen Meinung, daß wenn Gaßner sich mit den Teufeln seiner Provinz amüsiren
wollte — der Zulauf aus allen benachbarten Gegenden erstaunlich seyn, und es Land und Leuten
wieder wohl gehen müste.

Weit entfernt also, daß solche Komödien, wie
Gaßner mit uns zu spielen sich einbildet — oder
andern einbilden will; uns nachtheilig seyn und uns
weniger gelitten machen sollten — Einzelne Personen haben sich mehrmals auf ihre eigene Hand
einen Teufel gehalten und sich wohl dabey befunden, was hier im Kleinen gilt, das gilt auch im
Großen — Wo der Glaube der Menschen uns
Verrichtungen, Kräfte und Wirkungen zuschreibt,
da verehrt die Menge unsere Macht, die welt- und
geistliche Betrieger, die ihren besondern Nutzen
von solchen Gaukeleyen ziehen, lieben und ehren
uns —

uns — der eine möchte wohl sein ganzes Leben hindurch besessen seyn, und der andere austreiben, weil beyde Profeßionen lukrativ sind — die Einwohner des Landes brauchen nicht zu arbeiten, sie dürfen nur Pilgrimme, die von allen Seiten zufließen, beherbergen, und weil sie überall, wo die Einwohner von Wahlfahrten leben, in aller Gemächlichkeit mitessen, mittrinken und bestehen können; so lobet alles, was Odem hat, den Teufel, nirgends mehr, als wo er täglich exorzirt wird.

Ihr begreift doch, daß dies alles wegfällt, wo Licht und Wahrheit durch Dunkelheit und Betrug hindurchbricht — das Licht mag nun mit gebrochnen Strahlen durch Voltairens dichterische, schönfarbigte Gläser schimmern, oder reiner aus der hallischen und berliner Schule hervorbrechen, oder vom römischen Stuhl in dem erleuchteten Geist eines Ganganelli, eines Pius des VI. oder andern einsichtsvollen Bischöffen — die bey dem Namen des elwangischen Gaßner den Kopf schütteln — ausgehen — Es ist gleich viel, von welcher Seite her es Tag wird, aber uns Fürsten der Finsterniß und jedem rechtschaffenen Teufel muß alle Erleuchtung zuwider seyn, und aus diesem Grunde müssen wir gegen das erste proponirte Gesetz feyerlich protestiren.

Despotismus — — halt, Herr Bassa von zwey Roßschweifen! Die Gegenrede ist zu lang, um sie in einem Athem zu rezitiren — wenigstens ist's von meinen Lesern nicht zu prätendiren, so eine philosophische Predigt auf dem Blocksberge,

die

die sich weit über das sonst vorgeschriebene Konsi-
storialmaas ausdehnet, in einem Strich fortzulesen.

Was der Bassa Generaladvokat gegen die übrigen neupublicirte Gesetze zu sagen hat, woll'n wir
in den folgenden Stücken vernehmen. Unterdessen — Ihr alle, nach Stand und Würden ge-
ehrte Leser aus der milz- und gallsüchtigen Klasse,
die ihr euch an das eine und andere, was in dieser
Rede vorkommt, stossen und ärgern möchtet, empfangt anstatt eines nicht undienlichen temperirenden Pulvers

Ein klein Recept.

von

Pater Gaßner Junior.

Neulich predigte für eine königliche Familie ein
großer Eiferer und empfahl die Schriften eines
Voltaire, eines Roußeau und anderer — zum Feuer,
so wie alle Leser, die an dergleichen profanen Werken einen Gefallen trügen, von ihm weidlich herun-
tergemacht und von ganzem Herzen dem Teufel
und der ewigen Verdammniß übergeben wurden —

Nach der Predigt wurde der König von jemand
erinnert, daß der fromme Eifer des Kanzelredners
doch zu weit gegangen wäre, und es nicht übel gethan seyn würde, ihm Schranken zu setzen.

„Nicht doch! antwortete der König, laßt den
Mann immer predigen, es ist sein Metier!"

Ich wollte, daß nach diesem bewährten Recept sich ein jeder eines gleichen simpeln Hausmit-
telchens

telchens beliebigſt bedienen möchte, das für alles
Aergerniß und Gallenfieber, die von ähnlichen An-
läſſen herrühren, trefliche Dienſte thut. Ein anderer noch lebender großer Monarch, der in ſeinen
Einſichten und weiten Anſtalten dem großen Haufen kleiner Seelen unüberſehlich — ſo wie in ſeiner bereits befeſtigten Größe — unerſchütterlich
iſt — Mit einem Wort, Friedrich, dies Vorbild — dies bereits nachgeahmte Vorbild der Fürſten — derer, die in ſich ſelbſtherrſchende Kräfte fühlen — der wie Gott im Himmel über ſeine Wer-
fe ſich von philoſophirenden und politiſirenden
Schwindelköpfchens muß meiſtern und kritiſiren
laſſen, weil alle dieſe Mückengehirne nur immer
Theilchens von Theilen — nie das Ganze in ſeiner Verbindung, in Wirkungen und Folgen, weit
hinaus zu künftigen Zwecken überſehen können —
— Dieſer Monarch geht ſeinen Gang mit Rieſen-
ſchritten und ruhiger Würde fort, ohne das unbedeutende nichtsſagende Gepelfer der kleinen Kreaturen zu achten, die ſich — weils ihr Metier iſt
zu pelfern, bey jedem Anlaß hören laſſen und —
und er horcht auch auf die Rede des Weiſen, die
nur im Lande der Thoren leiſe gehört wird — auf das
Gefühl ſeiner Größe gelehnt, duldet er Freyheit
des Geiſtes unter ſeinem Scepter, ohne die Wahrheit in ihrem kühnen Fluge aufzuhalten oder ſeine
unaufhaltbare Macht gegen den zu wenden, der
mit Adlersblicken es wagt — in die Sonne zu ſehen und — ihren Glanz und ihre Flecken zu beobachten —

Welches

Welches der Fall auch seyn mag — wenn in
dem Gesichtskreiß eines Maulwurfs, der Amts=oder
Gewissenshalber sich verpflichtet hält, zu kritisiren,
ein Teufelredner, Revûe paßiren sollte, den will
ich bitten, desto leichterer Verdauung wegen in be=
liebige Erwägung zu ziehen, daß der vorgeführte
Großsiegelbewahrer — wie sein Raisonnement auch
immer beschaffen seyn mag, nur sein Metier that,
und der widersprechende Generaladvokat des her=
zinischen geheimen Ausschusses von der Volkspar=
tie ebenfalls nur — von Amtswegen sprach, folg=
lich noch nicht ausgemacht ist, obs der eine oder
andere gerade so gemeint hat — denn auch das
gehört zu den herzinischen Geheimnissen, daß auf
dem Blocksberge wenigstens, im großen Rath der
Teufel die Reden und öffentliche Vorträge, wel=
che aus Metier ausgesprochen werden, diejenigen,
die für das allgemeine Beste — so lange der Reichs=
tag dauret — am lautesten schreyen, nicht sonder=
lich intereßiren, und die Wirkung, die sie hervor=
bringen, oder nicht hervorbringen, falls anders
kein Privatinteresse dabey im Spiel ist, einem je=
dem ziemlich gleichgültig bleibt. Je nachdem die
schön vorgespiegelte Sache genehmiget oder verwor=
fen ist, wäscht der vortragende Teufel seine Hän=
de in Unschuld und schiebt das Resultat der gan=
zen beschließenden Rotte ins unermeßliche Gewis=
sen, das Welten voll Wahnsinn und Ungerechtigkeit
fassen kann, und beruhigt sich, sein Metier gethan
zu haben.

Eigent=

Eigentlich hat keiner von beyden aufgeführten Rednern mehr gesagt, als was man täglich überall hören kann, je nachdem dieser oder jener seine Lieblingsmeinung vor sich hat, und die Sache so oder anders sich vorstellt — und ist's unrecht, alle Urtheile zu sammlen und gegeneinander auf die Waagschale zu legen, und zu sehen, auf welche Seite der Ausschlag ist? Manch thörigtes Urtheil, das in dem Munde des großen und kleinen Pöbels Gewicht hat, wird dadurch, daß ihm ein anderes Urtheil entgegen gesetzt wird, in seiner Schwäche erkannt und zu leicht befunden — und der Weise mag hinzutreten und wägen und entscheiden, was Recht oder Unrecht ist — Die Vorstellung der Dinge, so wie sie in der Welt oder — auf'm Brokken vorkommen, machts nicht aus, ist blos historisch — der Vernünftige tritt vors Gemählde und urtheilt, aber Kinder fahren mit muthwilliger Hand drüber hin, und wischen es weg oder werfens ins Feuer. —

Indessen, falls jemand unmaßgeblich davor hält, daß er nur sein Metier thut, wenn er auch diese unschuldige Gemähldesammlung, die treue Abbildung kleiner und großer Dinge, die nur das Verdienst der Wahrheit im Abkopiren an der Stirn führen, aus dem Buch der Lebendigen zu löschen, so sey's! — Nur daß sich ein solcher nicht dadurch selbst als ein Original irgend einer repräsentirten Kopey zu erkennen giebt, als welches ich allen Censoren und wohlbestallten Bücheraufsehern wohlmeinend zu bedenken, hiermit ans Herz legen

und

und desto kräftigern Eindrucks wegen, ihnen ein paar zur wahren Erbauung dienende Beyspiele zum weitern beliebigen Nachdenken empfehlen will.

Aufm Parifer Theater war die erste Vorstellung vom Tartüffe des Moliere angekündiget worden. Der damalige Parlementspräsident du Harley war selbst ein großer Tartüffe, und der Tartüffen erklärter Protektor — er ließ also die Vorstellung dieses Stücks verbieten, und die Komödianten waren gezwungen, die Erwartung des Publikums zu täuschen, und ein anderes Stück aufzuführen. Vorher aber erschiene ein Akteur, und machte dem Parterre folgende Entschuldigung:

„Wir bitten um Vergebung, daß wir unfern Zuschauern angekündigter Maßen den Tartüffe nicht vorstellen werden, der Herr Präsident will's nicht haben, daß man Ihn aufs Theater bringen soll."

Damit nun war die Gesellschaft völlig entschuldiget und alle Welt applaudirte zur Ehre des Herrn Präsidenten.

In der That würde ich mich nicht anders zu nehmen wissen, falls mich ein Verbot äusser Stande setzte, meinen Lesern meine Gallerie vollständig zu liefern — Ich müßte denn schon ein ander Werkchen ausgehen lassen, und der Welt zu dessen Anfange erklären, daß ich nicht alle verheissene Teufel liefern könnte, weil diese oder jene hochweise und große Herren nicht gestatten wollten, sie rein auszumahlen.

Da könnts nun aber leicht seyn, daß gerade der Großinquisitor, dessen Verbot mir bey dem Publikum Vergebung verschaffen sollte, der Welt

bis

bis dahin unbekannt geblieben, folglich von zu wenigem Gewicht wäre — Nun in diesem Fall würde sich schon ein Biograph finden, der so ein verbietendes Wesen in seiner Wichtigkeit schilderte, es möchte nun ein Corpus oder Membrum intermedium oder Amphibion seyn.

Dem Herrn Präsidenten du Harley gings eben so — bis auf den Zeitpunkt, da er sich durch dieses merkwürdige Verbot bekannt machte, war er als Originaltartüff ganz unbemerkt — da aber kam seine ganze Tartüffiade zum Vorschein — ganz Paris war voll von der Lobrede, die ihm auf dem Theater gehalten war, das von Mot wurde in allen Zeitungen wiederholt — und noch ist sein Andenken verewiget, als Präsident nur beyläufig — aber als Tartüffe bey allen Freunden dieses Schauspiels wird sein Name genannt werden, so lange Moliere als ein Original komischdramatischer Dichter gelten wird.

— — Tartüffe ward nachher dennoch aufgeführt, da Moliere seine Zeit ersahe, die Erlaubniß dazu vom Könige Ludwig dem XIV. zu erhalten.

Letzterer wollte einmal ein ganz neues Stück auf seinem Theater zu Versailles aufgeführt haben — es war keins fertig — nichts einstudirt, und doch sollte Moliere Rath schaffen. Er mußte also auf ein Inpromptü denken, wozu Sr. Majestät den Stoff selbst hergaben, und mit einer Anekdote aus allerhöchst eigener Fabrique überrascht wurden, wozu Molierens Kunst nur die Brühe bereitete.

Ein

Ein paar Tage vorher hatte sich Ludwig mit einer schönen Frau amusirt, deren Mann verreißt war — Unglücklicher Weise kam der Mann in dem allerungelegensten Moment zu Hause und war so preßirt seine liebe Frau zu sehen, daß er so gerade zu, und unangemeldet in ihr Zimmer eindringen wollte. Ein vertrauter Bedienter des Königs war im Vorzimmer — er kannte den Mann nicht und hielt ihn zurück — und wer seyd ihr denn, daß ihr mich hindern wollt hineinzugehen, fragte der unerkannte Hausherr? zum Henker, sagte der Vertraute, ich bin der Bediente der Dame, ihr Herr Gemahl ist bey ihr, sie haben Ehehaften mit einander abzumachen, und ich habe Befehl niemand einzulassen — Parbleu! rief der Herr, und griff den neuen Bedienten in die Kehle — ich bin der Gemahl der Dame und will dir mit samt dem andern Herrn Gemahl dort drinn den Hals brechen.

Der Vertraute konnte das unmöglich glauben, und war ziemlich verlegen — das gab nun in der Vorkammer eine wunderliche Farce, während im innern Zimmer ein rührendes Lustspiel aufgeführt wurde.

Der Lerm draussen kürzte die inwendige Scene ab, Ludwig der XIV. öfnete die Thür, versicherte den Mann, daß er gar nicht überflüßig wäre und sich seiner Gnade zu getrösten hätte — der vertraute Bediente erhielt pro forma einen gelinden Verweiß, daß er den Herrn nicht gleich hereingelassen hätte — und der ganze Aufzug endigte von allen Seiten mit einer sehr scheinbaren Zufriedenheit.

Moliere

Moliere verwandelte den König in Jupiter, nannte den Gmahl der Dame Amphitrion — der Vertraute ward Merkur in der Livre des Sosi und das Impromptü, was nachher unterm Titel: Amphitrion zum Vorschein kam, war fertig.

Ludwig XIV. war ausnehmend vergnügt, seine kleine Begebenheit so glücklich aufs Theater gebracht zu sehen und beschenkte den Moliere reichlich).

Der verstorbene Herzog von York befand sich auf seinen Reisen in einer nahmhaften Stadt bey einer Dame, die durch ihre Schönheit und durch ihre Eroberungen gleich berühmt ist. Ein Bedienter vom Hofe wollte der Dame Cour ansagen und sie selbst sprechen — der Herr Gemahl war vor der Thür und wollte alles an seine Frau bestellen. — Nein, sagte der Bediente, es ist besser, ich spreche sie selbst — es giebt bisweilen Konfusion, daß die Damens en Valante erscheinen, wenn sie en Robe kommen sollten, Sie Herren Kavaliers verstehen das nicht so gut auszurichten als unser einer.

„Kann wohl seyn! guter Freund, sagte der liebe Ehemann, aber vorkommen können sie jetzt nicht, der Herzog von York ist bey ihr, und ich darf jetzt selbst nicht herein.

Moliere bat den König, daß er erlauben möchte, den Tartüffe aufm Theater in Paris zu geben. —

O sagte Ludwig, nachdem Amphitrion aufgeführt ist, kann man auch den Tartüffe vorstellen —

Pater Gaßner bittet die vorgemeldete Dame, wenn ihr oder einem von ihren Verehrern dies Stück zu Gesichte kommen sollte, um Vergebung, daß

Viertes Stück.　　　　　G　　　　　er

er eine ihrer rühmlichsten Anekdoten erzählt hat —
Nachdem die vom Ludwig XIV. erschienen ist, durfte
ichs wagen, ihr Ehrengedächtniß unter einem so
großen Monarchen an dessen Piedestall zu stellen. —

Vor einiger Zeit erschien eine berüchtigte Piece,
in welcher die größten, respektabelsten, gekrönten
Häupter mit boshaft muthwilliger Laune auf der
Schaubühne der Welt vorgestellt wurden. Die Farce hatte gerade soviel persönliches treffendes, daß
man die Personen anerkennen mußte — aber die
wenige wahre Züge waren so karikaturmäßig verun-
staltet, und so viele falsche, schiefe und bittere Glos-
sen hinzubrodirt, daß um Zehntheil die Gemählde
nicht gleichen, wenn ein Theil Aehnlichkeit haben
mochte. Das Publikum verschlang diese Posse,
wie seinen Raub ein hungriger Wolf verschlingt.
Wenig Edle gaben sich Mühe, mit Urtheilskraft
das offenbar schimpfsüchtige und unrichtige abzuson-
dern — durch die Laune verführt war jeder mit dem
Kitzel vergnügt, den ihm der Muthwille ablockte.

Die gekrönten Häupter — alle drey wohl-
thätige Aerzte des erkrankten pohlnischen Staatskör-
pers, der ohne fremde Hülfe im Paroxismus eines
tödtlichen hitzigen Fiebers sich selbst zum Fenster
hinauszustürzen und den Hals zu brechen im Begriff war, und nur nach dem vorgenommenen drey-
fachen Aderlaß zu einiger Gesundheit gelangen
konnte — waren zu groß, um sich um die Farce
(Portage de Pologne) oder um deren Verfasser zu
bekümmern. — Ich kenne keine andere Rache,
als daß mir die andern alle nach der Reihe auch auf
die

die Bühne sollen — aber mit weniger Unbeschei-
denheit und mit mehr Wahrheit — Niemand soll
sagen können, das ist der und das ist jener —
Ein jeder mag sich selbst finden und fühlen — und
wenn ein jeder so klug ist, sich nicht selbst zu melden, so wird niemand mit Fingern auf ihn zeigen —
Wer sich nun aber findet, und eine Anwandlung
von Indigestion fühlt, der bediene sich meines Recepts: *Ein Mahler thut nur sein Metier*, also lasse man ihn mahlen, und wenn euch seine Gemählde nicht gefallen, so laßt sie ungekauft. — Und
Ihr, meine Herren Fiskäle, Büchercensoren, und
wer ihr seyn mögt, wenn's euch ankommen sollte
euer Metier zu thun; so thuts nicht im ersten Blut-
wallen — erst, anstatt eines temperirenden Pulvers,
denkt euch drey Tage hintereinander.

*Nachdem Amphitrion vorgestellt ist,
mag auch Tartüffe erscheinen und —*

Nachdem Portage de Pologne allgemein geworden ist, kann auch diese Gallerie, die in Vergleichung fromm ist, wie ein Gebetbuch, ihren
Lauf nehmen. Mit allen gescheidten Censoren möchte ich gern gut Freund bleiben, deshalb ertheile ich
ihnen sonderlich wegen der nächstfolgenden Stücke
diesen meinen wohlmeinenden Gesundheitsrath und
meine beste Recepte — Nur zu Schilde mag man
verbieten, verbrennen und Galgens errichten —
und wenn dort meiner Gallerie ein solcher Unfall
begegnet, will ichs gebührend anzeigen, damit der
weise Rath der Schildbürger nicht unerkannt bliebe.

So eben bringe ich in Erfahrung, daß im Ma-
giſtrat zu Schilde Vakanzen zu befürchten ſtehen,
zu deren Wiederbeſetzung, mittelſt öffentlichen Pro-
klama, diejenigen erwählt werden ſollen, welche,
auſſerhalb den Herren Schildbürgern, in Punkto
der Unterdrückung dieſer Gallerie, zuerſt nachfol-
gen würden. Der hohe Rath hat dieſerhalb ſchon
einige Diplomata ausfertigen laſſen, welchen weiter nichts fehlt, als der Name des Kandidaten,
der ſich zu einer Rathsherrenſtelle in Schilde durch
pflichtmäßigen Eifer gegen dieſe Gallerie qualificiren wird. Da auch der protokollirende Stadtſekre-
tair daſelbſt anfängt hinfällig zu werden, und die
Herren ſich gemüßiget ſehen, auf ein tüchtiges Sub-
jektum litteratum zu denken, ſo iſt beſchloſſen worden, demjenigen die Anwartſchaft auf dieſen rühmlichen Poſten zu geben, der gegen P. Gaßner Junior
die beiſſendſte Kritik ans Licht ſtellen wird.

Ihr ſeht, liebe Leſer, welcher Gefahr ich mich,
blos eurer Erbauung wegen, von allen Seiten aus-
ſetze. — Wen kann ich hoffen durch meine oben
bekannt gemachte Recepte zu kuriren, und meinen
doch bey alledem unſchuldigen Gemählden geneigt
zu machen, nachdem ſolche Preiſe, als die Amts-
beförderungen zu Schilde ſind, denen berufenen
und unberufenen Cenſoren Netze und Fallſtricke
ſtellen? Je nun! wenn jemand ſein Glück machen
könnte! Was thut mancher nicht eines Aemtchens
wegen! In ſolchen Fällen und wenn anderweitig eigenes Intereſſe ſogar ſtark ſpricht, dürften alle vorge-
ſchlagene temperirende und beſänftigende Mittel von
keinem ſonderlichen Effekt ſeyn.   Fortſ

Fortſetzung
des
litterariſchen Artikels.

———

Aus dem Geſichtspunkt, wie ſo manche
unreine Geiſter ſich in die Litteratur
miſchen und ihren höhern Flug aufhalten und Ori-
ginalgenies in Feſſeln legen und — das ganze Feld
der unzählbaren Menge kleiner Geiſter überlaſſen,
die wie Mückenſchwärme drüber hinſummen —
oder wie die Bienen im Frühling über die blumigte
Fluren, die blos Süßigkeiten ſammlen, und das
Publikum mit lauter Honig und Honigſeim nähren, daß alle Liebhaber und Liebhaberinnen der
ſchönen Lektüre, wie Prinz Biribinker, lauter Oran-
genblütwaſſer piſſen und ihre Windeln mit rektifi-
zirtem Honig vollmachen möchten — wie die teutſche Confitüriers faſt allein privilegirt ſind, in unſerm lieben Teutſchland ihre Zuckerwaaren frey zu
debitiren, und ſüßen Weines — voll vom Laden-
diener an bis zu manchen Fürſten mit irgend einem
äſtetiſirendem Trödlermädchen, die ihr buntes Ti-
rolerkrämchen überall auslegt, herumtaumeln,
wie ihnen von ihren dichteriſchen Leyermännern ein
ewig gleiches Accompagnement vorgepfiffen wird —
auſſer dem aber der Geiſt des Fanatismus und
zum Theil der politiſchen Tyranney, den Geiſt der
Freyheit einkerkert und nicht geſtattet, daß väter-
ländiſche Wahrheit — in ſo manchen Fächern,

wo's

wo's nöthig wäre, mit Felder anbaue, und der
kühne Faun den Grazi.." sich nahe, um durch
gesalzenen Spott die einreissende allgemeine Weichlichkeit, unter deren Schleyer Männer und Grei-
se einander mit ewigen Küssen ersticken, vor der
Fäulniß zu bewahren, — über das alles wäre
noch mehr zu sagen, als selbst über den Geist der
Intrigue, der uns mit falschem Schimmer blendet
und endlich durch ziemlich gemeine und verbrauch-
te Kabalen heurige Litteraturprodukte im Umlauf
bringt, und denn das Publikum überredet, starker
Abgang sey ein zuverläßiges Zeugniß von innerm
Werth. Auch dürft's so ganz unpassend zur Absicht dieser Gallerie nicht seyn, deren Feld fast unum-
gränzet ist, alle die unsauberen Geister, von denen
die Litteratur nicht frey ist, hier gelegentlich mit zu
kopiren. — —

Allein eines Theils war's bey der Ausgabe des
zweyten Stücks ein entschlüpftes Versprechen, daß
ich meinen Lesern von allen Classen einen litterarischen Artikel zur Entschädigung wegen eines anderweitig versprochenen Bogens, den nicht ein jeder
haben könnte, geben wollte, andern Theils und
nachdem ich, nach einem nicht blos superficiellen
Plan, der heutigen Litteratur nachdachte und über
ihre ganze wahre Gestalt zu arbeiten anfieng, fand
ich diese Materie zu reichhaltig, um in einem oder
zwey Bogen, die ich bey jedem Stück dieser Gallerie dazu anwenden könnte, nur etwas erträglich voll-
ständiges zu liefern.

Was

Was den besonders versprochenen politischen Bogen betrift, so verbieten wichtige vorgekom-
mene Umstände — und die Klugheit, ihn, wie
ich Willens war, Stückweise herauszugeben —
Ich werde ihn dennoch geben, aber alle, so weit
ich zu gehen denke, auf einmal — Die Bedingungen werden schriftlich denen eröfnet werden, die
deshalb an die Hauptexpedition der Gallerie der
Teufel zu Düsseldorf zur eigenhändigen Erbre-
chung des Verfassers sich zu adressiren für gut
finden — ein mehreres davon hier beyzubringen,
wird nicht rathsam erachtet. — —

Auch der litterarische Artikel, der wegen obigen
besondern Bogens den übrigen Lesern Entschädigung seyn sollte, wird als ein eigenes periodisches
Werk erscheinen, wovon der Prospekt nächstens
besonders wird ausgegeben werden.

Solchergestalt wird diese Gallerie in der Folge
ein blos raisonnirtes politisches Werk bleiben,
nur politische Lagen, Geschäfte, Geschäftsbetreibun-
gen, Staateninteresse im Großen und Kleinen zum
Zwek behalten und mit manchen notablen Begebenheiten und Anekdoten meist aus der noch lebenden
großen Welt brodirt werden, als von welchen bey
immer frischen Lieferungen der Verfasser ein ganz
artiges Magazin hat.

Bey andern unter Händen habenden ernsthaften und mühsamen Arbeiten und geschäftsvol-
lern Aussichten, ist der Verfasser noch nicht decidirt, wie lange er diese Nebenarbeit fortsetzen dürfte. Die ersten versprochenen 6 Stücke werden
mit

mit nächstem völlig abgeliefert werden. Andere 6
Stücke, wozu Stoff gesammlet ist, wäre der Verfasser herauszugeben schon jetzt beynahe völlig ent-
schlossen. Es müßte aber ganz auf eine hinreichende Subscription geschehen. Diese mag den Ausschlag geben. Sämtliche Freunde und Leser dieser periodischen Schrift werden daher hiedurch
in Zeiten ersucht, sich bey ihren bisherigen Collek-
teurs an die respektive Postämter, Buchhand-
lungen, oder auch an die Hauptexpedition wegen
der Fortsetzung zu melden. Falls alsdenn bey der
Ausgabe des sechsten Stücks die Anzahl der
Subscribenten nicht blos Entschädigung der Ver-
lagskosten sondern zugleich — der zur Unterhaltung des Publikums verwannten Zeit verspricht;
so wird der Verfasser einem jeden, der satirisch ge-
züchtiget zu werden Lust hat, noch einmal gern mit
seiner Laune zu Dienste stehen, nur muß man nicht
fordern, daß er in der Wahl seiner Objekte zu scrupuleuse seyn soll, und — die Herren Bücheraufseher
müssen sich durch Schildbürger nicht bestechen und
durch Anerbietung einer Rathsherrnstelle daselbst
nicht in Versuchung führen lassen, mir meine Arbeit beschwerlich zu machen.

Ende des vierten Stücks.

Gallerie

der

Teufel,

bestehend
in einer auserlesenen Sammlung

von

Gemählden

moralisch politischer Figuren,

deren

Originale

zwischen Himmel und Erden anzutreffen sind,

nebst

einigen bewährten

Recepten

gegen die Anfechtungen der bösen Geister

von

Pater Gaßnern dem Jüngern,

nach Art periodischer Schriften
Stückweise herausgegeben.

Fünftes Stück.

Berlin 1784.

Zuschrift

an den

gelehrten Hamburgischen

Herrn Rezensenten

meiner Wochenschrift,

der

Freund der Wahrheit

und

des Vergnügens

am

Niederrhein

betitelt.

A 2

Mein Herr!

Das 77. St. der kaiſerl. privilegirten Hamburger neuen gelehrten Zeitung hat mir Ihre Bekanntſchaft verſchaft, und Ihre Anmerkungen über den Verfaſſer der Gallerie der Teufel, macht ſie in meinen Augen würdig, daß ich Ihnen ein Plätzchen — in einem meiner Vorſäle, mittelſt dieſer Art von Zuſchrift, einräume. Ohne Umſtände — mein Herr, ſeyn Sie ſo gut, ſich hier niederzulaſſen — ich möchte gern ein Wörtchen im Vertrauen, obwohl ganz vor den Augen des Publikums, mit Ihnen ſprechen.

Sie haben ſich die Mühe gegeben, mein Herr, in dem obgedachten Zeitungsblatt meine Wochenſchrift, der Freund der Wahrheit und des Vergnügens am Niederrhein, anzuzeigen. — Ich habe nicht Urſach, mit Ihrem Urtheil, was ſie drüber fällen, eben unzufrieden zu ſeyn, — Sie ſagen, daß die Geſchichte des Ritters von P.... intereßirte. — Ich hoffe, daß ſie nicht blos intereßirt — ob dieſes Werkchen

chen nun deshalb, weil beynahe das ganze
Quartal mit dieser Geschichte angefüllt ist —
einen andern Titel haben müßte — ob wirklich
es so sehr wesentlich zu einer Wochenschrift gehört — daß nichts zusammenhängendes drinn
seyn muß? ob die übrigen Stücke nichts weiter
als Vorreden, Einleitungen und so etwas
sind — nicht vielmehr Wahrheiten enthalten,
in Erfahrung und Gefühl gegründet? — darüber wollen wir nicht streiten, mein Herr, es
sind das all solche ausserwesentliche Fragen, die
bey.n Freund der Wahrheit 2c. mir ganz unbedeutend sind — und diese Wochenschrift gehörte ihrer ersten Bestimmung nach schlechterdings nur vor fühlende Herzen — nicht für
Kritiker — Wahrheit und Natur gleicht oft
einer Landschaft — die nicht nach der Meßru-
the, nicht nach den Regeln der Kunst geordnet
ist, und doch Herz und Sinnen an sich zu ziehen vermag — — Ich habe viel Leser in Ihrem Hamburg, und gerade in dem Werk, wo's
meinem Vortheil als Selbstverleger am aller-
angemessensten ist; aber wie gut würde ich meinen hamburgischen Lesern seyn, wenn sie aus
Ueberzeugung und Empfindung, so wie sie in guter Menschen Herzen keimt, dem Freunde der
Wahrheit vor der Gallerie der Teufel den
Vorzug gäben — In der ersten Schrift schütte
ich mein Selbst in dem vertraulichen Schoos
von auserlesenen Freunden aus, die ich in Gedanken um mich her versammle und aus Ideen
mir

mir schaffe — — wenn die Natur arm an solchen Freunden seyn sollte — in der zweiten spiele
ich die Rolle eines Menschen in einer vermischten großen Gesellschaft, der ich Verstand und
viel Kenntniß der Welt voraussetze — einer Gesellschaft, an der nicht viel zu beffern und nichts
mehr zu verderben ist, wo's blos drauf ankommt,
sich in dem modernen Ton der großen Welt, der
mir nicht ganz neu seyn kann, zu amusiren — — —
Aus diesen beyden Gesichtspunkten beyde Schriften gegeneinander betrachtet und abgewogen,
mögen Sie Ihr Rezensentenurtheil fällen, auf welcher von beyden ich nach meinem eigentlichen
Geschmack einen Werth lege. Doch dies nur beyläufig, um nicht — hier am unrechten Ort —
in einen ernsthaften Ton zu fallen, welches bey
Gelegenheit, daß ich jemand an der Thür meiner Gallerie niedersitzen heiße, gegen alle Regel
seyn würde. — Es beliebt Ihnen, mein Herr,
den guten Freund der Wahrheit ꝛc. den Sie
eben in Ihr dortiges Publikum aufgeführt und
gesagt hatten:

„Ein neu angekommener Fremder, meine
„Herren! nennt sich Johannes oder Mi-
„chel — es wäre aber besser, wenn er Peter
„getauft wäre, 's würde ihn hübscher klei-
„den — denn er hat einen gewissen Peter en
„amitie genommen, von dem er in Gesellschaft
„eine lange Geschichte erzählt hat ꝛc.

nun

8

nun so allein und fremd unter fremden Leuten ste=
hen zu laſſen. Recht gut! wenn's den Leuten
beliebt, ſich mit dem Freunde der Wahrheit zu
unterhalten — ſo werden ſie bald vertraulich mit
ihm werden und ihn lieb haben — und er wird
ſich überall, wo er hinkömmt, empfehlen, ſich
gute Menſchen aufſuchen — und je länger und
mehr er ſich zu erkennen giebt, je weniger wird
er der Empfehlung der Rezenſenten bedürfen —
ohne daß wir ihn nach Ihrem Vorſchlage umtau=
ſen — Ein gutes Geſchöpf iſt bey jedem an=
dern guten Geſchöpfe zu Hauſe, es mag Hans
oder Peter heiſſen. — — Nun aber wenden
Sie ſich von Ihrem neuen Ankömmling, den Sie
ſolchergeſtalt introduzirt hatten, weg — erblicken
den Verfaſſer der Gallerie, reiſſen die Augen voll
Verwundrung über ihn auf, empfangen ihn mit
einer Exklamation, mit Muthmaſſungen, mit
Fragen — —

„Dieſer Freund der Wahrheit, ſagen Sie,
„bekennt ſich, die berüchtigte Gallerie der
„Teufel geſchrieben zu haben. Kühn ge=
„nug! Er verſpricht dieſe Schrift zu ſeiner
„Zeit rechtfertigen zu wollen — Gegen
„wen? vielleicht gegen die Rezenſenten—
„Sollten aber nicht noch andere Leute
„ſeyn, die etwas dagegen einzuwenden
„hätten? Fürchtet der Verfaſſer auch die
„nicht?

So

So lauten die Worte in Ihrer öffentlichen
Zeitung, mein Herr — und eine so bestimmte
Aeusserung und Frage vor den Augen des Publikums muß ich ja wohl auch ehrenhalber vor eben
demselben Gerichtshof beantworten.

Sie nennen es kühn, „daß ich mich zu die-
„ser Schrift bekenne.“ Wie klein muß Ihr
hamburgischer Maasstab seyn, nach welchem
Sie die Kühnheit abmessen! Ein ehrlicher Mann
kann nur zum Spas sagen, daß er irgend worüber verborgen bleiben wolle, welches verant-
wortet werden muß — Nur in Handlungen
der Wohlthätigkeit muß man inkognito bleiben
wollen — So bald Angrif gilt, muß er von vorn
geschehen — und wer Kühnheit hat Satiren zu
schreiben, braucht nur ein Mann von gewöhn-
lichem Muth zu seyn, um sich zu seiner Schrift
zu bekennen.

Nicht an die Rezensenten, mit allem Respekt von ihnen gesprochen, dachte ich, als ich
zu seiner Zeit eine Rechtfertigung versprach.
Diese Herren sind in Posseßion, ihre Urtheile an
Mann zu bringen — Man läßt sie laufen —
Wehe der Schrift, die sich nicht gegen alle Re-
zensionen in Reputation erhalten kann — Meine Gallerie, welche Sie selbst die berüchtigte
Gallerie zu nennen belieben, bedarf zu ihrer Erhaltung und Fortdauer, der Rezensenten Gnade nicht mehr — Es ist also auch von dieser

A 5   Seite

Seite keine Rechtfertigung nöthig. Allenfalls erübriget man ja auch wohl eine Stunde, sich mit einem Kritiker zu amusiren, besonders, wenn man sich, wie ich gethan habe, in Posseßion Silens und seines Esels gesetzt hat, welcher, weil sich die Götter heut zu Tage doch zu allem brauchen lassen, Stallmeisters Dienste thut, und dergleichen Leute kann reiten lassen. Auch Ihnen, mein Herr, werde ich Obligation haben, wenn Sie mir auf meiner Manege, zu deren Eröfnung einer Ihrer Collegen, der Herr Rezensent in der Braunschweiger gelehrten Zeitung mich gar sonderlich aufgemuntert hat, einen Schüler besorgen, sollten Sie selbst einmal Bewegung nöthig haben; so steht eine Lektion unentgeltlich zu Dienste.

Und wer sollte denn sonst noch wohl was einzuwenden haben? Ich verstehe Sie nicht, mein Herr! ob ich die, welche Sie in Petto behalten, auch die unbekannte die nicht fürchte? Sie können unmöglich mein Landsmann seyn, sonst würden Sie einem gebohrnen Brandenburger, der selbst Schießpulver riechen kann, dem freyen Geist und dem Diener eines Monarchen, unter dessen Schatten Furcht nicht zu Hause gehört — eine solche Frage nicht thun!

Noch ist's zu frühzeitig, mich zu erklären, worüber ich mich eigentlich wegen dieser Gallerie rechtfertigen werde — und gegen wen ich's allein

lein nöthig finde — Versparen Sie Ihre Neu=
gierde bis zum Schluß des letzten Stücks. Erst
nach und nach wird sich's zeigen, was ich mit
dieser Schrift eigentlich beabsichtige, und als=
dann sollen Sie einen Schlüssel erhalten, der
Ihnen dieses und mehrere Räthsel eines noch vie=
len verschlossenen Buchs entziffern soll. Bis
dahin lassen Sie sich die Zeit nicht lang werden,
mein Herr — Sie befinden sich mittelst dieser
Dedikation in einer guten und ausgesuchten ar=
men Sündergesellschaft — Ein Geistlicher —
ein Arzt — Ein teutscher gesetzkundiger Staats=
mann — und jetzt Sie als Rezensent — —
mich selbst nicht zu vergessen, das sind die, wel=
chen die Gallerie bisher dedizirt worden ist.
Der Teufel ist in solchen Gelegenheiten gern
bey der Hand; aber wenn Herr Pastor Götz
exorzirt, Herr Doctor Jung ein Recept
schreibt, (denn die Schleuder hat er wegge=
worfen) Herr von Moser sich mit Reliquien
verwahrt, und ich die Teufel auslache; so müs=
sen Sie eine Kritik schreiben, und denn können
Sie ruhig an dem Eingange der Gallerie Posto
behalten — um vom Teufel, der sich vor
Bannsprüchen, vor Recepten, vor heiligen Re=
liquien, vor Persiffleurs, und vor Kritiken
ziemlich zu grauen pflegt, unangefochten zu
bleiben.

Sließlich, mein Herr! will ich gelegent=
lich um das Räthsel Ihres werthen Namens bit=
ten

ten, um solches, wenn ich meinen Schlüssel herausgeben werde, gehörig auflösen zu können. Und nunmehr empfehle ich mich Ihrem kritisirenden und rezensirenden Wohlwollen, und beharre mit Anwünschung beständiger gesunder Kritik

Dero

Kaiserlich privilegirten gelehrten Richterschaft

unterworfener

P. Gaßner Junior.

Vorbericht
zum fünften Stück.

Kein Stück ohne Vorrede! Nehmt mir's nicht übel, liebe Leser! ohne Vorrede kann ich euch ohnmöglich abkommen lassen, und da seyd ihr alle selbst Schuld dran, weil ihr mich aus der inkonsequenten Ursach, daß ich der Welt eine Gallerie eröfne, worinn der Teufel mit seiner ganzen Freundschaft, und — unter uns gesprochen, mancher meiner Hochgeehrtesten und — selbst Durchlauchtigen, Hochweisen, andächtigen und politischen Leser, abgemahlt erscheint; für einen Gelehrten, für einen Schriftsteller (dies Wort hab' ich immer recht lieb gehabt — es klingt gar erbaulich) anzusehen Belieben tragt; und ich's mir, weil ich eine herzliche Freude habe, mich selbst und meine ganz vortrefliche Einfälle gedruckt zu lesen, völlig habe überreden lassen, daß ich, trotz allen meinen sonstigen Begriffen von der grossen Seltenheit einer wahren teutschen Autorschaft, einen unbezweifelten Anspruch auf schriftstellerische Qualitäten habe.

Nun ist es aber die wesentliche Eigenschaft eines Autors, daß er keine Gelegenheit versäumt, von seinem Werke zu sprechen, wie ein Vater am liebsten von seinen Kindern spricht — die er oft nach der Lage

dieser

dieser hülfreichen Zeiten nicht einmal selbst gemacht hat. Um so weniger ist's einem Autor zu verdenken, wenn er von sich selbst spricht, da er gewisser, wie von andern Produkten, deren viele auch ohne sein Zuthun in die Welt gesetzt werden, überzeugt ist, daß sie die seinigen sind, weil er die Feder aus eigner Kraft geführt, und kein anderer in sein Tintenfaß getaucht hat, um nur einen Titel fremder Arbeit hinzu zu fügen — indem er keine Frau zu dieser Operation bedurfte, welche in sein privative ihm zugehöriges Buch Kontrebande hätte eintragen lassen können, als welches, wie ihr wißt, bey aller Wachsamkeit weder Riegel noch Schloß, und wenn's in dem Lande verschlossener Thüren — in Italien selbst verfertiget wäre, verhindern können. Was ist also natürlicher, als daß ein Schriftsteller sich mit seinen Lesern am liebsten über sein wahres und ächtes ipse fecit unterhält, jedem einen Abdruck gar gerne in die Hände zu spielen trachtet, und sich denn hinsetzt, und von den Eigenschaften, Zierlichkeiten, Gestalt, Wesen und der Solidite seines Kindes spricht — Dazu hat ein Autor aber keine bessere Gelegenheit, als Vorreden, und dies ist meine stärkste und, in ihren Wirkungen auf mich, ganz unwiderstehliche Triebfeder — warum ich euch, so oft wie möglich und der Wohlstand es einigermaßen verstattet, mit einer Vorrede — welche aus diesem Grundtriebe, der die meisten Gänsekielgerechte, Creaturen, die mit dem kitzelnden Titel als Schriftsteller prangen, belebt, von den meisten Büchern das beste und wesentlichste ist, heimsuchen werde.

Mit

Mit der Art und Weise, wie ich mein Kind
zeuge, es unter meinem Herzen trage und nähre,
ehe es zur Welt kömmt, und wie ich es aufs Papier
bringe; will ich euch nun zwar so eigentlich nicht bekannt machen — Wenn ich euch über das Geheimniß der Zeugung die Augen öfnen wollte; so müßte
ich euch auch sagen, wie's mit der Conception hergeht, und welche Wesen meine Imagination be-
schatten, um die Empfängniß zu Stande zu bringen — Dies würde, wie alles was Philosophen,
Naturkündiger — und selbst Theologen von den
Heimlichkeiten aktiver und paßiver Naturkräfte über
die Artikel von Zeugung und Empfängniß närrisches
gesagt haben, um die Sache, die sie aufklären wollen, ins Gewirre zu bringen und — zu verdunkeln,
nun freylich grundgelehrt ausfallen; aber; — im
Grunde würde nichts mehr ans Licht kommen, als
daß ihr dahinter kämet, wer eigentlich zu jedem einzelnen Kinde meiner ganzen zahlreichen Familie,
die gruppenweiß auf meinem Tableau herumsitzen,
oder bunt untereinander laufen, Vater sey, und das
finde ich nicht nöthig zu bekennen — wär' mir auch
nicht heilsam — ob ichs gleich leiden kann, wenn
ihr aus den karakterisirenden Gesichtszügen des einen
oder andern meiner Jungens auf dessen Vater schließt,
und den weisen Spruch, womit so manche Wehe-
mutter ihrer beargwöhnten Kindbetterin aus der
Noth hilft, und ihren Ehemann treuherzig macht,
über manchen meiner Knaben fällt, daß er diesem
oder jenem so ähnlich sähe, als ob er ihm aus den
Augen geschnitten wäre. Die konzipirende und zur
Welt

Welt gebährende Mutter meiner in dieſer Gallerie der Welt produzirten Familie — meine liebe Imagination — iſt nach dem Lauf der Natur weiblichen Geſchlechts — denn ein Mann kann nicht konzipiren und nicht gebähren — obgleich nach dem Zeugniß der Rabbinen und anderer gelehrten Männer, die uns mehr dergleichen widernatürlichen Unſinn auf den Hals geſchwatzt haben, mancher Mann in der Welt, von der Seite des Säugens in die weiblichen Rechte gegriffen haben ſoll, und der Hofjude Mardochai, der, weil er vermuthlich durch Adminiſtration des Münzweſens reich und übermüthig geworden war, ſo ein Flegel ward, daß er vor Sr. Excellenz dem Premierminiſter Haman den Hut nicht abnehmen wollte — und deßhalb beynahe mit ſeiner ganzen Schorismachenden Nation wäre aufgehangen worden — wenn er nicht das Verdienſt gehabt hätte, vorher ein paar andere am Galgen gebracht zu haben; ſeine Niece Eſther ſelbſt mit ſeiner eigenen apokriphiſchen Bruſt geſäugt haben ſoll, wovon das Mädchen ſo einen ſchönen Bart bekommen hat, daß ſie in dem Zeitalter, wo die Bärte noch mehr in Ehren gehalten wurden, als in unſerm heutigen immer kahler werdenden Jahrhundert würdig gefunden wurde, das Bette Sr. Majeſtät des Königs Ahasverus, zu beſteigen — und ihren Herrn Onkle zum Range eines aſſiriſchen Riſchilieu zu erheben; denn ſchon damals war's löbliches Herkommen, durch weibliche Canäle Miniſtres zu kreiren und Miniſtres abzuſetzen, wie denn

diese

diese Hauptstaatscabale nach jüdischem Gebrauch
noch gefeyert wird bis auf den heutigen Tag.

Das Säugen also beyseite gesetzt, als welches
wir auch dem männlichen Geschlecht gelegentlich ein-
räumen können — leider werden manche von ihren
Eltern so ausgesogen, daß sie ihren Gemahlinnen
nachher fremde männliche Ammen halten müssen,
als welches Ammenamt je länger je mehr eine wichtige und einträgliche Charge wird, daß es immer
auch zur Chargencasse kontribuiren möchte; vorausgesetzt, daß erst eine Oberexaminationskommißion
errichtet würde, um die Talente solcher Kandidaten
zu prüfen — die sich zur Aufhelfung einer nahrungs-
losen Familie und zur Substitution so manchen
Ehemanns, der in seinen Zeugungsangelegenheiten
zurückgekommen ist, vermiethen wollen — — Wie
gesagt, das männliche Säugen eingeräumt, bleibt
das Konzipiren und das Gebähren, dem löblichen
alten Herkommen gemäß, noch immer Weiberge-
schäfte — was meiner Imagination allein überlassen ist.

Wenn mir meine Imagination allein treu
bliebe, so würdet ihr nichts als lauter Originalia
zu Gesichte bekommen — aber es ist das verbuhlteste
Ding von der Welt, und hängt sich an jeden, der
ihr im Weg kömmt, beschäftiget sich mit allem, was
nur männliche Gestalt und Wesen hat, fängt beym
Läufer, Peruquenmacher, Kammerdiener und
Schreiber an, avanzirt bis zur Eroberung eines

Fünftes Stück.   B   Tän-

Tänzers, Comödianten und — bisweilen zur Luft auch eines Opernsängers, familiarisirt sich mit heim-lichen Räthen, und wenn die abgefertiget und durch die Hintertreppe hinausgeleuchtet sind, wird der Offizier vom Fähndrich an, bis die ganze Suborbi-nation durch, zum Generalfeldmarschall eingelassen, bis sie vom Pont neuf sich irgend durch einen Fer-mier-General anziehen läßt und schließlich sich in fürstliche Gemächer schleicht und mit Personen von prinzlicher Substanz ihr Spiel treibt, bey welcher Gelegenheit denn bald der Cammerherr, bald der Cabinetsminister, irgend ein flüchtiger Page und der Veränderung wegen der wachtstehende Grena-dier was abbekommt und das Gewehr zu präsentiren kommandirt wird, als welches letztere bey grossen Herren sich nicht immer kommandiren läßt, als de-ren gewöhnlichstes Exercitium der Bequemlichkeit wegen, aus welcher sie schwer aufzuwecken sind, meistentheils, Gewehr beym Fuß! ist, welches ge-meiniglich eine natürliche Folge ist, wenn die Tem-pos, schlagt an — gebt Feuer! gar zuoft in bester Ordnung — glücklicher, oder wenns Gewehr ver-sagt hat, mißlungener Weise gemacht sind.

Bey dieser herumschweifenden Ausgelassenheit meiner Imagination empfängt sie von so einer Men-ge Originalen, daß der Henker wissen mag, von wem eigentlich die Copeyen, die sie zur Welt bringt, ihre wahre Vaterschaft herzuleiten haben, wenn mans denen einzelnen Geburten nicht etwa an der Nase ansieht, wem sie gleichen, wobey jedoch meine Ima-

Imagination so diskret ist, niemand als Vater anzugeben — und heut zu Tage darüber auch nicht sonderlich inquirirt wird, eben so wenig als die Originale, welche ihre Copien in meiner Imagination abgedruckt haben, sich selbst als Väter ihrer Kinder anzuerkennen Lust bezeigen dürften.

Hol der Henker die Metapher — so weit hat sie mich verleitet, daß ich mich selbst um meine Vaterschaft gebracht sehe. Es wäre also ganz klar, daß nicht ich das Zeugungsgeschäft mit meiner Imagination vornehme, sondern daß es mir nicht besser geht, als manchem andern ehrlichen Mann — dessen Grund und Boden durch fremden Vorschub befruchtet wird — Immerhin! Wenn sich andere eben so viel müssen gefallen lassen, so kann ichs auch; ich bin wenigstens der Pflegevater. Mag doch meine Einbildungskraft von andern Gegenständen empfangen und geschwängert werden — die Knaben werden doch für meine Rechnung gebohren, und wenn sie gleich nicht mir, sondern andern braven Leuten gleich sehen, so gehören sie doch mir zu, und ich will sehen, wer sie mir nehmen soll, ohne daß ich nöthig habe, sie mir erst durch einen Prozeß zu gewinnen, wie's zu B.... dem Hrn. G.... von R..... gieng, welchem mit mehr als salomonischer Weisheit der ihm streitig gemachte Junge durch einen Rechtsspruch zuerkannt wurde, ohne daß der Decernent, wie doch billig gewesen wäre, die Protokolle in der Registratur des Himmels nachgesehen hätte, welche so eine intrikate Streitfrage zu entscheiden allein nur

B 2   Aus-

Auskunft hätten geben können. — — Um Vergebung Ihro Excellenz — daß Sie mir nicht etwa
einen Injurienprozeß anhängen! Ich mache Ihnen
Ihren Sohn als erb- und eigenthümlich ganz und
gar nicht streitig, und gratulire von ganzem Herzen,
daß Sie einem so helle und bis in die Werkstätte
der Zeugung hineinschauenden Richter in die Hände
gefallen sind — Sie haben wenigstens — wie's mit
der Richtigkeit des Urtheils auch immer beschaffen
seyn mag — das Ihrige gethan und es sich zwiefach
sauer werden lassen, wenn dagegen mancher ehrliche
Mann ganz unschuldiger Weise und recht im Schlaf
an dergleichen Segen kömmt, ohne selbst zu wissen
wie — ich wollte nur sagen, daß meine Kinder,
wozu mir eine Menge Originale eine milde Bey-
steuer geben, doch meine Kinder sind, weil ich sie —
zum Nutzen der Welt ausbilde und mit Hülfe meiner Laune — die mich zwar bisweilen ihren Eigensinn
fühlen läßt und nicht immer will — wenn ich will,
aber doch nicht mit andern tändelt, wenn sie nicht
mit mir tändelt und überhaupt manchmal zu tändeln
nicht — bey Laune ist — meinen Kindern eine so
manierliche Erziehung gebe, daß ich sie überall produziren kann — und wenn ich sehe, wie sie bey Leuten, die sich auf hübsche Jungens verstehen, sich
immer beliebter machen, und ich viel Freude an ihnen erlebe.

— — Nun wär' es beynah hohe Zeit, zum
Zweck meiner Vorrede zu kommen und dem lieben
Publikum meine Pflegekinder und Zöglinge noch
etwas

etwas anzupreifen; denn wie gefagt, darum ſchreibt
man Vorreden, um der Lobredner ſeiner Werke zu
werden — ſie öffentlich auszurufen und den Leuten
den Mund darnach wäfſericht zu machen — daher
wenn ich in Städten die Fruchtweiber ihre Garten-
früchte, die Bauermädchens ihre Milch, in Berlin
die Laußnitzer ihre ſaure Gurken ausrufen hörte, und
in Hamburg das Compliment der gutherzigen Frau-
ens in die Ohren geraunt wird, die mit einem Hand-
nachtſtühlchen unter dem keuſchen Mantel die Vorübergehenden einladen, ſich ihrer Bequemlichkeit zu
bedienen, ſo führte mich die Verwandſchaft der
Ideen immer in das Dachſtübchen eines dürftigen
Autors, der eben ſeine Vorrede ſchrieb — um die
Früchte ſeines Geiſtes, oder ſeiner Finger, oder
ſeines Bedürfniſſes zu empfehlen — dieſem Zweck
aller Vorreden, und auch vorzüglich der jetzigen,
wär's Zeit etwas näher zu treten, ehe das Maas
der Vorrede voll iſt — — Aber Sie, mein Herr,
mit dem verwünſchten Einwurf, führen mich wieder
ganz querfeld ein — — Freylich buhlt meine Einbildungskraft, ſo feminini generis ſie immer ſeyn
mag, auch wohl einmal mit Damens — leugnen
will und kann ichs nicht, weil Sie zugeſehen haben,
als ſie ſich mit der Frau von Tiefenthal und ihrem
Kammermädchen eine kleine nichtige und vergäng-
liche Luſt machte — aber iſt's denn ſo was neues,
wenn ſich Damens mit Damens und Mädchens mit
Mädchens amuſiren? Gehn Sie nach Paris, mein
Herr, da werden Sie ſehen, wie der löbliche Orden
des Damensgeſchmacks die griechiſche Sappho zur

B 3

Vor-

Vorſitzerin kleiner Uebungen erwählt hat, und unter
deren Direktion ſo gut eine neue Akademie errichtet
worden iſt — als Sie ſich zur Schule des Sokra-
tis, des Lieblingslehrers unſers Jahrhunderts, ge-
ſchlagen haben — Sie kennen doch die Prinzeßin —
— — — — die Sie nie ohne Piſtolen antreffen,
und die ihre Weiblichkeit mit einem ſehr martiali-
ſchen Anſehn verbindet — elle eſt à deux mains &
ſe prete à toute epreuve — Meine Einbildungskraft
thut nichts mehr, als daß ſie ſich nach der Mode
richtet — — und auch die Kinder meiner Einbildungskraft, ſo viel deren legionenweiß nach und nach
in dieſer Gallerie auftreten, ſind ganz nach der
Mode — nach der Mode verfertiget, gekleidet, erzogen, vorgeſtellt — völlig nach Ihrem Geſchmack,
meine theureſte Leſer, oder ich verſtehe mich nicht
auf Ihren Geſchmack.

Aus dieſem Grunde kann ich ſie Ihnen auch
mit gutem Gewiſſen empfehlen und abermals empfehlen — als womit ich nach ſo viel Hin- und Her-
zügen und Umſchweifen, die alle nur nach der Mode
ſo bunt untereinander laufen, zugleich in der Abſicht,
damit weder ihr, noch ich, weiſer draus werden ſollt
— denn doch endlich den letzten alleinigen Zweck
meiner Vorrede erreicht habe, mit dem herzlichen
Autorwunſch, daß ich von dieſer Empfehlung reiche
Früchte einerndten — und ihr alle, meine werthe
Abonnenten, mir mit doppelter Bereitwilligkeit das
Macherlohn für meine Kinder bezahlen mögt —
da ichs mir ein vor allemal vorgeſetzt habe, nur nach

Staats-

Staatsoekonomie und Cameralprinzipien zu arbeiten, nnd zur Ehre meines Standes — nichts umsonst zu thun, welches ihr mir um so weniger verdenken werdet, wenn ich zur Erleuchtung der Fürsten,
zur Beunruhigung der Unterthanen und zum Preiß
meiner Collegen in auf- und absteigender Linie das
herzienische Geheimniß vom Kontributionswesen der
Cameralisten erst werde aufgelöset haben — bis
dahin ich euch alle der Vormundschaft des Himmels
empfehle.   Geschrieben unter dem gemeinschaftlichen Dache aller Sterblichen, unter welchem ein
jeder sicher ruhet - der sich selbst zu decken vermag.

P. Gaßner Junior.

Fortsetzung

Fortſetzung

der im vorigen Stück abgebrochenen Proteſtation
gegen die beym lit de Juſtice aufm Blocksberge neu publizirten Geſetze.

━━━━━━━━

Vorerinnerung

an die Leſer

Vom Pater Gaßner Junior.

Ich wollte euch doch wohlmeynend rathen, liebe
Leſer, euch die Mühe zu geben, ſo viel es
eure Bequemlichkeit erlaubet, auf das letzt
abgebrochene Stück einen Augenblick zurück zu
ſchauen, ehe ihr weiter leſet. Wenigſtens erinnert
euch, wie nach Maasgabe deſſen, was bey dem im
vorigen Stück eröfneten lit de Juſtice vorfiel — wo
nach dem modernen Ton der Welt, auch auf dem
Blocksberge jeder Teufel — an Staatsverbeſſerun-
gen künſtelt, und nichts zu Stande gebracht wird,
als — Projekte, und wie Satans Prämierminiſter
und Großſiegelbewahrer die aufgeklärte Vernunft,
die nicht wütet und nicht verfolget, als ein ſpezifikes
Mittel empfiehlet, alle Religionen auszurotten, und
den verſchrieenen Atheismus einzuführen — den
mißverſtandenen Despotismus, landesherrliche Abgaben,

gaben, gelinde Polizey und bedachtsame Justiz und Erweiterung des souverainen Regiments über die anarchische Staaten als zuverläßige Einrichtungen anprieß, nach den Grundsätzen einer satanischen Politik, Land und Leute bestens zu verderben — wie hiergegen der Generaladvokat nach wolhergebrachtem Gebrauch bey jedem lit de Justice das Falsche der Politik gegen diese Grundsätze deduzirte und ziemlich einleuchtend gegen das erste Gesetz bewieß, daß sich Satan viel besser in Posseßion seiner alten Rechte befinden müsse, wenn Dummheit und Aberglauben die Grundfeste der Religion ausmachte, worinn man ihm nun auch nicht so ganz unrecht geben kann; maaßen Dummheit, Unwissenheit und heilige Fratzen sich mit allen Arten von Bosheit gar schwesterlich vertragen — und Religion ohne gesunden Menschenverstand dem Laster wenigstens zum Mantel dienet, wenn sie die ärgste Verbrechen, den Menschenhaß, den Verfolgungsgeist, die Ketzermacherey und dergleichen Ungeheuer der menschlichen Gesellschaft nicht gar heiliget und den Gottesdienst nicht in den Dienst Sr. Majestät auf dem Blocksberge verkehret — Dies vorausgesetzt, erinnert euch, wie der Generaladvokat seinem löblichen Offizio gemäß auch den Ungrund der übrigen Gesetze darthun muste, daher ich euch sammt und sonders einlade;

Die Fortsetzung der allerunterthänigsten Remonstration des Generaladvokaten beliebigst zu vernehmen.

B 5 Despo-

Despotismus, fuhr er fort, ist, genau erwogen, Pöbelbeschwerde über Wohlthat, über die zuverläßigste Grundlage allgemeiner Glückseligkeit. Wenn wir alles Geschrey von Freyheit und republikanischer Verfassung und von dem, was unter dem Namen von Despotismus zu Markte gebracht wird, nicht obenhin, sondern mit einem staatskundigen Auge betrachten: so finden wir falsche, verkehrte Rubriken von Waaren, die das nicht sind, wovor sie ausgegeben werden. Die gepriesene Freyheit, worauf im größern oder geringern Grade die heutigen Staaten stolz sind, ist von seiner glänzenden Seite eine Schimere und nach seiner innern Natur und wahren Beschaffenheit, in welchem Staat Europens wir sie auch antreffen, Verwirrung, Gewebe des Privateigennutzes und die ärgste Tyranney, warum wir die Menschen zu bringen uns nicht einmal sollten einfallen lassen. Die Freyheit der italiänischen Republiken ist wahrer fürchterlicher Despotismus — Ein schüchternes Ungeheuer, was immer Nachstellung fürchtet, und um sich her würget, um nicht angegriffen und verjagt zu werden — es lauret auf jedes Wort, auf jede Miene, auf jede Bewegung freyer Bürger — fast sind Gedanken eines freyen Geistes Capitalverbrechen — der dortige Republikaner muß ein dummer Sklave seyn, oder er ist um seinen Hals, die Fesseln der Galeere sind Gelindigkeit, und Landesverweisung Gnade — — Die Freyheit der Britten ist Handlung mit Stimmen — wer das meiste bietet, der herrschet, und bey aller Ungebundenheit im Denken und Reden ist das
gemeine

gemeine Wohl ein Opfer der meiſtbietenden Biſar-
rerie — oder der Regent ein Opfer des wütenden
Pöbels — Die dortige Freyheit düngt ihren Boden
mit dem Blute der Edlen, es wäre Schade, wenn
ſie jemals aufgehoben würde. Dieſe Nation hält
viel auf Ketten aus eigner Fabrike, und auf Mono-
polien, und ihre amerikaniſche Abkömmlinge ſind
eben der Meynung, und ſchmieden, nach dem rühmlichen Beyſpiel ihrer brittiſchen Anherrn, Ketten
für eigene Rechnung, um den Transport aus dem
Parlament zu London nach dem weſtindiſchen Kongreß zu menagiren. Es iſt kein Zweifel, daß die
Ketten der neuen Fabrique, wenn ſie ganz in Ordnung ſeyn wird, eben ſo ſolide und ſchwer ſeyn werden, wie die, welche in Engeland gearbeitet werden;
und alsdenn wird es Zeit ſeyn, von unſerm Hofe
einen habilen Partheygeiſt auch dorthin zu akkredi-
tiren, um im Kongreß wie im Parlament zu wirth=
ſchaften, um die Ketten, nach Maaßgabe unſeres
Staatsintereſſe, bald denen Häuptern, bald denen
Gliedern der neuen Republik anzulegen — —
Jede republikaniſche Kompoſition hat zu viel ſtrei-
tende Ingredienzien von Privatintereſſe, um daß
jemals eine ſo feſte Maſſe draus werden ſollte, worinn wir nicht mit größtem Erfolg uns wirkſam
erzeigen könnten — Nirgends iſt eine uns konve-
nablere Unordnung, mehr Eigennuß in Verwaltung
der Juſtiß, mehr Ungleichheit in Glücksgütern,
mehr übermüthige Reiche und eine größere Anzahl
unterdrückter oder bettlender Armen — als in den
Ländern oder Städten der Titularfreyheit, in denen
Staaten,

Staaten, wo die Fürsten mit denen Landständen in einer ewigen Konkurrenz sind — wo der Herr bey seinen Vasallen um ein geringes Dongratuit betteln muß, wenn diese Landtag halten, zusammen kommen, um sich lustig zu machen, zwanzigmal so viel in Austern und alten Weinen zu verzehren, und Dinten in die Tasche zu stecken, als sie ihrem Fürsten durch allerunterthänigste Gegenremonstration abschlagen, und nirgends hat unser einer zu den Versammlungen, wo das gemeine Beste verhandlet wird, mehr Zutritt und kräftigern Einfluß, als — da, wo ein jeder aus dem Titel von Freyheit mit zu sprechen ein Recht hat, in freyen Reichsstädten zum Exempel, wo entweder der hochweise Magistrat mit Bürgerschweiß handelt, oder der Pöbel das Rathhaus belagern, und dem Bürgermeister den Kopf vor die Füße legen kann.

Nur ein dummer Teufel wird in Beurtheilung solcher freyen Staatsverfassungen blos auf die Grundgesetze und Statuten sehen, die freylich mit denen Grundsätzen unseres Reichs nicht zusammen stimmen, und ein ganz artiges Gemählde von gesellschaftlicher Glückseligkeit ausmachen — aber darauf kömmts nicht an — diese Puppe können wir denen Leuten gönnen, damit zu spielen — Die Befolgung dieser Statuten würde unserm Reich nachtheilig seyn, und davor haben wir uns nicht zu fürchten, so lange Menschen sind, welche die Kunst verstehen und ausüben, die Gesetze nach ihrem Sinn zu drehen, und denen ihr Privatinteresse immer lieber ist, als

das

das gemeine Beſte — Pohlen iſt bey ſeiner Freyheit mit ſeinen Statuten zu Grunde gegangen —
war, ſo lange ſie daurete, Schauplaß der Verwirrung — wird jetzt unter der Vormundſchaft mächtiger Monarchen, zum wahren Leidweſen aller wahren Teufel, ein glückliches Land, und der Partheygeiſt, der nur durch republikaniſche Gerechtſame
ſtark war, iſt dort Landes verwieſen, und zittert vor
Souverains, welche die gute Ordnung garantirt
haben.

In meinem Departement, beſonders in denen
kleinern Staaten Teutſchlands, welche deine Majeſtät meiner Aufſicht anvertrauet hat, habe ich die
Schimeren von Freyheit, worauf ſich die Leute ſo
viel einbilden, bisher ſorgfältig unterhalten, ohne
daß die allgemeine Glückſeligkeit das mindeſte dabey
gewönne. Es iſt wahr, daß durch die Landſtände
und alte Landesrezeſſe eingeſchränkte Fürſten nicht
im Stande ſind, von den Abgaben ihres Landes —
ihr nothdürftiges Auskommen bey dem zunehmen-
den Luxus der Höfe, und noch weniger ſo viel aufzubringen, um ſich Schätze zu ſammlen — Die
Abgaben können nicht von dem Landesherrn erhöhet
und keine neue eingeführt werden, aber der Unterthan gewinnt dabey nichts. Die Landtäge, welche
zur Aufrechthaltung der alten Statuten gehalten
werden, machen gröſſere Koſten, als die ganze
Freyheit werth iſt, und die Unterthanen unterdrücken und ſaugen einander ſelbſt aus. Alle dieſe
Länder der Freyheit ſtehen nicht unter einem ſouverainen

rainen Haupt, aber immer unter einer unzählbaren
Menge kleiner Despoten, deren jeder für sich so viel
Vortheil für seine Nachkommen auf Kind und Kindeskind zu häufen sucht, daß ihm der Gedanke nicht
einmal einfällt, etwas zum gemeinen Besten zu thun.
Bey einer solchen Menge von Unterregenten ist vor
Geld alles zu haben. Dies macht einen jeden, bis
zum Bauer, stolz, der etwas zusetzen kann, und der
Arme unterliegt der Uebermacht des Reichen. Nach
dem Etat sind in solchen Ländern die Abgaben, in
Vergleichung mit souverainen Staaten, geringe;
aber wenn die heimlichen Erpressungen, die Kauf-
pretia für Aemter, für Schutz bey Ungerechtigkeit,
für Manutenenz, deren die kleinen Usurpateurs bedürfen, mit zum Etat gesetzt und in Anschlag gebracht würden; so würde man über die Menge der
Abgaben erstaunen, und in manchen Landen——über
die ungeheure Anzahl der privilegirten Müßiggän-
ger, die auf Kosten des Landes gemästet werden,
und wovor ein Monarch eine kleine Armee zum
Schutz seiner Lande unterhalten könnte.

Es ist überhaupt ein altes, aber darum nicht
weniger unrichtiges Vorurtheil, daß Abgaben der
Unterthanen an ihren Landesherrn an sich selbst mit
der allgemeinen Landesglückseligkeit nicht bestehen
können. Die Erfahrung redet dagegen. Frankreich und Holland haben beyde ungeheure Abgaben,
und beyde Staaten sind reich, in Vergleichung mit
andern, die weniger belastet sind. Gegentheils
habe ich bekannte und nahmhafte teutsche kleine
Staaten,

Staaten, die so recht unmittelbar unter meiner Direktion stehen, wo man von keiner einzigen regulirten Abgabe weiß, und wo alle Bürger fast blutarm sind, wo der Fürst nur sein Auskommen hat, und der Minister nebst einigen Juden die alleinige Besitzer aller Reichthümer, die öffentlichen Cassen aber so leer sind, daß öffentliche fürstliche Bediente ihre Jahre lang rückständige Besoldung nicht anders, als gegen zehn pro Cent Interessen von denen Juden erhalten, welche ihren Vortheil mit dem Minister theilen — während der Fürst sein Hochamt hält, und sich von einer schönen Niece die Taschen leeren läßt, um ihren Courtisanen die Aufwartung so ansehnlich zu bezahlen, daß selbst der Chirurgus aus diesen reichlichen Gratifikationen für die Besorgung des Retablissementswesen bezahlt werden kann.

Der Grund ist leicht einzusehen, warum Abgaben an den Fürsten ein Land nicht enerviren können, wenn nur erwogen wird, daß dieses die Sporen sind, welche den Fleiß in Bewegung setzen. Die Erpressungen derer kleinen Despoten geben nur selten — und ohne Ordnung dem Fleiß die gehörige Aufmunterung. Der souveraine Fürst unterhält Ebbe und Fluth — er zieht einen grossen Theil von dem Gewinnst seiner Unterthanen an sich, und er läßt es dem Fleiß wieder gewinnen. Unumschränkte Macht trift Polizeyanstalten im Großen, wodurch das Ausgehen des Geldes in fremde Staaten verhindert wird, und die Mittel erleichtert werden, das Vermögen der Auswärtigen in die Hände seiner
fleißigen

fleißigen Unterthanen zu bringen. Er selbst ver-
wendet einen großen Theil seiner Staatsrevenüen —
nicht einzelne Favoriten zu bereichern, sondern das
Allgemeine und den Fleiß der Menge der Künstler,
der Arbeiter wieder gewinnen zu machen. Der
Ueberschuß setzt ihn im Stand, ohne neue Auflagen
seine Staaten gegen auswärtigen Angriff zu schützen,
und selbst im Kriege den industrieusen Theil seiner
Unterthanen zu bereichern, anstatt daß der schwache
Fürst, der nicht so viel Vorrath hat, um die Kosten
eines oft unvermeidlichen Krieges einen Monat zu
bestreiten, denn doch gezwungen ist, das Vermögen
seiner ärmsten Unterthanen anzugreifen, die denn
doch nicht so viel gesammlet hatten, die Bedürfnisse
eines Kriegs zu bestreiten, und gezwungen sind, ihre
liegende Güter auf Kind und Kindeskind zu ver-
pfänden, und die Landschulden — an diejenigen abzu-
tragen, die sich allein in dem Besitz des Landesver-
mögens befinden, es in Ermangelung sicher auf
Interesse zu legen, in eisernen Kisten verschlossen halten, und bey jeder Hauptrevolution die einzigen
sind, die das Land in die allernachtheiligste Kontri-
bution setzen und die Creditoren ihres Fürsten und
seiner Unterthanen werden.

Wo die Ressorts, die durch die ganze Regie-
rungsmaschine des Staats spielen, alleinig in der
Hand des Fürsten beruhen, der — aus einem Punkt,
worinn sich alles konzentrirt, jeder Staatsbewegung
die Richtung giebt, und alle einzelne Theile, die
das ganze System ausmachen, selbst im Gleichgewicht

gewicht hält — das nennt der kurzſichtige Pöbel
Despotismus. — Es iſt blos das Schrecken derer, die gern ſelbſt Despoten ſeyn möchten, und
nicht unterdrücken dürfen, wenn ſie nicht ihre Köpfe
in Gefahr ſetzen wollen. Das Volk gewinnt ſelbſt
unter einer ganz willkührlichen Gewalt nach türki-
ſchem Fuß — wo nur die Veziers und Baſſen zittern dürfen, der Einwohner und Bürger aber —
ganz glücklich bey einer ſolchen Regierungsform ſeyn
würde, wenn die, welche am meiſten zu fürchten
haben, nicht zu viel Freyheit hätten, Tyrannen der
Geringern zu ſeyn. In geordneten ſouverainen
Staaten fallen dieſe Inkonvenienzien gröſtentheils
weg, und ihnen iſt vorgebaut, ſo weit ihnen mit aller Vorſicht vorgebaut werden kann. Es iſt nicht
zu leugnen, daß der beſte, hellſte und ſouverainſte
ſelbſtherrſchende Monarch nicht aller Unterdrückung
und nicht allen Anomalien abhelfen kann. Stufenweiß verſtattet er jedem, bis zu ihm ſelbſt aufzu-
ſteigen, und täglich empfängt er die Vorſtellungen
ſeiner geringſten Unterthanen, und urtheilt mit eigenen Augen. Freylich hat man auch die Beyſpiele
daß täglich eine Parthie von eingehenden ſchriftlichen Klagen, die der Regent nicht ſehen ſollte, ins
Feuer flogen, und man hat Exempel, daß der Kläger über einen kleinen Tyrannen ſich perſönlich prä-
ſentirte. Der Fürſt ſahe ihn, und fragte wer er
wäre. Ein ihm zur Seite ſtehender General ſagte,
der Mann iſt verrückt; bringt ihn ins Tollhaus,
ſagte der Monarch — und der ganz vernünftige
Kläger kam dasmal nicht hin, wo er hin wollte.

Fünftes Stück.　　　C　　　Der-

Dergleichen Fälle aber gehören zu den Ausnahmen in allen den republikanischen oder solchen Staaten, deren Fürsten beschränkt sind und von parlamentsähnlichen Constitutionen der Freyheit abhangen, da ists überall Regel, daß bey allem Lerm und Schein von politischer Glückseligkeit zwar viele von dem Zügel der Regierung profitiren, der größte Theil der Unterthanen aber bey dem geringen Tribut an ihren Fürsten der Willkühr einer Menge kleiner Tyrannen unterworfen ist.

Der Großsiegelbewahrer glaubt viel Unglück über ein Land unter einer souverainen Regierung gehäuft zu haben, wo jeder Unterthan ein gebohrner Soldat ist, und er vergißt, daß die ganz freye, nur von ihren eigenen Constitutionen abhangende Schweizer alle Soldaten sind, und daß darinn ihre Stärke besteht. Mehr kann ein Staat gegen fremde Macht wohl nicht befestiget seyn, als wenn alles was streitbar ist, zu den Waffen und zur Vertheidigung des Landes bestimmt ist — und doch wird dahin gesehen, daß nur die zur Fahne gezogen werden, die vom Pfluge abkommen können. Ohne Schwierigkeit folgt auf die Art jeder seinem angebohrnen Ruf, und es bedarf keines gewaltsamen Pressens — keines Streits wer vor den andern hingehen soll, die kriegerische Haufen zu verstärken, das So— der Ordnung und der Natur ruft jeden zu seiner Pflicht, zu deren Erfüllung er von Kindheit an gewöhnt wird, und auf diese Art ist das Land selbst eine geordnete Pflanzschule solcher Soldaten —

die

die kein ander Metier kennen, und als Meister in
ihrem Metier sich und dem Staate Respekt zu verschaffen im Stande sind. In jedem andern Staate,
wo auf kurze Zeit freygedungene Lohnknechte soldatiziren, ohne drauf zu rechnen, länger zu dienen, als
ihre Capitulation dauret, ohne folglich zur Gelegenheit, wo's auf Soldatenmuth ankömmt, sich bestimmt zu halten, sieht man's jedem an seinem zur
Flucht geschaffenen Knie an, daß er nicht besser
Stich halten wird, als die Reichstruppen bey Roßbach — deren Herzhaftigkeit nicht weiter reicht,
als ihr guter Wille — die ihr Gewehr hinwerfen,
um unter herzlicher Anrufung des heiligen Antonius
davon zu laufen.

Wenn Preußens Krieger zur Lust ihre Uebungen machen, so erschüttert unter ihren Füßen die
Erde — ihre Rosse schnauben Muth wie Feuer aus
ihren dampfenden Naßlöchern, und die Reuter sind
Herren ihrer streitgewöhnten Renner — der fremde
Freyheitsträumer sieht anstatt vermeinter Sclaven,
die unter dem Joch des Despotismus wimmern
sollten, unerschrockene Heldenhaufen, die nur den
Wink ihres Anführers erwarten, um den Himmel
oder die Hölle zu stürmen, und der republikanische
eingebildete Halbgott, der auf seinem Mist so helle
kräht — als wenn er's allein wäre, steht da starr
und staunend, sperrts Maul auf, nimmt den Huth
unterm Arm und hat Respekt — anstatt daß —
in den gepriesenen Staaten eingebildeter Freyheit
dumme Knabengesichter unterm Gewehr nicht an-

C 2   ders

ders ausſehen, als wenn der Präceptor die Ruthe
aufhebt, und den furchtſamen Buben züchtigen
will, und der ſchwere Kavalleriſt auf ſeinem Pferde
ſitzt, wie einer der Rhabarbar im Leibe hat, ſich auf
dem Nachtſtuhl krümmt, daß der geringſte preußiſche Grenadier die militairiſche Grimaſſen nicht ohne Lachen anſehen kann.

Nein, gnädigſter Satan und Herr! Wenn dir
Verwirrung und Unordnung — Vermiſchung von
Anarchie und Sclaverey, Weiberey unter den Männern, die bey aller ungeſitteten republifaniſchen
Brutalite doch Männer ſind, und lieber zehn Schurken in die Taſche ſtecken, als Mann gegen Mann
den Degen zu ziehen — wenn dir Entehrung und
Schande feiger Seelen am Herzen liegt; ſo laß die
Souverainite ordnungsvoller männlicher Regierung
nicht weiter einreiſſen — Menſchenglückſeligkeit,
die den ganzen Staatskörper durch ſich ausbreitet,
iſt nirgends auf ſichern Gründen gebauet, als unter
dem ſouverainen Scepter eines groſſen Geiſtes, deſſen Regierung — der Pöbel despotiſch nennt, weil
unter ſo einem Scepter nicht jeder Narr die Erlaubniß hat, ein Despot im kleinen zu ſeyn, der unge-
ſtraft thun kann, was ihm im Sinn kömmt.

Wirf einen Blick auf alle Staaten meines Departements, gnädigſter Fürſt — vergleiche ſie mit
den Staaten der wenigen groſſen Souverains —
die wie die guten allmächtigen Götter herrſchen,
und du wirſt überzeugt werden, daß dein Reich nur
noch

noch) da florirt — wo die Leute prahlen, daß sie
unter keinem Despoten leben, und die Freyheit haben, sich unter einander selbst die Haut über die
Ohren zu ziehen; so viels mit List, Bestechung und
unter dem Schuß eines andern kleinen Tyrannen geschehen kann, ohne Gefahr zu laufen, die Muth er-
fordern dürfte.

Die Justizpflege verdient allerdings unsere
ganze Aufmerksamkeit, und Dank sey's unsern Einflüssen, daß in diesem Fache unser Interesse noch so
ziemlich überall beobachtet wird. Dieses aber ferner zu konserviren, müssen wir der Barbarey in
Gerichtshöfen pflegen — Billigkeit und Menschlichkeit muß verbannt werden, schauerliche Strafen,
wogegen sich die Natur empört, und — Formalitäten, in deren Gewebe der Richter jeden Ausspruch decken kann, sind die wahre Grundfeste unseres Reichs.

Die Erfahrung lehrt es, daß gerade in den
Ländern und Städten, wo die Gesetze selbst gegen
die Menschlichkeit wüten, die Laster und Bosheit am
besten prosperiren. Das Auge gewöhnt sich an alles, und unter dem großen Haufen, welchem zur Warnung die schreckliche Spektakles von den gräulichsten
Martern und Hinrichtungen gegeben werden, sprechen die Leute von Hängen, Rädern und lebendiger Verbrennung mit einer Delize, wie von einem
Dejüne oder sonst von einer Lustbarkeit, die ihnen
der Veränderung wegen gegeben wird. In Eng-

land

land und Frankreich ist das Aufhängen Mode — und man schickt sich in die Landesart — der Delinquent ist mit diesen Scenen nicht neu, und er wundert sich kaum, wenn die Reihe an ihn kömmt; in Holland ist Geißel und Brandmark auf dem Schafsot eine Kleinigkeit; die Rassen nahmen es übel, als Peter der dritte sie um ihre von den Voreltern hergebrachte theure Knute bringen und ihre Bosheiten mit der Spießruthe züchtigen wollte. Auch tragen diese Strafen zur Ausrottung der Laster nichts bey, und vermindern unsere Bösewichter nicht — Etliche tausend Spionen des Polizeylieutenants in Paris, und das wöchentliche Aufknüpfen etlicher Spitzbuben, geben fürs Publikum nicht so viel Sicherheit, als in dem ebenfalls großen und volkreichen Berlin, wo es eine Rarität ist, jemand am Galgen zu sehen, und wo bey alle dem Ausweise der merkwürdigen haudischen und vossischen Zeitung kaum wöchentlich ein bologneser Hündchen gestohlen wird, um in Ermangelung artiger Anekdoten und bey der großen politischen Diskretion einige Zeilen zur Ausfüllung vier — leerer Seiten zu kontribuiren, durch die der Censor denn doch gewiß keinen Strich macht.

Und alle Stricke in London sind bis jezt noch nicht hinreichend gewesen, um die Magazine in Portsmuth für Mordbrenner sicher zu stellen. Es ist ein allgemeiner und durchaus in der Geschichte bewährter Grundsatz, daß die blutigste und grausamste Verfolgung zur Ausbreitung und Wachsthum

thum des verfolgten Objekts am allerkräftigsten beytragen, und das ist auch leicht zu begreifen, weil ungesittete Gesetze immer ein ungesittetes und rohes Volk machen, und weil Menschen, die wie Bestien, und noch ärger wie Bestien, behandelt werden, sich am Ende an ihr Schicksal gewöhnen, und sich noch unter die unvernünftigen Bestien herabwürdigen.

Aus diesem Grunde bleibt Tortur und alles ihr ähnliche, wovor die Menschheit schäudert, eine ganz hübsche Sache. Wir Teufel können an dergleichen Intermezzos immer so unsere kleine Freude haben, und gemeiniglich sitzt einer von uns in der Gestalt eines Richters, Schultheiß oder Drossen dabey, und sieht der Operation so andächtig zu, wie die junge unerfahrne Nonne, wenn sie im Verborgenen die geistlichen Uebungen ihrer Priorin mit ihrem Beichtvater beobachtet, der ihr die Hölle heiß macht, und den unbiegsamen Pfahl des Fleisches so lange ängstiget, bis er zur wahren Demuth und Bußfertigkeit herabsinkt.

Zum Beweiß, daß die ausgedachtesten Grade von Grausamkeit uns immer ein angenehmes Schauspiel verschaffen können, ohne die Werke der Finsterniß und der Bosheit auszurotten, darf ich mich nur auf eine Gegend in meinem Departement berufen, wo dein Name, gnädigster Satan und Herr, hoch geehrt wird, und wo mans auf dem ersten Anblick siehet, daß ich dort eine geraume Zeit

her

her wahre Festivitäten der Hölle gefeyert habe. In einem Winkel von Teutschland, zwischen Braband, Lüttich und Geldern, erwählte ich mir eine Campagne und die Altäre der Justiz rauchten dir zur Ehre von Menschenblut — die zu Boden getretene Natur stöhnte, wenn ich lächelte, und die Erde wird von Weiberhänden gebaut, weil ihre Männer bey tausenden am Galgen kamen, ohne zu wissen wie.

Alte Constitutionen und Plakate geben den dortigen Amtleuten, Drossen, Richtern und Eigenthümern der dortigen Gegend — wo glücklicher Weise edle Freyheit — kein Souverain herrscht, das Recht über Leben und Todt. Ich machte den Priestern der Gerechtigkeit weiß, daß die Einwohner von Herzogenrade und umliegenden Orte sich mit einem von unsern höllischen Geistern in genauer Alliance befänden, und in einer dortigen Capelle einen Commerzientraktat unterzeichnet und beschworen hätten — daß diese Verbündete zum bessern Fortkommen einen Teufel von Bock hätten, um eine desto leichtere Correspondanze zu unterhalten, und die sich vorgesetzte Gemeinschaft der Güter zu bewerkstelligen.

Die dortige Richter wären wohl Narren gewesen, wenn sie für meine geheime Insinuation, wodurch ich ihnen dies alberne Mährchen aufheftete, kein geöffnetes Ohr gehabt hätten. Sie haben das Recht, sich für ihre Mühe und Justizadministration aus dem konfiscirten Vermögen der Hingerichteten

ten zu entschädigen, und jemehr sie den Acker mit
Menschenblut düngen, jemehr verschaffen sie sich
dadurch recht gesegnete Sporteljahre. Zugreifen,
die Ergriffene so lange foltern, bis sie bekannten,
was sie nicht gethan hatten, und bis eine ganz er-
bauliche Beschreibung des Bocks ab Akta konstirte,
auf dem sie ohne Barmherzigkeit geritten haben sollten, und — Aufhängen war in dortigen Gegenden das Geschäfte vieler Jahre. Die Richter daselbst pflegen lange an Tafel zu sitzen, so lange hin-
gen die Opfer der Gerechtigkeit, mit auf dem Rücken gebundenen Händen in die Höhe gezogen, einen Mühlstein am grossen Zehen, in einer so unan-
genehmen Attitüde, daß, ehe der Richter mit dem
Dessert fertig war, und kaum seinen Durst gelöschet
hatte, der Gemarterte nach reiflicher Ueberlegung
schon den Entschluß gefaßt hatte, lieber beym Halse
sich hängen zu lassen, als solchergestalt mit verdreh-
ten Armen und mit so viel Gewicht des inquirirten
Steins am Zehen noch eine Richtermahlzeit lang zu
hängen, ohne einmal zappeln zu können.

Die Inquisitionsakten sind merkwürdig, und
verdienen in unserm Archiv eine der ersten Stellen.

In Frankreich glückte uns das Stückchen mit
Calaß. Was für ein Lerm ward nicht darüber erhoben — selbst Voltaire nahms übel und wollte
uns die kleine Freude nicht gönnen, diesen Einfluß
auf die dortige Parlamente gehabt zu haben —
Wir müssens Teutschland zum Ruhme nachsagen,

C 5

daß es noch hier und da seine Kinder aus Possen
schlachtet, ohne daß ein Patriot bisher ein Wort
drüber gesagt, oder sich drum bekümmert hätte. —
Einen Exkulpator ausgenommen, der so ein Blät-
chen deshalb fliegen ließ, davor aber auch eine Zeitlang zum Teufel geschickt wurde.

Dies Exempelchen beweißt immer, daß die
Justiz nach unsern Grundsätzen in teutschen freyen
Herrlichkeiten und kleinen Staaten noch ziemlich
gut bestellt ist — besser wenigstens als in großen
souverainen Staaten, wo der Monarch die Richter
selbst zum Henker jagen würde, die ihm so viel Unterthanen wollten henken lassen, denen man weiter
nichts zur Last legen könnte, als daß sie — auf einem Bock durch die Luft geritten hätten.

Ueberhaupt müssen wir uns hüten, in der Ju-
stizverfassung keine Neuerung entstehen zu lassen;
sie ist uns selbst noch da ersprießlich, wo der Souverain mit Strenge auf Recht und Gerechtigkeit gehalten wissen will, das Manövre aber in allen seinen Krümmungen nicht so leicht durchschauen kann,
wie seine Armee — weil Geist und gesunde Vernunft allein nicht hinreicht, mit Rabulisten, die
noch ärger sind als der Teufel, fertig zu werden.
So lange noch gute Gesetzbücher fehlen, die allein
gültig sind, und Recht und Unrecht so deutlich bestimmen, daß auch der blos vernünftige Mann
darnach urtheilen kann, ohne alles zu wissen, was
seit der ersten Entstehung gesetzgebender Staaten
die

die Rechtslehrer bunter untereinander drüber gesagt haben — und so lange noch Menschen auf Richter-stühlen sitzen, die Fleisch und Blut haben, so lange werden wir noch immer ein Votum mit in den ge-richtlichen Seßionen haben.

Allenfalls mögen wir auf Carmern immer ein wachsames Auge haben. Er hat schlimme Absich-ten gegen uns, und legts ganz ernstlich darauf an, einige von unsern Schlupfwinkeln, worinn wir uns bisher mit unsern Operationen wohl befunden ha-ben, zu zerstöhren und uns — zu kaßiren. Noch indessen beschäftigt er sich blos mit der Aussenseite und mit der Methode des rechtlichen Verfahrens. — Auch in diesen Aussenwerken haben wir unser In-teresse, so leicht dürsten sie nicht demontirt werden, so lange noch Besatzung drinnen liegt, die bereit ist, die Carmersche Attake mit Kartetschen zu empfan-gen — hauptsächlich aber liegt unsere Stärke in dem Hauptwerke — in der Menge ungeordneter Gesetze und widersprechender Commentaristen — und da diese ohne bestimmte Zeit zum Theil ver-pachtet sind, so möchte vor der Hand eine Ammelio-ration und Hauptreforme nicht so leicht zu befürch-ten stehen.

Der Großsiegelbewahrer weiß sich übrigens viel damit, daß eine gewisse galante Erfindung, die deine Majestät ohne Beyhülfe deiner Durchlauch-tigen Gemahlin hervorgebracht hat, in großen sou-verainen Staaten mehr hohe Protektion fände,

als

als in meinem Departement, wo man mit Feuer und Schwerdt hinter drein ist.

Ich habe schon angeführt, daß Verfolgung nicht das Mittel ist, eine Sache auszurotten, wohl aber sie zu befördern. Meine getreue Holländer sind freylich sehr eifrig, auf Anreißung ihrer Priester alle die zu verbrennen, die den altgriechischen Geschmack des weisen Sokrates anfangen, der durch seine Xantippe dahin gebracht wurde, daß er gar nichts mehr mit Weibern zu schaffen haben wollte, und nur Trost — bey Jünglingen suchte. Aber die Verfolgung macht, daß sich diese Sekte nur desto fester verbindet, und um nicht verrathen zu werden, und in die Hände der Justiz zu fallen, haben sie eine unzerstöhrbare Maçonnerie gestiftet, und die so aus dem Lande ins benachbarte Preußische flüchten müssen, werden von den Brüdern aus der gemeinschaftlichen Casse treulich unterhalten. Dies Band der Geselligkeit würde zerreissen, und der brüderliche Eifer würde verlöschen, wenn die drohende Justiz ihn nicht nährte — und nothwendig machte. Ich selbst bin des unmaßgeblichen Dafürhaltens, daß diese unnatürliche Uebungen eine Zierde unseres Reichs sind, und alle unsere Vorsorge und Pflege verdienen; aber Toleranz ist gerade das Mittel, eine Narrheit auszurotten. Selbst der Jude, wenn er nicht blos geduldet, sondern selbst christlich behandelt wird, hört auf ein Jude zu seyn, und setzt sich nieder in Gesellschaft, mit von einem westphälischen Schinken zu essen. Aus diesem Grunde kann

kann man dem sokratischen Geschmack da — wo er
in großen Staaten toleriret und kaum bemerkt wird,
das Prognostikon stellen, daß sein jüngster Tag nahe sey — so wie diese Gallerie aufhören wird, sobald kein Narr mehr darauf schimpfen, und niemand mehr darüber schreyen wird; so lang die Leute
von Stande ihre Pudenda versteckt wissen wollen,
will sie jederman sehen; sobald sie solche Preiß geben und selbst zur Schau ausstellen, und mit drüber lachen und plaisantiren, wird man der Dinger
gewohnt und frägt nichts mehr darnach. Es geht
damit, wie mit den Gorgen der Damen. Wenn
sie eingeschleiert sind, so segnet man den Zephir,
der eine kleine Oefnung macht, wo sich die lüsterne
Blicke hineinstehlen können. — Wenn sie aber
an Courtagen, und wenn alles en Robe ist, so ganz
klar vor Augen da liegen; so sieht man sich des
Zeuges müde. — Es muß eine Provinzialstadt
seyn, wo drüber kontrovertirt wird, und gelehrte
Deduktionen über so ein frivoles Sujet und dessen
wahrer oder erkünstelter Elastizite erwartet, oder
angekündiget werden.

So lange das schöne Geschlecht dem männlichen das Leben sauer machte, ehe es sich seine Rei-
ßungen — nur mit Mühe stehlen ließ; so lange
wurde kein schöner Junge geachtet. Nachdem in
grossen Orten die lieben Damens so freygebig wurden, daß sie den Männern auf dem halben Weg
entgegen kamen, oder sie gar einluden — und sie
nöthigten herein zu kommen (compelle intrare)

dazu

daju noch Geschenke gaben, die nicht einem jeden angenehm sind! so fing die Hiße der Männer an nachzulassen — der Durst vergeht einem ehrlichen Kerl, wenn er bis über die Ohren im Wasser liegt, daß ihm der Athem vergeht — er sehnt sich nachm trocknen, und die moderne Sokraten machten Soti= fen aus Ueberdruß, aus Solide — und der Ver= änderung wegen.

Sollten die Damen ja wieder allgemein anfan= gen, ihren Werth zu fühlen, und ohne Affektation sich zu kostbar halten, jedem Debausche in die Ar= me zu laufen, so wird der Durst nach ihnen wieder rege werden, der neue Sokratismus ein Ende neh= men, und Feuer und Schwerdt würde ihn nicht fort= pflanzen, eben so wenig, als gegenwärtig ausrot= ten, wo er einmal wie ein geheimer fressender Krebsschaden wüthet, und eingewurzelt ist. Alle übertriebene Strenge hat immer einen ge= genseitigen Effekt.

Ich habs hinlänglich bewiesen, daß die ganze Wirthschaft in souverainen Regierungsformen für uns Teufel gar nichts taugt — Wenn wir die aus= nehmen, wo der Souverain bis an sein Ende nichts that, als beten — ein anderer vom Morgen bis am Abend auf der Jagd ist, und der dritte bey sei= ner Maitresse die Zeit mit Buhlen und sich selbst den Caffee zu kochen zubringt, wo Priester, Favo= riten und Cammerdiener mit ihrem ganzen Anhang die Länge herunter regieren — diese ausgenommen, wohnt

wohnt Freyheit, Glückseligkeit und Dauer des oft
unerkannten wahren Staatenglücks unter einem
Scepter, der nach den Gesetzen einer weisen Tole-
ranzfreyheit des Geistes verstattet — Staatsvermö-
gen und Macht allein dirigiret, und nicht von der
Gnade der Stände abhängt, die Justiz keine Tyrannen seyn darf, und die, welche sie führen, selbst
zittern müssen — dergleichen Regierung ausbrei-
ten, hieße unser Reich zerstöhren. Wir haben die
äusserste Wachsamkeit nöthig, um zu verhindern,
daß die Barbarey unter dem Titel von republikanischer Freyheit, und Prärogativen der Stände, in
kleinen Staaten nicht geschmälert werde. Der
Reichsfiskal schläft und macht keine Einwendungen,
daß den Reichsconstitutionen zuwider, die Fürsten ihre Truppen, welche zur Erhaltung der innern Ruhe ihrer Länder und zum Dienst des H. R.
Reichs ihnen zu halten vergönnt sind, nach Amerika hin verkauft haben — Aber Teutschlands
Schutzgeist wacht und klagt über die Entvölkerung
dieses großen und wichtigen Reichs — was vor
diesem durch Anziehung und gastfreye Aufnahme
fremder, aus ihrem Vaterlande vertriebener Emi-
granten blühend wurde, und jetzt seine Kinder nicht
anders als pohlnische Ochsen, heerdenweiß vor ein
Stück Geld abliefert — was kaum hinreicht, die
Carnevalslustbarkeiten eines einzigen Winters zu
bestreiten — Er klagt, der uns widrige Schutzgeist
der teutschen Nation zu den Füßen Friedrichs und
Josephs, welche beyde — auch Truppen brauchen, und bisher so gütig gewesen sind, diese Waare,
über

über welche beyde das Stapelrecht exerciren könnten,
paßiren zu laſſen, ohne einmal einen proportionir-
ten Zoll für jeden Mann und für seine ganze Nachkommenschaft zu fordern — der teutsche Patriot
sieht mit Unwillen auf diesen Commerzienerzeß, den
die Menschheit schon in den wilden Bewohnern des
Cap de bonne Esperance verdammt, und noch weniger an Fürsten gesitteter Nationen billigen kann —
und selbst der geringste Pöbel, in dem ein teutsches
Herz schlägt, der doch so ziemlich zu barbarischen
Ueberresten in sein Vaterland gewöhnt ist, murrt —
beym Anblick der nach einer fremden Hemisphäre
verhandelten Truppentransporte.

Ein teutscher Prinz hatte mit Ausgang des vorigen Winters seine unwillige Truppen in eigner
hoher Person auf die englische Schiffe geliefert.
Er kehrte incognito durchs Holländisch-gelbrische zurück und zerbrach auf der Rückreise seine Chaise.
Eben ging der Bruder eines bekannten empfindsamen Reisenden, der sich durch Sommer- und Win-
terreisen, durch Frost und ängstliche Wärme empfohlen hat, nach Holland, und elektrisirte vermuthlich den vor sich habenden Postillion zu empfindsamen Gefühlen — dieser empfindsam gemachte Postillion kam an die Stelle, wo die Chaise des Prinzen zerbrochen lag und ausgebessert wurde. Er
warb angerufen, hülfliche Hand zu leisten, aber er
fuhr fürbaß. Warum willst du nicht helfen, sagte
der empfindsame Herr in der Chaise, sahst du denn
nicht, daß es der Prinz von .... war? „Ja wohl
kannte

kannte ich ihn, sagte der noch empfindsamere Postillion mit einem teutschen Unwillen; aber ich
wollte dem Seelenverkäufer nicht helfen.

So murmelt laut die Stimme des Patrioten
schon in den geringsten Söhnen Teutschlands, und
man hält dafür, daß ein ruhmwürdiger preußischer
General, auf Befehl seines Herrn, die Canonen
mit eben so viel Ruhm an den Ufern des Rheins
aufführen ließ, um teutschen Truppen den Rückweg
nach ihrem Vaterlande zu weisen, als damals, da
er sich in dem unhaltbaren Wittenberg unsterblich
machte. Damals kommandirte er zur Ehre mili-
tairischen Heldenmuths — jetzt kommandirte er zur
Ehre der Menschheit als Patriot eines patriotischen
Königs — der hier als ein guter Vater seinen
teutschen Kindern gebot: Bleibet im Lande und
nähret euch redlich.

Ich fürchte, daß Teutschlands Schutzgeist nicht
lange vergeblich flehen wird, nicht vergeblich bey
diesem Monarchen, dem gebohrnen Vormund aller
derer, die üble Haushälter mit teutschem Blute
sind.

Aus alle dem aber folgt, daß alles was Teufel
ist, sich nicht genung der Ausbreitung der glücklich
machenden souverainen Gewalt widersetzen kann —
helfen wirds nicht viel, wenn wir gegen Mächtigere
als wir arme Teufel sind, protestiren — aber wenigstens müssen wir bitten, daß solche unser Reich)

Fünftes Stück. D unter-

untergrabende Geſetze nicht einregiſtrirt werden, als
welches ich deiner Majeſtät im Namen deiner getreuen Stände und Parlamente mit tiefſter Unter-
würfigkeit habe zu bedenken geben ſollen.

Der Generaladvokat ſchwieg, und der Großſiegelbewahrer näherte ſich dem Thron, um Satans
Befehle zu empfangen. Der Herr des Blocksberges hatte, während der Generaladvokat ſprach, ſeiner Gewohnheit nach geſchlafen — und nickte.
Der Großſiegelbewahrer erhub ſich wieder an ſeinen
Platz und ſprach: Sr. Majeſtät wollen, daß die
vorher publizirten Geſetze, alles Einredens ungeachtet, ſollen einregiſtrirt werden — die Teufel
beugten ſich — ſchwiegen und unterzeichneten, um
nicht ins Exilium, oder irgend auf eine Feſtung
verwieſen zu werden, und das muſte man zugeben,
daß es mit allen Formalitäten dieſes lit de Juſtice
ſeine völlige Richtigkeit hatte.

Sechſtes Gemählde.

Hofgalla vor dem Soupee
und
Politiſche Kannengießerzunft auf dem Blocksberge.

Nach geendigtem lit de Juſtice ging die Verſamm-
lung auseinander. Satan mit ſeiner Familie ar-
rangirten vor dem Soupee Spielparthien. Davon
iſt eben ſo wenig merkwürdiges zu ſagen, als von
den Spielparthien in der übrigen großen und ſchönen Welt. Die Sünde, als die Monarchin des
Blocksbergs, zog die vornehmſten Teufel an ihren
Tiſch, und ſpielte Tai — weil ſie in dieſem lum-
pichten Spiel am meiſten gewinnen konnte. Dieſe
Herren fanden ſich durch dieſen Vorzug geehrt, aber
weil Madame Sünde ſchon alt war, ſo war ihnen
im Herzen doch ſo viel nicht daran gelegen, und
denn durften ſie aus Reſpekt auch nichts ſagen,
wenn ihre Gebieterin nicht gar zu ehrlich ſpielte.
Satan ging am Farotiſch und pointirte, weil er nach
der heutigen Mode vollkommen Greck war; ſo
ſprengte er einmal die Bank, aber unglücklicher
Weiſe hatte ihm ſein Kammerdiener eine Maitreſſe

D 2   vom

vom Pont neuf aufgelesen, welche die Gabe hatte,
ihn so stark zu beseelen, daß er in ihren Armen seine
erste Jugendkraft wieder zu finden glaubte, und
aus so triftigen Gründen alles über ihn vermochte,
und für sich und für ihre ganze Familie völlige Disposition über seine Casse hatte. Ihr Bruder war
durch die Zauberkraft ihres Talismanns, durch welchen sie ihren alten Geliebten am Leibe jung und am
Verstande zum Kinde machte, ein so habiler Marquis geworden, der in kurzer Zeit fürstlich ver-
schwenden konnte — er spielte Quinze und verlohr
seinem Durchlauchtigen Herrn Schwager etliche
Millionen, und ging so kahl vom Spieltisch, als
wenn er eben aus dem Bade gekommen wäre.
Das muß auf die Nachwelt gebracht werden, dachte
ich, und notirt's in meiner Schreibtafel, wenn das
so fort geht, so werden Sr. Majestät bald banquerot werden.

Alle Uebrigen, welche die Wisth-Tarok-Ma-
nille-L'hombre und Quatrilleparthien formirten,
vertheilten sich dergestalt, daß jeder Galan mit seiner Maitresse zusammen kam, und allen ehrbaren
Damen, welche zu erobern sich leider kein Teufel
Mühe gegeben hatte, wurden die Hahnreis zuge-
fügt, die sonst bey keinem Spieltisch untergebracht
werden konnten. Sr. Excellenz, der geheime Cabinetsminister, der den Geist der Intrigue, alle
die geheimnißvolle Mienen nachzumachen wuste,
die er wahrhaftig nothwendig hatte, um der übrigen Gesellschaft das Geheimnisleere in seinem Kopf
zu

zu verbergen, machte die Honneurs, präsentirte die
Karten, und sagte einer jeden Dame eine so witzige
Sottise ins Ohr, daß sie alle nach der Reihe hätten
roth werden müssen, wenn das Rothwerden auf
dem Brocken noch dû bon ton gewesen wäre. Ein
paar Teufel von den Hofcavalieren liefen herum und
konnten keine Parthie bekommen. Die Damen
wichen ihnen überall aus, und man gab diesen Herren Schuld, daß sie immer ohne Geld spielten, und
nicht bezahlten was sie verlöhren, aber man that
ihnen Unrecht, denn sie hatten in frühern Jahren
schon den Verlust für ihr ganzes Leben zusammenge-
rechnet und pränumerando bezahlt, daß es nothwendig Zeit war, sie nach gerade entweder wieder
gewinnen oder doch wenigstens umsonst mit spielen
zu lassen. Sonst konnte man in denen Phisiono-
mien aller gewinnenden und verliehrenden Parthien
so ziemlich die häusliche Verfassungen und den Cal-
cül lesen, die sie en consequence machten. Ein
Oberster der Teufel spielte mit einem andern von
seinen Cameraden im Schachbret, und da er eben
ein Haus bauete, wozu ihm der andere die Ziegel-
steine bezahlen sollte; so warf er bey jedem bedenk-
lichen Zug, den er thun wollte, den Kopf in die
Höhe, sah zum Fenster auf das nächstüberstehende
Dach und zählte, auf wie viel Ziegel es gerade bey
diesem Zuge ankäme. Es gab auch empfindsame
Herren und Damens unter den Teufeln, welche
Tete a Tete Piquet spielten. Die Damen, welche
von sehr schmachtender und viel verlangender Natur
waren, wünschten sich in jedem Spiel wenigstens

D 3

eine

eine Septe — die Herren aber mit dem besten
Willen von der Welt meynten, daß ein ehrlicher
Mann schon mit einer Terzie oder Quarte zufrieden
seyn könnte. Einige hatten ihren ordentlichen Etat
gemacht, wie viel sie von einer Walpurgisnacht zur
andern gewinnen müßten, und die Furcht, diesen
Etat nicht zu erreichen, preßte manchen Thränen
aus den Augen, daß es einem Stein hätte erbarmen mögen. Ich brauch euch das übrigens nicht
umständlicher zu erzählen; es ist genung, wenn ich's
verewige, damit unsere Nachkommen einst sehen,
wie es bey den Spielparthien in diesem Jahrhundert auf dem Blocksberge herging. Bey einigen
Tischen ward weniger aufs Spiel als auf sich selbst
gedacht, um seine Figur ins vortheilhafteste Licht
zu setzen. Madame la Minodiere erhob immer ihren kleinen allerliebsten Finger mit einer Bogen-
wendung voll Graze über die andern in die Höhe,
um den schönen Brilland desto vortheilhafter spielen
zu lassen, den sie sich von einem durchreisenden Dük
ohne sonderliche Mühe verdient, und dem sie ihrer
Seits aus Erkenntlichkeit auch ein Andenken an
seinen Finger verehrt hatte, wobey er sich nach seiner Abreise mit schmerzlicher Wehmuth ihrer Reizungen erinnern konnte, und sich, um seines Leids
ein Ende zu machen, zuletzt an einen Arzt wenden
muste, um ihn von diesem empfindlichen Andenken
zu heilen. Ein Cammerherr am Farotisch hatte
den Rest seiner Louisd'or auf eine Karte gesetzt,
und machte trent ün leva. Dieser Coup durfte
ihm nicht fehlschlagen, wenn der Teufel von Landreuter,

reuter, der mit der größten Gemüthsruhe vor dem
Saal auf-und abging, und auch auf den Abzug
dieser merkwürdigen entscheidenden Karte wartete,
ihn nicht in Empfang nehmen und gerade in die
Bastille führen sollte. In dem Gesichte des Cam-
merherrn war das alles, das trent ün leva, der
Landreuter, die Bastille so lebhaft abgemahlt, daß
man nicht nöthig hatte, die Originale erst aufzusu-
chen, um sich mit ihnen bekannt zu machen. Die
Karte schlug fehl, der Cammerherr ging aus dem
Saal und suchte einen Bedienten, um ein Glas
Wasser zu fordern. Ich werde Ew. Gnaden bedienen, sagte der Landreuter, führte ihn in die Bastille, und präsentirte ein Glas Wasser, aber der
Cammerherr wünschte es zum Teufel. Belieben
Sie herzugeben, sagte der Landreuter. Einer von
den auswärtigen Ministers nahm Rappe aus einer
Tabatiere von Semilor und seufzte, weil der Jude
seine goldene mit dem schönen brillanten Beck zur
Geissel mitgenommen hatte, bis die Contribution,
worüber sie im Kriege mit den Finanzien des Gesandten einig geworden waren, berichtiget seyn
würde. Er setzte einen doppelten Luisd'or auf den
Buben, um bey der Bank um eine milde Bey-
steuer für einen gefangenen Christen unter den Hei-
den zu bitten, aber der Banquier war selbst ein
heidnischer Teufel, und nahm dem Buben den doppelten Luisd'or ab. Der Gesandte spielte mit seiner Tabatiere von Semilor, und wünschte sich ein
Goldmacher zu seyn, aber das sind die Gesandten
niemals, dachte er. Der Hofmarschall hatte sich

D 4   zur

zur Walpurgisfeyer die Interessen, welche sein Gut
in 1779 aufbringen würde, auf sein Kleid sticken
lassen, und nicht soviel übrig behalten, die Reise zu
machen. Ich wünschte, daß ich auf dem Blocksberge wäre, sagte er. Eine alte Hexe nahm ihn
mit, und jetzt stand er neben dem Gesandten, und
verlohr die Interesse seines Stammguts, worinn
er keinen Stamm mehr hatte, die es im Jahr 1780
auswerfen würde, Dies geschah im Jahr 1776
des Fersenstiches, an dessen jährlichen Feyer ein
grosser Buß- und Bettag auf dem Brocken gehalten wurde, an welchem Satan gemeiniglich Kopf-
wehe zu haben pflegte.

Während die hohen Herrschaften im Staats-
saal ihre Spielparthien machten, begaben sich die
Amtleute, Beysassen, Sekretairs und staatsklugen
Teufel, welche eigentlich die Dienste thaten, wozu
ihre Superioren die Namen hergaben, und Ruhm
und Belohnung davor zogen, alle diese, welche den
vornehmen Dummköpfen ihren Verstand und
ihre Talente borgen, die im Reich der Welt die
Eselsarbeit verrichten, und Spreu davor zu fressen
bekommen, wenn die zur Parade gefütterte Gaule
sich mit Hafer mästen, und auf der Manege des
Staats die Courbetten machen, wenn Satan seine
Reitübungen vornimmt — und nach der Methode
der vornehmern müssigen Gaule auf sich als last-
bare Thiere mit Verachtung müssen herabsehen
lassen, die den größern den Hafer gewinnen und
zutragen — wie gesagt, diese geschäftsfähige sub-
orbi-

ordinirte Teufel begaben sich draussen in die Mar-
quetenterzelte, welche überall, wo Satan sein Hoflager hält, von etlichen alten Hexen aufgeschlagen
werden, welche Wein, Schoccolade, Caffee, Thee,
und für die geringere Teufel, Tobak, Bier, und
dergleichen feil haben, und in diesen Zelten versammleten sie sich, und während daß die Hofleute
und höhere Staatsbedienten spielten, ward hier
philosophirt und politisirt, das Interesse von Europa
abgewogen, Krieg und Frieden gemacht, und so
keck und frey raisonnirt, wie auf einem Caffeehause
in London.

Hast' die cöllnische Zeitung gelesen, Herr Bruder, fragte der Sekretair eines Bassen? Mitunter
antwortete eine sehr politische Figur von Teufel,
wenn's mir einmal nicht drauf ankömmt Evangelia
zu lesen, der Kerl lügt wie der Teufel, aber vor die
Cöllner ist's gut genug. Wenn dort die Weiber
hren Männern ein paar Kopfstücke geben, und sie
aus dem Hause jagen und sich während der Zeit Trost
von ihren Beichtvätern einflössen lassen; so müssen
sie doch etwas thun, und bey einem Schoppen Mo-
seler oder Hochheimer ist's ihnen gleich viel, was sie
lesen und worüber sie schwadroniren, wenn nur kein
Verstand drinn ist; denn der wird aus den dortigen
Buchläden immer herausvisitirt, und die Censur
hat drauf geschworen, ihn nicht zu statuiren.

Sind die Cöllner so fromm?

D 5   „Das

Das kannst du glauben — Geistlicharm sind sie, damit ihnen das Himmelreich nicht entwischen soll.

Sind sie auch keusch?

Das versteht sich, ihre zahlreiche und ramassirte Geistlichkeit thut fast nichts anders, als die Unkeuschheit der Weiber in Ordnung zu bringen. Und der Magistrat läßt dann und wann zu öffentlicher Erbauung eine Therese Philosophe, und Don B. verbrennen.

Also giebts wohl keine Don B.... in Cölln?

In Natura heerdenweiß, aber nicht in Copia. Weil dort der Stapel und ein Monopolium ist, worüber sie privilegirt sind; so wird nur kein französischer Don B.... in Effigie gelitten, das läuft widers Stapelrecht.

Wer exerzirt das Stapelrecht?

Eigentlich habens die Pfaffen, wenn aber ein anderer in ihre Gerechtsame greift, und drüber ertappt wird, so giebt er eine kleine Abgabe an das löbliche Gewaltgericht, und dessen in Activität stehenden Gewaltgerichtschreiber, und denn ists gut.

Was ist, und aus was besteht dieses Gewaltgericht?

Das sogenannte Gewaltgericht besteht aus zwey Mitgliedern des Stadtmagistrats, welche alle Jahr neu erwählt werden; einem Gerichtschreiber und

und zwey Haschiers oder Unterbedienten, die braun
gekleidet sind, Hirschfänger an der Seite tragen,
und in einem mit falschem Silber bordirten Hute
täglich paradiren.

Wie weit erstreckt sich die Gewalt dieses Ge.
richtshofes?

Ueber alles. Er ist independent, uneinge-
schränkt, und kann mit nichts besser, als mit der
Gewalt eines französischen Großprofos verglichen
werden; der, wie man weiß, sein Urtheil fällt, und
dem von niemand widersprochen wird. Gleich diesem, läßt es auch die kleine Diebe, als z. B. Erd-
äpfel - Gemüß - und dergleichen Diebe hängen; mit
den vornehmen Dieben aber steckt es unter der Decke, und macht Motie mit ihnen. Die Hälfte des
gestohlnen Guts gehört de facto dem Gewaltgericht
eigen; von der andern Hälfte bekömmt es wieder
einen Theil für Gerichtsunkosten, und mit dem
übrigen läßt es den schlauen Dieb in die weite Welt
laufen.

Ist es activ?

Erstaunlich! bey Tag und auch bey Nacht —
immer beschäftigt — spekulirend, ob nicht hier oder
da ein Vogel sich sehen läßt, den man die Federn
ausrupfen kann, ohne daß der Vogel davon stirbt.
Findt sich hier oder da ein Fremder in einem
Wirthshaus einlogirt, ohne daß man eigentlich
erfahren kann, wer er ist, so ist dies genug, die
Neu-

Neugierde des Gewaltgerichts zu reitzen. Es läßt
dem Fremden aller Orten hin, wo er nur gehet und
stehet, heimlich nachgehen, und wenn es erfahren,
daß der Fremde Geld oder Geldeswerth bey sich
hat, ein solcher aber weder Gelegenheit giebt, noch
Gelegenheit sucht, mit dem Gewaltgericht oder
stadtcöllnischen Großprofosen bekannt zu werden, so
wird er wenigstens einmal bey einem Mädchen angetroffen, das gemeiniglich, wie noch viele andere,
von dem Gewaltgericht erkauft ist, geistliche und
weltliche Herren an sich zu locken, und sich mit ihnen lustig zu machen! für dieses Antreffen müssen
die Weltlichen einmal für allemal einfache Jura bezahlen, die Geistlichen aber, aus Furcht dem geistlichen Gericht übergeben zu werden, bezahlen gerne
doppelt, und öfters dreymal mehr; den Mädchen aber wird vor wie nach alle Freyheit und Ex-
cesse gestattet, um durch sie die beständige Gelegenheit zu haben, fischen zu können. Der Gelegenheiten sind in Kölln sehr viele, durch welche das
Gewaltgericht autorisirt wird, jemand an Leib und
Gut zu kommen. Kein Stand ist ihnen weder zu
vornehm noch zu heilig, daß sie sich nicht getrauen
sollten, ihre Hände an denselbigen zu legen. Sogenannte Suspekte oder Personen, die nicht jedermann kennt, Diebe, Mörder, Kirchenräuber,
falsche Spieler, Schwarzkünstler, Teufelsbanner,
Schatzgräber, Hexen und Unholden, Huren und
Ehebrecher, Sodomiter, geistlich oder weltlichen
Standes sind Leute, an deren Leib und Gut sie die
gerechtesten Ansprüche machen.

Aber,

Aber, da das Gewaltgericht alle Jahre mit neuen Gliedern besetzt wird, Herr Bruder! wie ist es möglich, daß es einmal wie das andere, das neue wie das alte, immer gleich ungerecht handelt?

Das kömmt daher, daß der Gerichtsschreiber und die zwey Unterbedienten oder Haschiers ihre Charge lebenslänglich behalten, und zwar deswegen lebenslänglich behalten, damit sie die alle Jahre neu in das Amt tretende Gewaltsherren bey ihrer Amtsantretung der alten Ordnung gemäß, pflichtschuldigst instruiren, und in die Fußtapfen ihrer sehr würdigen Herrn Vorfahren einleiten können.

Auf solche Art müssen bisweilen recht artige Stückgens vorfallen?

O, ja!

Laß einmal hören?

Erstens will ich von der Billigkeit und Gerechtigkeit der Gewaltsherren reden. Im Falle, daß jemand das Glück hat, in die Hände der Gewaltsherren zu fallen, dabey aber so unglücklich ist, wenig oder gar kein Geld bey sich zu haben, so können brillantene Ringe, goldene Sackuhren, und mehr dergleichen Kleinigkeiten, aus aller Verlegenheit helfen, und für baares Geld im Werth angebracht werden; reichen diese aber nicht zu, und ist der Unglückliche bekannt, so lassen sie ihn gegen eine schriftliche Verbindung auf Sicht gestellt, worinn

eine

eine gewiſſe Summe beſtimmt iſt, frey und loß;
wer aber nicht bezahlen kann, bleibt gefangen ſißen,
und der Prozeß geht ſeinen Gang.

Die geiſtlichen Herren werden beſonders bey
ſolchen Vorfallenheiten allemal rein ausgeplündert;
überdies, müſſen ſie noch eine Verbindung auf
Sicht von ſich geben, und mit einem ſtattlichen
Präſent obendrein die Gerechtigkeit ſchweigen lehren, damit der geiſtliche Herr nicht noch beſonders
von dem geiſtlichen Gericht angefochten und wegen ungeiſtlichem Leben geſtraft wird, wie denn
noch gar nicht lange einige geiſtliche Herren aus
Cölln ſolche Erfahrung bezeugen können. —

Werden wegen entwichenen Fremden Steck-
briefe nachgeſchickt, und ſind die entwichene Perſo-
nen in Cölln befindlich, ſo werden ſie zwar von dem
Gewaltgericht gefänglich eingezogen; ſie wenden
aber alle mögliche Mittel an, um ſolchen verrufenen
Fremden von dem ihm angedichteten Verbrechen
loszuwürken, und eine freye Ausflucht zu verſchaffen, wenn er einen vollen Koffer, baar Geld, oder
gute Wechſel bey ſich hat. Niemand iſt ihnen angenehmer als die Italiäner, Franzoſen, Engländer. Erſt kurz hat es ein ſolcher erfahren, wie
bereitwillig und freundſchaftlich ihm das Gewaltgericht gedienet hat, welcher bereits in gefänglicher
Haft geſeſſen und ſich vermittelſt ſeiner Pretioſen
und beſonders vieler goldener Uhren, die er an die
ſämtlichen gewaltrichterlichen Familien geſchenket
hat,

hat, von welchem Vorfall jedes Kind in Cölln sprechen kann, seine Befreyung und Loslassung aus- gewürket hat.

Vermittelst einer großen Summe Geldes ver- schaffte sich vor einigen Jahren ein aus dem Lüttich- schen gebürtiger Kirchenräuber, der am heiligen Stephanstag in der Jesuiterkirche verschiedene sil- berne Armleuchter noch bey Tag in der Kirche aus- schraubte, und von den Meßgewanden die goldene Borten abtrennte, während daß er einen Bruder des Ordens nach einem Pater gehen hieß, dem er beichten wollte, die Freiheit. Ueberdies, da der Dieb ein junger ansehnlicher Mensch war, wußte es das Gewaltgericht abermals so zu leiten, daß er den kayserlichen Werbern beym Ausgang des Ge- fängnisses überliefert und für eine abermalige Summe verkauft wurde.

Besonders ist noch anzurathen, daß man sich mit dem zeitlichen Herrn Gewaltgerichtsschreiber H. besonders wohl verständlich einläßt, damit er bey einem zuhaltenden Protocoll nur den halben Theil desjenigen, was gesagt wird, anschreibt, oder wenn man zu ungeschickt ist, die verdorbene Sache auf einen guten Fuß einzuleiten, man sich seiner Führung überläßt, und das für bekannt an- nimmt, was er zu Gunsten als ein erbetener Freund schreibt und dictirt.

Ob das Gewaltgericht Ansehen habe? das kann man aus alle dem bereits Erzählten sehr leicht ab- nehmen.

nehmen. Selbst der ganze Magistrat zittert vor
diesem Gericht. Da findt keine Appellation statt.
Bey niemand kann man sich wegen von dem Gewaltgericht zugefügten Unrecht beklagen. Ein noch
in Cölln auf einem der ansehnlichsten Comtoirs
befindlich, aus F. gebürtiger Mensch glaubte, ohnlängst von dem Gewaltgericht unrechtmäßiger Weise, wegen einem Mädchen, das ihn unter der Zahl
ihrer Liebhaber angabe, die gewohnt waren bey ihr
Aufwartung zu machen, zu hart gestraft zu werden; er appellirte an den Magistrat; dieser ließ
ihm stille, wohlweislich zu verstehen geben; er möchte
sich mit dem Gewaltgericht auf die beste thunliche
Weise abfinden und schweigen, weil sie etwas gegen
die Handlungen der Gewaltsherren einzuwenden das
Recht nicht hätten. Der junge Mensch that es,
und accordirte mit der Gerechtigkeit gegen ein billiges Geld.

So accordirte auch der in der Strasburger
Gasse wohnende Protestant mit dem Gewaltgericht,
in Betreff der à 100 Goldgulden dictirten Strafe,
daß er das Glück gehabt hatte, just zu der Zeit, da
seine Ehefrau von einem Kinde entbunden wurde,
den Prediger von Frechen in seinem Hause zu haben, und ihn deswegen ansprach, sein neugebohr-
nes Kind in der Stille, in seinem Hause zu taufen.
Man sieht also hieraus, daß das Gewaltgericht in
Cölln über die Taufe Christi zu befehlen hat, und
solche ex gratia und der Erlegung von 100 Goldgulden den Protestanten erlaubet. Wer sich in
der

der Stille mit dem Gewaltgericht abfindet, aber
nicht puncto des Termins die Bezahlung leistet, er
fährt, was ohnlängst dem Herrn J. widerfahren,
welchem der gewaltrichterliche Executionskarre alle
Mobilien aus dem Hause schleppte. — Die Gerechtigkeit läßt sich nicht spotten.

Die Art und Weise, wie die liebe Gerechtigkeit, vermittelst des löblichen gestrengen mitleidigen Gewaltgerichts, dem Weinwirth im Bock,
neben dem Burscheider Hof, sämmtliche Federn
ausgezogen, daß er wirklich ganz entblößt daher
gehen muß, überlasse ich fühlbaren Herzen zur
Prüfung. Ein Gewaltrichter darf kein Mitleiden
haben; dieses machet ihn unfähig, die Gerechtigkeit nach altem hergebrachten gewaltrichterlichen
Gebrauch in Ausübung zu bringen. Schneiden
und Schröpfen muß er ohnedem gut verstehen, auf
das Schreyen und Lamentiren der Patienten kein
Acht haben, sondern dem Grundsatz der Chirurgie
getreu bleiben, wo es heißt: So lange der Patient
schreyt, so stirbt er nicht.

Ob diese Bedienung einträglich ist? Daran
wird wohl niemand zweiflen wollen. Hundert und
hundert Competenten melden sich jährlich um die
Stellen, weil sie der Weg ist, in kurzer Zeit reich
zu werden. Nur Wachtsamkeit, Thätigkeit gehört
dazu. Gute Spionen müssen gehalten werden,
dann kann es nicht fehlen. Auf die Arbeit ist gut
ruhen. Wer vigilant ist, selbst etwas Verschla-
Fünftes Stück.   E   gen.

genheit besitzt, um diesen oder jenen in ein Netz zu
locken, gute Spionen hat, auf den Ausgang und
Eingang der Geistlichen und andern reichen Parti-
culiers genaue Obsicht hat, dem kann es nicht fehlen, an Geld zu kommen. Denn auch kein Prälat
wird verschont, wenn er auf verkehrtem Wege angetroffen wird. Und da, wie ich bereits gesagt,
das Gewaltgericht mit allen bekannten Huren unter
der Decke liegt, so zeigen diese ungescheut die Stunde an, in welcher die fette Vögel geflogen zu kommen gewohnt sind. Auf diese Art giebt es täglich
etwas zu pflücken, und wenn es nicht geschieht, so
ist die Schläfrigkeit des Gewaltgerichts Schuld
daran. Bisweilen geschieht es, daß Leute zu diesem Posten gelangen, die so verarmt sind, daß sie
keinen guten Strumpf an den Füssen, und nur einen
abgeschabten Tuchrock auf dem Leibe haben; ein
paar Monat nach Antretung dieses Amts erscheinen
sie nicht nur nach der Mode neu gekleidet, sondern
die Kleider sind so gar bortirt, und werden so
oft verändert und verwechselt, als es die Mode
erfordert. Zum Beyspiel dienen der ehemalige
Gewaltrichter K. D. und S. und viele andere von
ihnen.

Wer noch gerne etwas mehr Unterrichtung von
diesem Gerichtshof haben möchte, oder noch näher
dessen Intrigue kennen zu lernen wünschet, der ad-
dressire sich nur an den zeitlichen Gewaltgerichtsschreiber H.; er ist ein Mann, der für Geld einen
jeden bedient, so wie ers mittelst der Bezahlung
ver-

verlangt. Von diesem kann man die beste Unterweisung, und die authentischen Nachrichten erwarten.

Was der Raum der Blätter nicht gestattet, noch ferner über dieses Gericht zu sagen, und das man doch nothwendiger Weise sagen sollte, das solle in dem sechsten Stück dieser Schrift angeführt werden, und man hofft bis dahin im Stande zu seyn, noch mehrere anmerkungswürdige Anekdoten dem Publikum nachrichtlich zu hinterlegen.

Ist auch Justiz in Cölln? —

Was vor eine Frage, Herr Bruder? Cölln ist eine große Handelsstadt, vor Geld kann man dort alles haben. —

Wie stehts mit der Polizey?

Die ist herrlich — die Armen werden nirgends besser als in Cölln unterhalten, bey tausenden finden sie ihren Unterhalt, und das auf öffentlichen Straßen, und alle Fremden müssen dazu contribuiren — kurz ein jeder ist dort Armenprovisor, und muß ausspenden, sonst kann er keinen Schritt in Ruhe auf der Straße thun. Achtzehnhundert Häuser ohngefähr ruhen sich jährlich aus ohne Einwohner, damit sie nicht abgenutzt werden, und die Zünfte haben nirgends mehr Gerechtigkeit. Der geschickteste fremde Handwerker kann dort nicht ankom-

E 2   men,

men, wenn er nicht beweisen kann, daß ihn sein
Vater mit Approbation der hohen Obrigkeit, und
mit allen kirchlichen Formalitäten ausgearbeitet hat,
und ohne dergleichen Beweise seiner Tüchtigkeit ist
ihm nicht erlaubt, ein paar Schuh zu machen,
denn, wenn sonst das beste Leder dazu genommen,
und sie in aller Form recht wären, so fehlt ihnen
doch das wesentliche Kennzeichen eines guten paar
Schuhes, der Segen der Kirche über ein rechtmässi-
ges Ehebett.

Sind viel Abgaben in Cölln?

Nicht mehr, als zur Unterhaltung der öffentlichen Gebäude, des Magistrats, einer Armee von
20000 Geistlichen, und 40000 Armen, wozu
auch die Fremden contribuiren müssen, nöthig ist,
ohne was die Sentenzen zu Wetzlar kosten, wenn
der Magistrat mit benachbarten Fürsten Prozesse
führt, und welche die Cöllner immer gewinnen,
weil sie immer solche Beweise nach Wetzlar schicken,
die dort gelten, und welche ihre Gegenpartheyen
nicht leicht von gleichem innern Werth hinschicken.

Giebts in Cölln auch Juden?

Die Menge, aber nicht aus dem Stamm Israel. Ich habe dir schon gesagt, daß Cölln eine
Stapelstadt ist, und auch der Wucher gehört zum
Monopolio, welchen zu exerciren die Eingebohrnen
andere Leute nicht nöthig haben, die fremde Juden
wer-

werden also, wenn sie in die Stadt kommen, so
stark impostirt, daß sie gegen die einheimischen nicht
aufkommen können. Die Einwohner indessen
müssen alle Vorhaut haben, oder die Stadt räumen, es sey denn, daß auch Annexa zum Teufel
gegangen wären, als in welchem Fall sie tolerirt
werden, nur nicht von den cöllnischen Damens, als
bey welchen sie sich mit der ganzen Summa christlicher Tugenden, die durch keine Beschneidung ver-
hunzt sind, legitimiren müssen. ——

So christlich denken die Damen überall.

Mit Nichten! in Berlin, in Amsterdam und
andern Orten, wo Religionsfreyheit herrscht,
kömmts auf ein wenig Judaismus nicht an.

Ist denn in Cölln keine Religionsfreyheit?

Ja wohl, das Geld der Protestanten gilt in
Cölln so gut als das Geld der Catholiken, und die
Protestanten haben Freyheit auf fremden Territorio
ihre Religionsgebräuche zu exerciren, ohne bey ihrer Rückkehr im Thor examinirt zu werden, was
sie draussen gemacht haben.

Ich bin abgekommen, Herr Bruder, von dem
was ich eigentlich fragen wollte. —— Der cöllnische
Zeitungsschreiber hat so etwas von einer Theilung
der europäischen Türkey fallen lassen. Es soll ein
Projekt auf der Bahn seyn; den ehrlichen Musel-

mann

mann nach Asien zurück zu treiben — wahr ist es, er hat da noch immer Platz genung, und kann, wenn er so klug ist, sich auf europäischem Fuß einzurichten, auch dort ein fürchterlicher Kerl seyn — Er könnte sich besser mit dem Perser herumschmeissen und Ostwärts vorrücken, und so Schritt vor Schritt würde der Krieg noch vieles zu kultiviren und mit europäischen Sitten zu besäen vor sich finden — missen kann er die europäische Türkey und alle Inseln des Archipelagus oben drein, und auch das ist richtig, daß Rußland und das Haus Oesterreich es leicht dahin bringen könnten, daß er's räumen müßte — aber was sollte man mit diesen europäischen Morgenländern anfangen, wer soll sie in Besitz nehmen, um Fried und Einigkeit im H. R. Reich zu erhalten? Du weißt, daß Preussen so viel Recht als ein anderer hat, mit zu theilen, und daß, wenn dieser Schiedsrichter von Teutschland, der für seine Konklufe immer bessere und kräftigere Gründe anzuführen hat, als der ganze Reichshofrath, seine Einwilligung zu so einem Plan nicht geben will, aus der Sache nichts werden kann, so lange das Haus Oesterreich vor ihm den Rücken nicht frey hat — warum soll der aber dazu still sitzen, wenn er keinen Vortheil davon hat, wohl aber den Nachtheil; daß seine Herren Nachbaren mächtiger wären?

Das ist eine würdige Spekulation für einen Politiker, Herr Bruder. Es ist mir lieb, daß du mich darauf bringst. — Noch eine Bouteille Wein, Ma-

Madame! Ehe ein halb Dutzend Flaschen ausgeleert sind, Herr Bruder, will ich das Ding eingerichtet haben, daß alle dabey bestehen können.
Sieh hier. Vors erste mußt du wissen, daß es
dem König von Preussen nicht drauf ankommen
kann, wie weit sich seine Nachbarn ostwärts exten-
diren, wenn's nur nicht auf seiner Seite geschieht.
Mächtiger werden sie für ihn dadurch nicht, denn
sie haben ihren Zuwachs an Macht nöthig, sich auf
der andern Seite gegen die vertriebene Türken in
ihren neuen Acquisitionen zu erhalten. Aber auch
die blosse Concession kann er nicht umsonst ertheilen.
Dafür wäre nun noch Rath — Schlesien ist eben
so gut eines Anwachses fähig, als Ungarn, und da
wäre also wohl ein Vergleich zu treffen — und
wenn Rußland auf der Morgenseite grösser würde,
so könnt's, seines Zuwachses unbeschadet, gegen
der Abendseite etwas kleiner werden — und Schweden könnte das brauchen und davor wieder etwas
in Pommern missen. — Aber das sind Kleinigkeiten, die sich bey einer Bouteille Wein reguliren
lassen — das ganze halbe Dutzend erfordert ein
grösser Projekt. Wenn wir einen mitleidigen
Blick auf Teutschland richten, so sehen wir da eine
solche Menge von kleinen Fürsten und appanagirten
Prinzen, die nichts zu beissen und zu brechen haben,
daß es selbst uns Teufeln, die wir sonst ziemlich
hartherziger Natur sind, jammern muß. Fast
durch alle Regimenter sind sie gesäet, und wenn
einmal eine gute Präbende vacant wird, so laufen
sie eben so haufenweis darnach, wie die Candidaten

E 4   nach)

nach einer Pfarre. Mit unter giebts noch immer
welche, die sich wie die Caninchen vermehren, und
doch werden ihre Länderchens nicht größer, ob sie
wohl immer mehr verschuldet werden, daß, weil sie
auf die Domains nichts mehr geborgt bekommen
können, sie schon anfangen müssen, aus Teutschland ein Barbadoß zu machen und ihre Leute nach
Amerika hin zu verhandeln — dadurch werden nun
so viel tausend Mädchen vacant, die nicht untergebracht werden können. So fruchtbar ist Teutschland auch nicht mehr, wie sonst, da ein pommer-
scher Bauer in einer Nacht einem ganzen Dußend
Mädchen, jeder einen vollständigen Buben verfertigte. Heut zu Tage kann man immer auf ein
Mädchen drey Kerl rechnen, ehe ein Junge fertig
wird, und bey mancher geben sich wohl noch mehr
Mühe, ohne daß was rechtschaffenes herauskömmt.
Nach Proportion, daß zehn tausend teutsche Soldaten nach Amerika verkauft werden, um dort die
verlassene Brachfelder der Wittwen und Wäisen,
deren Männer und Liebhaber von den Engländern
todt geschlagen worden, zu bestellen, müssen wenigstens 30000 teutsche Mädchens an die Türken ver-
auctionirt werden, wenn sie vor Hunger und Durst
in Teutschland nicht umkommen und ihre Grund-
stücke nicht mit Dorn und Disteln bewachsen sollen. — Dies verursacht nach diesem Kalkül in
Teutschland einen Mißwachs und ein jährliches Mi-
nus an jungen Menschen von zehntausend, in zehn
Jahren von 100tausend Köpfen. Die Mannbar-
keit der Mädchen von 15 Jahren und der Knaben
von

von 20 Jahren angerechnet, und von beyden eine
Mittellinie angenommen, muß man den Verlust
des teutschen Zuwachses nach 18 Jahren, nach einer geometrischen Fortschreitungstabelle berechnen,
dergestalt, daß in Zeit von 50 Jahren Teutschland
etliche 100tausend Menschen weniger haben wird,
als gezeugt worden seyn würden, wenn nicht so viel
brave Kerls nach Amerika fortgeschickt seyn würden.
Dieser Menschenverlust giebt einen verhältnismäffi-
gen Verlust an innerer Landesconsumtion, die ent-
völkerte Länder werden ärmer, die Preise der Lan-
desprodukten fallen, die kleine Fürsten wollen es den
großen nachthun und machen grössern Aufwand.
Jeder kleine Hof, der bey keinem Juden mehr Cre-
dit hat, will Opern, Castraten, Tänzer, französische Comödianten und selbst schon ein teutsches Na-
tionaltheater, Akademien und Bildhauer haben,
um das Andenken seines Fürsten und seiner glücklichen Regierung in der Gestalt einer Bildsäule zu
verewigen. Was kann da am Ende draus herkommen? Die kleinen Länder verarmen; jeder pa-
tentisirte Blutygel saugt an den Unterthanen, und
am Ende müssen vielleicht die kleinen Fürsten —
ihre Schulden bezahlen, wie sie die Krone Frankreich bezahlt.

Wenn da nun der Kayser und der König von
Preußen herkämen, und übernähmen die Vormundschaft von Teutschland, und versorgten die
übrigen teutschen Fürsten groß und klein — in den
Ländern, Provinzien und Inseln der europäi-

E 5 schen

schen Türkey, und machten den Herzog von W.
zum Sultan im Serail und graduirten alle übrigen
zu Königen, den einen von Cypern, den andern
von Morea, und so weiter; so würden alle versorgt,
und Sr. kayserliche und königliche Majestät machten so durch Teutschland einen geraden Strich, und
jeder nähme die Hälfte und ersparten die Gehälter
des Reichshofraths und des Reichscammergerichts;
so könnten aus diesen ersparten Revenües und Ge-
hältern die Schulden der kleinen Fürsten getilgt
werden und das solchergestalt gerade durchgetheilte
Teutschland erlebte — blos die Epoque, welche
einstmals Frankreich groß machte, wie alle darinn
befindliche kleine Königreiche kaffirt und alles unter
ein Haupt zu einem so gewaltigen Reich vereinigt
wurde, daß Ludwig der XIV. einst fragen durfte:
Wie viel es kosten könnte, Europa zu erobern? Du
darfst nicht denken, Herr Bruder, fuhr der politische Teufel fort, daß dies eine so pure Chimere
sey, deren Exekution ein halbes Wunderwerk erfor-
derte, oder was, ohne daß es mit dem Teufel zu-
ginge, nicht könnte zu Stande gebracht werden.
Vor diesem gehörte Teutschland einem Herrn zu,
die Fürsten, Herzoge, Markgrafen und Ritter waren das nur, insofern ihnen Chargen und Aemter
ertheilt, und sie statt des Salarii mit Ländereyen
belehnt wurden, nach und nach wurden sie aus
Lehnsleuten selbst Herren, und vereinigten sich durch
Schutz- und Trutzbünde gegen den Türken. Seit
einiger Zeit lassen sie den Türken in Ruhe und
Friede, bekümmern sich nicht weiter ums gelobte

Land

land und um Jerusalem, und folglich erschlafften
die Bande, welche sie gegen ben Erbfeind des H.
R. Reichs so fest zu gleichem Interesse vereinigten.
Ein jeder dachte auf seinen eigenen Vortheil, darinn thats nun freylich einer dem andern zuvor.
Das sonst so beliebte Gleichgewicht verlohr sich nach
und nach, und das allerfürchterlichste Ding, was
ehedem die allergrößte Macht ausserhalb Teutschlands Gränzen in Respekt hielt, die vereinigte
Reichsarmee, würde jetzt kaum brauchbar seyn,
in einem preißgegebenen Lande die Contributions
beyzutreiben. Allem Vermuthen nach ist die letzte
Reichsarmee auf dem teutschen Schauplatz schon
erschienen, und hat bekanntermaßen eine traurige
Schlußrolle gespielt. Vorzeiten, als es dem mächtigen Hause Oesterreich darum zu thun seyn mochte,
ganz Teutschland unter seine Botmäßigkeit zu
bringen, als Wallenstein und Tilli das Schrecken aller Fürsten waren — damals hatte so ein
Projekt weit mehr Schwierigkeiten, damals hatte
Schweden und Frankreich Zeit und Muße, sich ins
Spiel zu mischen, und die teutschen Fürsten zu un-
terstützen; jetzt — nachdem Gustav Adolph und
Ludwig der XIV. entschlafen sind — Schweden mit
seiner innern Oekonomie sehr weislich beschäftigt
ist, und Frankreich so viel Ursachen hat, ruhig zu
seyn, und seine innern Verwirrungen zu befördern—
Jetzt kömmts allein darauf an, daß sich wenige entscheidende Häupter mit einander verstehen, die sich
schon über andere Sachen verstanden haben und —
da nun die kleinen Fürsten nichts dabey verlieren,

und

und sich in den Ländern der europäischen Türkey
ganz wohl befinden würden, so begreifst du wohl,
Herr Bruder, daß die Sache nicht mehr Schwierigkeiten haben würde, als mir das Projekt gefo-
stet hat, während ich meine sechs Flaschen in größ-
ter Eil und ohne viele Mühe ausgeleert habe.

Der Sekretair und die andern im Marquetan-
berzelt versammleten Teufel horchten, und der eine
machte die Anmerkung, daß den Politiker der Teufel holen würde, wenn die grossen Herren in
Teutschland von diesem politischen Diskours etwas
in Erfahrung bringen sollten.

Die Fürsten und Herren in Teutschland, erwiederte der Politiker, fragen den Teufel darnach,
was auf dem Blocksberg passirt. Dieser unser
Versammlungsort liegt im preußischen Gebiet.
Diesem Monarchen ist nichts zu nahe gesprochen,
und die andern müssen uns erst im Cabinet verkla-
gen, und wenn das Cabinet alles wohl erwägt, so
wird es finden, daß im vorigen Kriege wohl ärger
Zeug gegen den preußischen Monarchen ist gespie-
let worden, als man ihm alles nehmen wollte, und
jeder an ihm zum Ritter werden wollte. Unterdessen blieb er, was er war, und da er hiernächst
auch einmal etwas nahm, da machte man noch
mehr Lerm, und so mögens die andern auch einmal
leiden, daß man ein Wörtchen der Wahrheit sagt,
wenns indessen die hohen Häupter nicht haben wollen, daß die Türkey vermessen werde, so werden
die

die kleinen Fürsten auch wohl bleiben, was sie ge=
wesen sind, und wenn ihnen die zu distribuirende
Länder nicht gefallen, und die Türken sollen diese
schöne Gegend Europens länger behalten; so kön=
nen wirs auch zufrieden seyn, und denn mögen sichs
die großen Herren auch gefallen lassen, wenn der
Türke keinen Respekt vor ihnen hat, und sie alle
vor Ungläubige hält, welche er, wenn er nur könn=
te, alle durch Feuer und Schwerdt unterwürfig ma=
chen — und gar beschneiden lassen würde — da
denn der beste christliche Freund des Musel=
manns sich selbst mit der Operation unterwerfen
müste, die er zum Leidwesen seiner schönen Gemah=
lin bis jetzt nicht hat aushalten wollen.

Etwas

Etwas

über den Geist der Hardießen und des freyen politischen Raisonnements.

Ob dagegen ein Recept nöthig ist? Ob der Geist der Hardießen überhaupt in einem Staat nicht zu dulden ist und kurirt werden muß? Ob die gewöhnlichen Kuren was ausrichten? Diese und dergleichen verwandte Fragen verdienen in academischen Preißschriften abgehandelt zu werden. — Sie sind eben so wichtig, als die neuerliche Aufgabe der Berliner Akademie der Wissenschaften:

Ob es gut sey, das Volk durch Vorurtheile zu leiten und zum allgemeinen Besten den Leuten was weiß zu machen?

Diese Preißfrage ist der Spekulation der besten philosophischen Köpfe würdig — auch die Akademie der Wissenschaften auf dem Blocksberge wird sie abhandeln — Die Frage selbst ist nur anders ins Teutsche übersetzt, und lautet in sehr nervösen Ausdrücken der wieder Mode werdenden Platitüden,

ob es politisch brauchbar sey, die Leute am Narrenseile herum zu führen, und eines jeden angebohrne Nase nach dem Wortheil des Staats zu drehen,

oder

oder auf eine andere Manier,

ob die Nasen in der Form, wie sie von den Händen der Ammen und Wehmütter von Kindheit
an zugestutzt werden, tauglich sind, Steuerruder
der geistlichen und weltlichen Regierung draus
zu machen. —

Gerade die Abhandlung, die über diesem Sujet auf dem Blocksberge wird gekrönt werden, will
ich in einem der nächstfolgenden Stücken mittheilen — bis zur nächsten Walpurgisnacht können
die Gelehrten nach Belieben ihre Abhandlungen
an den ewigen Sekretair der Akademie — oder zur
mehrern Sicherheit an mich P. Gaßnern Junior,
einsenden, sie sollen richtig bestellt werden. — Es
wäre doch artig, wenn so einer den doppelten Preiß
von zwey Akademien zugleich davon trüge.

Sonst dient zur vorläufigen Nachricht, daß
wohl appretirte Possen, die aufm Brocken du bon
ton sind, von der herzinnischen Akademie am besten
bezahlt werden.

So wie ächte Hanswurstfiguren in den erleuchteten Sessionen am meisten gelten — wenn
nur der Respekt und die Subordination nicht aus
den Augen gesetzt wird, denn Satan und seine
Leute halten auf Ordnung. —

Dies beyläufig, und nun wieder zu Harbiessen
und politischen Raisonnements und zu den Recepten dagegen und zu der interessanten Frage, ob
man

man die Leute soll reden lassen, oder ihnen das Maul verbieten?

Die Freyheit zu reden überhaupt genommen, und die Schwachheit der meisten Menschen, das nicht leiden zu wollen, was man von ihnen sagt, sonderlich wenns über ihre Pudenda hergeht, sind zwey Dinge, die einen schönen Kontrast ausmachen. — Der Grund des einen und des andern ist leicht einzusehen. Jeder Mensch, und selbst die, welche am meisten Ursach haben, nur masquirt zu erscheinen, wollen gewisse Theile nicht gern entblößt sehen lassen — und die meisten Menschen, welche sich die Masquen nicht gern für eigentliche wahre Gesichter verkaufen lassen, fühlen einen unwiderstehlichen Trieb — durch jede Spalte zu sehen, um ihre Leute in Naturalibus kennen zu lernen. Einige behalten die gemachte Entdeckungen blos zur eigenen Nachricht — andere finden ein Vergnügen, darinn ihren Scharfsinn zu zeigen, oder ihrem Nächsten eins anzuhängen, und — Dinge von ihm auszubringen, die vielleicht nicht einmal wahr sind, dies ist die bequemste Methode, und macht es begreiflich, woher es kömmt, daß die dümmsten Teufel, und am meisten die vom weiblichen Geschlecht, aus der Medisanze Profession machen. — Wenige, welche Muth, Einsicht und Warheitsliebe genung haben, theilen ihre Entdeckungen mit — um zur Warnung und wirklich zum allgemeinen Besten die in Schaafskleidern versteckte Wölfe kennbar zu machen. —

Der

Der Mensch, der in dieser Absicht auf den
Wartthurm tritt und Lerm macht, wenn so ein
Schurke von Wolf seine Klauen hervorreckt, um ein
armes Schaaf beym Felle zu kriegen, der laut —
halter den Dieb! in die Welt hineinschreit, exerzirt im eigentlichen Verstande die Freyheit, und
selbst die Pflicht zu reden. —

Der, dem's gilt, nimmt's übel — schreit,
krazt, beißt, und — wenn er nicht weiter kann,
so geht er hin und belangt den, der ihm die Mas-
que abriß, Injuriarum. — Dies ist das Recept
gegen die Freyheit zu reden, was ich im Grunde
keinem ehrlichen Mann anrathen will.

Die Erfahrung lehrt, daß der, dem nur die
Gacke abgerissen, und die Brust entblößt ist, meistentheils noch die Beinkleider oben drein verliehrt,
und seine ganze Pudenda den Augen des ehrbaren
Publikums Preiß giebt, der sich dieses rechtlich
approbirten Recepts gegen die Freyheit zu reden,
bedient — und einen Injurienprozeß anfängt.

Andere bedienen sich der Taschen, wo sich alles
hineinstecken läßt, und ich kenne Leute, die sich
immer einen Queerbeutel möchten machen lassen,
um alle die Wahrheiten, die ihnen mit möglichster
Freyheit in den Bart geworfen werden, fortzu-
bringen.

Andere gebrauchen das simple Hausmittel ihres
Arms, und nehmen sich die Freyheit auf eine ganz
solide Manier, die Freyheit zu reden, zu vergelten.

Fünftes Stück.   F   Es

Es ist das freilich kein souveraines Universalmittel, und macht, meines Dafürhaltens, die Sache nicht immer gut — es ist immer nur ein Palliativ, und flößt selbst den Lachern einen gewissen Respekt bey — aber es gefällt mir doch noch besser, als das vorher berührte Hausmittel — in die Tasche zu stecken. — Nur will ich einem jeden der von der Freyheit zu reden im gemeinen Leben Gebrauch macht, doch wohlmeinend anrathen, sein Metier niederzulegen, wenn er sich allenfalls, und in Gelegenheit nicht selbst auf seinen Arm und auf die Haupttriebfeder dieses Hebels, womit ihn die Natur versah, und welche nach dem System der Anatomiker im Herzen sitzen soll, verlassen könnte. Auf den gefährlichen Posten der Freyheit, zum Besten der Menschen und zum Verdruß aller Narren und bösen Buben zu reden, muß sich niemand hinwagen — als nur ein Freywilliger, der aus eigner Kraft sich Mann mit Leib und Seele fühlt. Auch muß ein solcher, wie der Schweizer, wenn er fürs Vaterland in Krieg zieht, sich der Vorsicht halben mit hinlänglichem Proviant versehen — weils sonst ein Posten ist, auf dem ein gesunder Mensch verhungern möchte — der Rückzug zur Bagage oft schwer wird — und die Marobers gemeiniglich durch Plündern, Sengen und Brennen das Land um ihn her verwüsten — wenn sie nicht Herz haben sich den scharfen Pfeilen seines Mundes entgegen zu stellen, in der festen Ueberzeugung, daß jeder Fleck, wo sie getroffen werden könnten, letal sey.

Frey

Frey zu reden, sollte es sich niemand einfallen lassen, die wahre, ächte und heilsame Freyheit zu reden, stören oder kuriren, oder ein Recept dagegen ausfindigen zu wollen — sie ist das Salz der Erden — ein herrliches Arzeneymittel gegen allerley ansteckende Seuchen — der eigentliche Zustand der Gesundheit, dem sich kein Quacksalber nahen muß, um ihn durch seine Charletanerien in seinen nützlichen Operationen zu hindern. Der Marktschreyer, der von Würmern lebt, die den Leuten von unten abgehen, würde freilich Noth leiden, wenn die Wahrheit den Menschen die Würmer aus dem Kopf vertriebe — und ein altes Weib, die durch Segensprechen ihren Unterhalt gewinnt — müste wahrhaftig auf ihre alte Tage spinnen, nachdem sie in ihrer Jugend durch angenehmere Uebungen sich im Stand setzte, ganz artig zu leben — und eine ganze Armee politisch moralischer Quacksalber, die in Pontificalibus Künste machen, und einen Zauber Jargon sprechen, den niemand versteht — diese Adepten, die uns vor unser grobes, irdisches Gold, ein weit reiner und herrlicher Gold wollen machen lehren, würden im Schweiß ihres Angesichtes das Feld bauen und ihr Brodt essen müssen — wenn die Freyheit zu reden überhand nähme, und nicht nach Formeln abgewogen werden müste — wenn die Narren weise würden. — Aber der Marktschreyer, der alten Weiber und Adepten wegen sollte man die freye unverholne Wahrheit auch da — wo sie nicht schmecken will, immer nicht ins Exilium schicken wollen. — Die

F 2   Frey-

Freyheit zu reden, hat selbst im gemeinen Leben ihren Nutzen. ••• Kann sie nicht auch schädlich werden, und viel Böses stiften? Sonderlich, wenn Bosheit sich drein mischt und von Amtswegen — gemißbraucht wird, frey und recht unverschämt, entweder offenbare Unwahrheiten zu sagen, oder doch — die Wahrheit so zu nothzüchtigen, daß sie ihre ganz eigentliche lautre und schöne Gestalt verliehrt, soll gegen eine solche Freyheit zu reden, kein Ausrottungsmittel gebraucht und öffentlich empfohlen werden? O, allerdings — eben so gut, wie ein bewährtes Mittel gegen den tollen Hundsbiß — und ich wills selbst empfehlen. — —

Der Welt zum wahren Trost und zum theuren Aerger aller bösen Mäuler, muß ich nur im voraus anmerken, daß der freche Auswurf einer boshaften Zunge so gefährlich nicht ist, als der Biß eines tollen Hundes. — Der erste ist zwar schlimm gemeint, aber er ist kurabel. — Der zweyte kommt aus keinem bösen Herzen, nur aus dem kranken Gehirn eines sonst treuen Hundes, und — ist unheilbar.

Man kann gegen das nachtheilige Gift, was nicht aus freymüthiger Wahrheit, sondern aus einem verderbten Herzen wie aus einer Mördergrube hervorduftet und wie die Pest alles um sich her infizirt, Präservativmittel gebrauchen. — Theils Vorsicht, dergleichen Otterngezüchte nicht zu nahe zu kommen, theils mit einem heilsamen Gegen-

Gegengift, wenn man ihnen mit der Wahrheit un=
ter die Augen tritt, die ihnen eben so unerträglich
ist, als — wenn man einem Basilisken einen
Spiegel vorhält. Ein Mensch von böser Zunge
muß vor Gift bersten, wenn er sich gegenüber eine
gewetzte Zunge sieht, bereit, den Strauß mit ihm
zu beginnen. Die Anfälle der simpeln Boßheit
ohne Wahrheit sind Luftstreiche — keiner trift, —
und der fürchtet sie nicht, dem für Nachtgespenstern,
die nur auf ein benebeltes Gehirn Wirkung haben,
nicht bange ist. Die Worte der Wahrheit sind
dem Boßhaften scharfe Schwerdter — jedes macht
Wunden — Wahrheit und Boßheit gegen einander ist das Original von dem Gemählde des Streits
zwischen Michael und dem Drachen. — Wo
Michael wanket, da kommt der Drache nicht hin.

Aber, wer frey debutirt, was er auf der Seele
hat, — den Gift, der in seinem schwarzen Herzen
kocht — öffentlich von Amtswegen, unter dem
ehrwürdigen Titel — in diesem Jahrhundert, wo
Titel oft das beste ist — und das einzige, worauf
von Haupt bis zu Füssen der Kerl sich was zu
Gute thun kann, und ohne den Titel Säuhüten
und ein Mahl von Trebern halten müsse — —
wenn unter dem Titel auf Pflicht und Gewissen jemand lügen für Wahrheit und Gift —
für Pflicht verkauft, daß dem, der noch Gewissen
hat, die Haare zu Berge stehen möchten — ist für
dessen Frechheit zu reden und zu schreiben kein Mittel? und kein Rezept?

F 3

Lieben

Lieben Leute, so ein Ding, was der Molch der
menschlichen Gesellschaft ist, bläßt sich auf wie der
Frosch, der gern ein Ochse seyn möchte und platzt
endlich vor Stolz und Bosheit, und vor Ambition,
unter den übrigen Ochsen der größte seyn zu wollen,
von selbst — — das Quacken ist das fürchterlich-
ste für den, der noch keinen Frosch gesehen hat. —
Er ist lange so gefährlich nicht, wie man ihn nach
dem Orgeln seiner Kehle sich vorstellen möchte.
Oft ist in der weiten Welt Gottes nichts lächerlicher,
als der Anblick einer kleinen giftigen Kröte, die man
über einer ganzen Versammlung weghört und —
die man unters Mikroscopium bringen möchte, um
sie mit den natürlichen Augen seines Leibes zu sehen. — — Indessen auch kleine Thierchens
sind nicht zu verachten und können, wenn sie in ihrem Vortheil sind, einem ehrlichen Mann zu schaffen machen. Wer es jemals erfahren hat, was
das vor ein Herzeleid ist, wenn einem ein Floh ins
Ohr gekrochen ist — Vulkan mit allen seinen Ci-
klopen, wenn er tief in der Schmiede des fürcht-
baren Vesuv arbeitet, daß der Lermen, mit Feuerflammen begleitet, wie Donnerwetter zum Schor-
stein herausfähret, ist nicht fürchterlicher, als —
das dumpfigte Toben eines Floh's im Ohr — und
doch ists ein so kleines Männchen, daß, wenns seinen Blutdurst am völligsten gestillt hat und recht
dick aufgeschwollen ist, von zarten Nägeln wie eine
Seifenblase zerknackt werden kann — Man muß
sich nur nicht gleich dem Teufel ergeben, wenn einem einmal so ein Getöse umsaußt und Schlangen-
gezische

gezische Furcht einjagen will, und — auch nicht
gleich zwischen Horniſſen ſchlagen, die nicht Stand
halten. — — Ein ruhiger Gang vor ſich hin
und mit gewiſſem Schritte, ohne ſich an das Geräuſch unſinniger galletrunkenen Bachanten zu kehren, iſt im gemeinen und thätigen Leben ein gar
ſicheres Mittel, die Bosheit zu ermüden — bis
ſie durch ſich ſelbſt wie eine Bombe krepirt.

Aber die Flecken, die der Ruf und das Gemählde, das die Bosheit macht, zurückläßt, und
in den Augen der Welt entſtellt. — — Freylich — dieſer Unbequemlichkeit iſt nicht leicht vor-
zukommen — Wenn ſo die Buben hinter den
Ecken der Straßen ſich verſtecken, und den Vorübergehenden mit Koth bewerfen, ſo giebt ihm das
ein unſauberes Anſehen — doch nur ſeinen Kleidern — die ſind leicht abzuwaſchen — und ſo ein
Bube kann immer einmal attrapirt, und am Pran-
ger geſtellt werden. — Uebrigens iſts genung,
wenn man ſich den beſten Menſchen in Naturalibus
kann ſehen laſſen, und nicht erröthen darf, wenn
der enthüllte Karakter, der ſich ſelbſt gnungſam iſt,
ohne Tadel erſcheint — — hier und da ein kleines angeerbtes Mahl — ein kleiner Leberfleck, der
nicht die ganze Haut verſtellt und vielmehr die
Stelle eines Schönfleckchens vertritt, das thut
nichts — in den Augen von Wenigen, deren Urtheil von Werth und Gewicht iſt, in der untadeli-
chen Reinigkeit ſeiner Abſichten und Geſinnungen
bewährt gefunden zu werden, das iſt genung —

Ein

Ein Mädchen, die ihrem Liebhaber gefällt, darf ihre Schönheiten nicht vor den Augen aller Welt legitimiren, die der Neid — einer alten Jungfer vielleicht — verdächtig machen will. —

Der Schluß aus dem allen — die Freyheit, Böses und in böser Absicht, oder aus nicht hinlänglicher Prüfung zu reden, kann als ein Uebel, was einmal in der Welt, und — lange so gefährlich nicht ist als es aussiehet, tolerirt werden — die Freyheit bessernde oder warnende Wahrheiten zu sagen, so daß sie treffen, und auf die Empfindlichkeit wirken, ist ein gar herrlich Gewürz, und konservirt vor dem Anstecken der Fäulniß. — Aber der Gebrauch dieser Freyheit macht Feinde! — Sehr wahr! Wie Ratzenpulver dem Ungeziefer verhaßt ist — — 'Wenn euch also das Ungeziefer so werth ist, so dürft ihr das Ratzenpulver nur weglassen. —

„Sie mögen wohl selber Ratzenpulver seyn.“ Ihnen aufzuwarten, mein Herr, wenigstens präparire ich welches, aber nur dem Ungeziefer, und gebe Gott, daß ichs vertreibe, oder daß es dran erstickt, wenns seine Portion genossen hat!

Da war etwas über die Freyheit zu reden, und Wahrheiten zu sagen überhaupt, aber nur beyläufig — meine Hauptabsicht war, insbesondere auf die moderne Hardiessen mein Augenmerk zu nehmen, mit welchen politische Raisonnements, welche

welche die heutigen Staaten und ihre Häupter betreffen, mit aller Freyheit philosophischer Cosmo-
politen gesagt — und mit gar ausnehmender Begierde verschlungen werden. —

In den italiänischen Republiken werden gegen
dergleichen republikanische Freyheiten rechte Pferde-
kuren gebraucht — und die Hände eines politischen
freyen Scribenten zum wenigsten ans Ruder einer
Galere geschmiedet, wenn ihm allenfalls nicht gar
der Kopf mit allen darinn befindlichen freyen Gedanken konfiscirt und als politische Kontrebante
abgenommen wird. In Spanien und Portugall
wird zur kräftigen Konservation und Beförderung
der Dummheit und politischen Sclaverey die Freyheit des Geistes durch viele tausend Lohnknechte der
heiligen Inquisition unterdrückt und — wenn sie
irgendwo hervorsieht, mit einem gar erbaulichen
Gepränge auf den Scheiterhaufen geführt. — In
Frankreich — braucht man Stimulantia, um die
Erhebungen freyer Raisonneurs in Ordnung zu halten und der politischen unkeuschen Begierde Zaum
und Gebiß ins Maul zu legen. — Ein Verbot
vom Polizeylieutenant und ein Verdammungsur-
theil der Sorbonne thun bey den Scribenten eine
gegenseitige Wirkung. — Es ist fast dasselbe, als
wenn der Ehemann einem Freunde des Hauses und
dem Cizisbeo seiner Gemahlin eine mäßige Portion
Cantariden geben wollte, um ihn vor unzüchtigen
Gedanken zu bewahren — wenn der Trajekt von
Calais nach Dover nicht so leicht wäre. In

F 5   unserm

unserm lieben Teutschland giebts auffer den wür-
tenbergischen Landen keine eigentliche rechtschaffene
und wirksame Arzeneymittel gegen politische Hardieffen — man mag reden und schreiben, was
man will, die lieben Obrigkeiten dulden alles —
die Fiskäle schlafen, die Auffeher über die Buchläden verbieten und verbrennen nichts mehr, und —
die Leser und Käufer erhalten keine Cantariden, um
für jeden Preiß ihren unzüchtigen Begierden nach
Hardieffen ein Genüge zu leisten. Das Publikum
ist so unbillig, daß es ein Werk, wie diese Gallerie
eben so wohlfeil haben will — als eine zensurirte
und approbirte Postille. Die allerelendeste Nach-
drücke finden Abgang — weil sie geringern Kaufs
gegeben werden können, als das ächte Original. —

Dies sind solche wichtige Autorbetrachtungen,
daß ich mich wohl hüten werde, den großen Herren Toleranz solcher freyer Schriften zu predigen —
lieber will ich allen samt und sonders hierdurch de-
müthigst empfohlen haben, alle mögliche Mittel
kräftigst vorzukehren, diesem immer mehr einreif-
senden Geist der Kühnheit zu steuern. — Es
wird ohnedem mit dieser heillosen Gallerie je länger
je ärger. Bisher ward es z. B. nur vom Lord
Chatam im englischen Parlament bemerkt — daß
es unschicklich sey, teutsche Truppen — und ame-
rikanische halbe Canibalen zur Unterjochung der
Colonien zu gebrauchen — bisher sprachen die Zeitungsschreiber nur als Ueberseßer und aus Cha-
tams Munde von diesem unnatürlichen Menschen-
handel

handel — jetzt nimmt sich Pater Gaßner Junior
als ein guter Patriot schon die Freyheit, es der
Welt zu sagen, daß selbst die Teufel auf dem
Blocksberge diese reichsconstitutionswidrige Entvölkerung unsers lieben teutschen Vaterlandes in ihren
Annalen verewigen, und die — Unzierde der teutschen Geschichte auf die Nachwelt bringen, daß teutsche Fürsten ihre teutsche Unterthanen verkaufen, da
die Erfahrung lehrt, daß andere teutsche Staaten
blos durch die Aufnahme so vieler Fremden, die
Frankreich zu seiner ewigen Schande aus eben so
unpolitischen Ursachen ausstieß — blühend geworden sind. —

Von der andern Seite ist es gewiß, daß England — jetzt gar durch Subscription ihre letzte
Guineen zusammen suche, um Truppen zu kaufen
und vor dem bevorstehenden großen Banquerot,
der alle Börsen, wo nur Handlungsstädte sind,
Zittern macht — den Kolonien Zuwachs von
teutscher Raze zu senden — und Amerika desto geschwinder blühend zu machen. Von diesen Guineen wäre nun noch eine ziemliche Parthie zu verdienen — und davor könnte wieder manche schöne
Oper angeschafft, mancher Castrat besoldet und
manche Maitresse in baulichen Würden erhalten —
zur Noth auch schon noch eine alte Ehrenschuld bezahlt werden. Wenn aber so viel Lerm über diese
Truppentransporte gemacht wird; so könnt's
kommen — daß gar der Reichsfiscal aufwachte,
oder — daß die Leute sich nicht fernerweitig als
Waare

Waare für baare Guineen wollten spediren laſſen —
unterwegens revoltirten, und daß denn patriotiſche
preußiſche und kayſerliche Werber in der Mähe
wären, welche ihre entſprungene Landsleute in
Schutz nähmen — oder daß die Rheinzollbeamten
Ordre erhielten, von jedem Kopf eine Guinee Zoll-
gabe eben ſo gut zu fordern, wie von allen übrigen
Schiffswaaren — Nun denn könnte der ganze
lukrative Handel zum Teufel gehen — und das
blos um des unzeitigen Lerms willen, den die Teufel auf dem Brocken deshalb angeſtellt hätten.

Aus ſolchen gar triftigen Gründen wär's doch
immer beſſer, der einreiſſenden Freyheit politiſcher
Raiſonnements — die gar zu leicht die Wirkung
einer Sturmglocke hervorbringen — und über
Dinge Lerm machen, die ſich am beſten ausführen
laſſen, wenn die Leute ſchlafen; nachdrücklich Grenzen zu ſetzen. — Ich meines Theils wünſchte es
herzlich, aus der fruchtbaren Erfahrung — daß
ein Strom, der durch Dämme eingeſchränkt wird,
Kraft erhält durchzubrechen und alles deſto eher zu
überſchwemmen, welches nie ſo gut erreicht wird,
wenn man ſeinem ruhigen Lauf kein Hinderniß in
den Weg ſetzt und ihm das Bette weit macht, um
ſich, ohne die Leute am Ufer in Bewegung zu ſetzen, ins weite Meer zu verliehren.

Daraus dürfte alſo folgen, daß Freyheit des
Geiſtes nicht leicht gefeſſelt werden kann und gegen
den kühnen Ausbruch des politiſchen Raiſonnements
eigent-

eigentlich kein wirksames Recept statt findet — es
ist aber auch keins nöthig.

Nur unter der Sclaverey des Geistes und unter dem eisernen Scepter der Tyranney erzeigen
sich Verschwörungen, die in Unruhen ausarten —
wo die Wahrheit des Patrioten sich öffentlich nicht
zeigen und nicht dem Thron sich nähern darf, da
generiren sich Tyrannen, und bereiten sich selbst den
Untergang — der wahren souverainherrschenden
Größe sind Hardiessen im Urtheilen nicht zuwider —
aber sie geben der Größe Glanz, indem sie die Flecken angreifen und Flecken vermeiden lehren. Wo
der freye Tadel nicht hinkommt, da setzt sich der
Rost an, und ohne das Geräusch der Fama schläft
sichs selbst am Ruder ein.

In weisen erleuchteten Staaten sind die beyden
großen Angeln der Regierungskunst eigner Vortheil und Beyfall der Welt und Nachruhm. Leider war das nicht immer und überall der Gesichtspunkt mächtiger Beherrscher. — Die Geschichte
weiset Tyrannen auf, die sich nur mit der Zerstö-
rung ihrer Staaten beschäftigten und für die Nachwelt Materialien sammleten, ihnen Schandsäulen
zu errichten. Ueber solche Tyrannen ließ sich nicht
eher frey reden, bis man ohne Gefahr auf ihr Grab
mit Füßen treten konnte. Sie waren blos Tiger,
die nicht zu bessern waren, die nur gereitzt werden
konnten, und die für die Geschichte Beyspiele hergaben, wie ein Fürst nicht seyn soll.

Die

Die größten heutigen Regenten — Dank
seys unserm beßern Zeitalter! setzen ihre Größe,
ihren Vortheil und ihren Glanz in die Vergröße-
rung und in das blühende Glück ihrer Staaten, und
sie arbeiten, um die Bewunderung ihrer Zeitge-
noßen und die verewigte Thronenzierden für die
Nachkommen zu seyn.

Sie horchen auf die Urtheile der Welt und haben Gefühl für Lob und Tadel. Wer kann wünschen, daß solche heilsame Erinnerer aufhörten, die
der Regentengröße am meisten Leben und Kraft
geben. Wenn die Schmeicheley alle die verdirbt,
die auf erhabnen Standpunkten von dem Ungeziefer
der Schmeichler umgeben werden, so ermuntert
freyes Urtheil die Großen der Erde — Lob zu verdienen und Tadel zu vermeiden — und wenn die
kleinen Geister, die der böse Genius des Jahrhunderts auf Stellen erhob — denen sie nicht zur
Zierde gereichen — so mögen sie ihr Theil hinnehmen.

Wer giebt dem individuellen Privatmann aber
ein Recht, der Censor der Welt zu seyn und mit
freyen Urtheilen sich selbst an die zu wagen, die —
nur bestimmt sind, andern zu gebieten? Diese Frage ist leicht beantwortet. Ohne sie analitisch in
dem Grund dieser Berechtigung zu untersuchen,
ists jedem Geschichtschreiber erlaubt, freyes Urtheil
über die größten Männer der vorigen Jahrhunderte
zu fällen. Der Nutzen davon ist nur einfach und
kömmt

kömmt denen nicht mehr zu gut, die nicht mehr da
sind. — Mit gleichem Recht, aber mit zwiefa-
chem Nutzen raisonirt der freye Beurtheiler über
seine Zeitgenossen und setzt das laufende Zeitalter in
sein wahres Licht — daß sich die, so drinn wandeln, noch selbst sehen können.

Wenn da selbst herbe Wahrheiten so gesagt werden, daß sie gefühlt werden; so hats manchmal
Wirkung — Also kein Recept für Hardiessen, und
was diese Gallerie betrift, so werden die Teufel,
die heut zu Tage sonst zu nichts mehr taugen, wenigstens noch dazu nützliche Dienste thun können,
daß man frey und ohne Complimente die Wahrheiten dran appliciren kann, die wir gerade jetzt
am nöthigsten haben.

Ende des fünften Stücks.

www.ingramcontent.com/pod-product-compliance
Lightning Source LLC
Chambersburg PA
CBHW032308280326
41932CB00009B/748

* 9 7 8 3 7 4 2 8 7 0 5 3 7 *